사찰의 상징세계 下

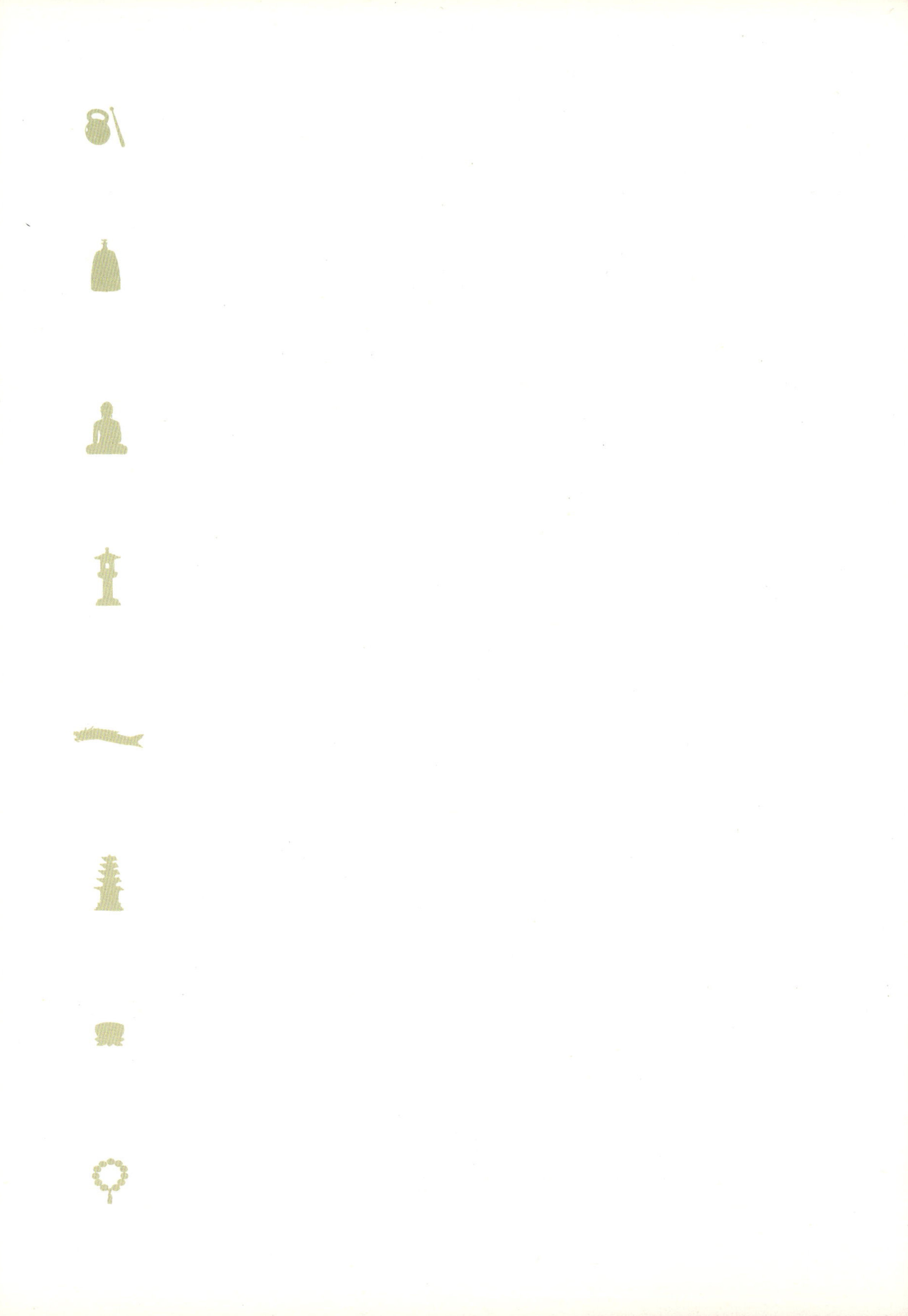

100개의 문답으로 풀어낸

사찰의 상징세계 下

글 자현 스님

불광출판사

100개의 문답으로 풀어낸
사찰의 상징세계 上

제4장

상식과 착각

배흘림기둥은 진짜 인간의 착시효과를 교정해주나요?

배흘림기둥의 미스터리

최순우의 『무량수전 배흘림기둥에 기대서서』는 출간 직후에도 제법 팔린 책이지만, 문화방송에서 진행하던 〈책책책, 책을 읽읍시다〉 프로에 소개된 이후 장기 베스트셀러에 올라선다.

그러나 이 책은 글자가 작으면서 많은 데다가 페이지도 두껍고 내용도 제목과 달리 그리 만만한 게 아니어서 판매에 비해 잘 읽히는 책은 아니었다. 그렇지만 이를 기화로 부석사를 찾는 이들은 모두가 무량수전 배흘림기둥에 기대서서 사진을 찍는 진풍경이 연출되었다. 이러한 추세는 최근까지도 이어지고 있다.

흔히 불국사는 서양인이 가장 좋아하고, 선암사는 일본인이 가장 선호하며, 우리나라 사람은 부석사를 가장 사랑한다고들 한다. 분명 무량수전 앞 안양루安養樓가 품고 있는 소백산은 선운사 도솔암에서 살펴지는 경치처럼 화려함은 없지만, 무언가 단아한 기품이 서려 있는 것이 사실이다. 그러나 그렇게 많은 사람들이 배흘림기둥에 기대서서 사진을 찍으면서도 배흘림기둥이 타당한가에 대해서는 생각해보지 않는 것 같다.

한옥의 기둥은 크게 방형과 원형으로 구분되는데, 원형기둥을 사용하는 건

049-1
부석사 무량수전 전면과 부분
(경북 영주, 고려시대, 국보 18호)

049-2
그리스 파르테논 신전(기원전 4세기경)
배흘림기둥은 파르테논 신전처럼
옆에 칸막이가 없는 개방형
건축에서만 시각적인 보정효과를
준다

배흘림기둥은 진짜 인간의 착시효과를 교정해주나요?

물은 방형기둥을 사용하는 건물보다 위계가 높다. 또 원형기둥에는 그냥 원형 이외에 민흘림과 배흘림이 있는데, 민흘림은 사각기둥에서도 나타난다.

민흘림이란 위쪽이 아래쪽에 비해서 다소 좁은 기둥으로, 건축에 상승감과 안정감을 부여한다. 배흘림이란 기둥의 위쪽에서 2/3지점이 퉁퉁하게 부풀어 있는, 말 그대로 배가 흘려져 있는 것 같은 기둥으로 50대 아저씨들의 체형을 연상케 한다.

배흘림기둥은 인간의 착시효과를 보정하기 위한 것으로 일정한 기둥을 멀리서 보게 될 경우 오목렌즈처럼 안쪽으로 휘는 현상을 막아준다. 대표적인 경우가 그리스 아테네의 파르테논 신전이다. 실제로 배흘림기둥은 이러한 서양의 엔타시스entasis의 영향에 의한 것이다.

그런데 문제가 되는 것은 배흘림기둥은 파르테논 신전처럼 옆에 칸막이가 없는 개방형 건축에서만 시각적인 보정효과를 준다는 것이다. 그런데 사찰의 건물들은 회랑이나 누각을 제외하고는 배흘림기둥의 바로 옆에 사각형의 벽이나 문틀을 통해(벽과 기둥, 문틀과 기둥 사이의 연결 부재를 벽선이라고 한다) 전체가 막혀 있는 폐쇄형구조이다. 따뜻한 기후조건에서 돌로 신전을 만드는 것과 추운 기후에서 나무를 위주로 불전을 만드는 것은 분명 다르다. 그렇기 때문에 개방과 폐쇄의 차이가 존재하는 것이다.

049-3

개암사 대웅보전(전북 부안, 조선시대, 보물 292호)
민흘림기둥으로 되어 있다. 민흘림이란 위쪽이 아래쪽에 비해서 다소 좁은 기둥으로, 건축에 상승감과 안정감을 부여한다.

그런데 우리나라 같이 배흘림기둥의 옆이 채워져 있는 경우 배흘림기둥의 착시보정 효과는 존재하지 않는다. 특히 바로 옆에 사각형의 벽이나 문틀이 곧은 자와 같은 역할을 할 경우에는 더욱더 그렇다. 이렇게 놓고 본다면, 배흘림기둥이 건축문화가 다른 우리 쪽에 왜 사용되는 것인지 이해하기 어렵게 된다. 그래서 일부에서는 과거 우리의 건축 또한 파르테논 신전처럼 개방형구조였을 개연성을 제기하기도 한다. 그러나 기후조건을 감안했을 때, 이는 무리한 추측이다. 즉, 배흘림기둥은 지금까지의 생각과는 달리 멋에 치중한 선진문화의 수용이었을 뿐, 기능을 구현한 것은 아니었던 것이다. 마치 명품 가방을 사는 이유가 그 가방이 명품이기 때문에 사는 것이지, 그 가방의 기능 때문은 아닌 것처럼 말이다.

귀솟음과 안오금

전통건축과 관련해서 착시보정 효과가 있는 것으로는 귀솟음과 안오금이라는 것도 있다. 이러한 건축적인 부분 역시 파르테논 신전에서도 확인되는 것으로 서양의 영향에 의한 것이다.

귀솟음이란 전각을 지을 때 사방의 맨 바깥쪽 기둥을 다른 기둥들보다 조금 더 길게 만드는 것이다. 이를 귀퉁이를 솟아오르게 했다는 의미로 귀솟음이라고 한다. 이는 다른 기둥들과 마찬가지로 네 모퉁이의 기둥도 동일하게 재단할 경우, 떨어져서 보면 집의 어깨가 처져 보이기 때문이다. 그러므로 귀솟음을 통해서 이러한 시각적인 문제를 보정하고 있는 것이다.

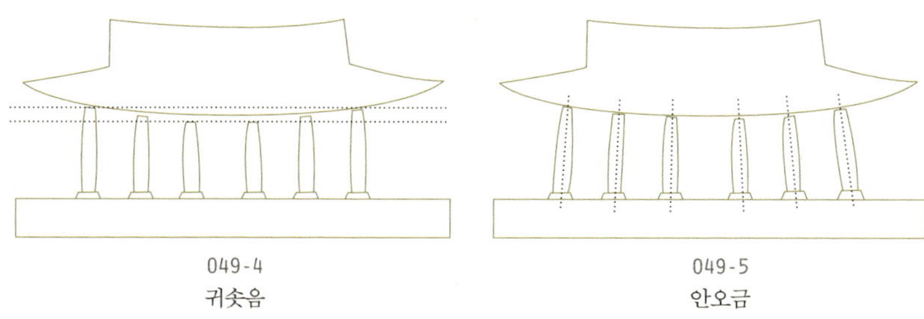

049-4
귀솟음

049-5
안오금

049
배흘림기둥은 진짜 인간의 착시효과를 교정해주나요?

049-6
무위사 극락보전 정면과 측면
(전남 강진, 조선시대, 국보 13호)
측면에서 보면 사람 인人자
모양의 맞배지붕이다.

안오금은 네 모퉁이 기둥의 끝을 안쪽으로 조금 모이게 세우는 것을 말한다. 말 그대로 안쪽으로 오그렸다고 해서 안오금이다. 이 역시 다른 기둥과 동일하게 반듯이 세웠을 경우 건물이 퍼져 보이는 것을 보완하는 것이다. 즉, 전통건축에는 귀솟음과 안오금이라는 시각보정 장치가 내장되어 있는 것이다.

이 외에도 좌우의 맨 마지막 칸은 안쪽 칸에 비해서 좀 더 작게 만드는 것이나, 사면의 기둥에는 더 큰 나무를 사용하는 것들도 있다. 이는 시각적인 미감과 건축적인 안정을 완성하려는 관점에서 발전된 전통건축의 한 형식이라고 하겠다.

사찰의 지붕

사찰에서 흔히 만나는 전각형식은 팔작집과 맞배집이다. 팔작집은 전면에서 봤을 때 지붕의 모양이 여덟 팔八자 모양으로 생겼다고 해서 팔작집이다. 지붕의 구조가 네 면 모두에 기와를 얹는 형태이다.

맞배집과 같은 경우는 지붕이 서로 배를 맞대고 있는 듯하다고 해서 붙여진 명칭으로, 전면만 있고 옆면이 없는, 측면에서 봤을 때 사람 인人자 같은 모양의 지붕이다. 맞배지붕보다 팔작지붕이 공이 더 많이 드는 화려한 건축이기 때문에 후대에는 건축물의 위계를 더 높게 본다. 그러므로 사찰의 주불전은 팔작집이고 주변의 부속건물들은 맞배집이 되거나, 불보살의 전각은 팔작집이고 삼성각과 같은 조금 격이 낮은 전각들은 맞배집 양식을 취하는 경우가 많다. 그러나 연대가 올라가는 고려시대 건물에서는 팔작집이 발달하지 않았기 때문에 이러한 구분이 적용되지 않는다.

팔작집과 맞배집 이외에 양자의 변화과정에서 중간단계에 해당하는 우진각지붕이라는 것도 있다. 우진각은 네 모퉁이가 모두 각이 졌다는 의미로 추정된다. 건축적으로는 맞배지붕에서 팔작지붕으로 바뀌는 과도기적인 양상을 내포하는데, 측면에서도 단정해 보인다는 장점 때문에 성문과 같이 네 면이 모두 드러나는 건축물 등에서 꾸준히 사용된다.

또 사찰 안에 있는 비각과 같이 정방형구조의 건축에서 나타나는 사모지붕, 즉 네 모퉁이가 하나의 중앙 꼭지점으로 모여 있는 지붕이나, 팔각정 등의 구조도 우진각 계열에 속하는 지붕이다.

사모지붕이나 팔각형지붕과 같은 형식은 일반적인 전각이 아닌 네 면이 공히 열린 개방형 구조를 취하고 있는 건축이다. 이러한 지붕에 대한 이해를 통해서 우리는 지붕만을 보고도 전각의 개략적인 위계나 의미를 파악해 볼 수가 있다.

아름다운 사찰은 단순히 지붕의 위계만을 고려하지 않고, 전체적인 지붕선의 유려함까지도 생각한다. 그래서 조금 멀리서 절을 조감하면 선과 선의 연결이 끊어지지 않고 물결이 넘실대고 새가 날갯짓하는 것처럼 보이며 눈에 피로감을 주지 않는다. 즉, 마음을 안정시키는 동적인 고요함을 연출해낼 수 있어야 하는 것이다. _◉

049-7
백련사 대웅보전(전남 강진, 조선시대)
팔작지붕으로 되어 있다.

제4장
상식과 착각

049-8
해인사 장경판전(경남 합천, 조선시대)
우진각지붕으로 되어 있다.
뒤켠으로 보이는 대적광전의
팔작지붕과 대비된다.

배흘림기둥은 진짜 인간의 착시효과를 교정해주나요?

불상을 구분할 때 손 모양이나 지물로 구분한다고 하던데 구체적으로 어떻게 하나요?

손 모양의 차이와 불상

다른 분과 모든 붓다는 생김새가 같은가 다른가에 대해서 얘기한 적이 있다. 붓다가 완전하다면 완전하기 때문에 똑같아야 된다고도 할 수 있고, 완전하기 때문에 같으면서도 동시에 다를 수 있다고도 생각해 볼 수가 있다.

이 문제는 이슬람에서 유일신은 완전하기 때문에 피조물인 인간으로서는 생각할 수 없다는 것과, 완전하기 때문에 생각할 수 없는 동시에 생각할 수도 있다는 문제와 유사하다.

붓다가 같은가 다른가의 문제는 답을 내지 못했지만, 과거 불교도들은 모든 붓다는 완전하기 때문에 모두 다 똑같다는 생각을 했다. 그래서 모든 불상은 동일한 양상을 가지게 된다. 물론 여기에는 32상과 80종호라는 붓다의 특성 일치라는 면도 작용한다고 하겠다.

모든 불상을 동일하게 표현하다 보니, 서로 다른 붓다들의 차이점을 나타내기 어려운 면이 있다. 그래서 수인手印, 즉 손 모양을 통해서 특정 불상을 표현

050-1
미얀마 바간의 석가모니불상
항마촉지인을 하고 있다.
남방계 불상의 경우 북방계
불상과 달리 몸체와 팔이
완전히 밀착되지 않고 틈이
있는 경우가 많다. 기후 조건이
불상의 모습에 영향을 끼친
경우라고 하겠다.

하게 된다. 이를테면 항마촉지인降魔觸地印을 하면 석가모니불이라는 것과 같은 것이다. 이렇게 되다 보니 불상의 구분은 수인을 통해서만 가능해지게 된다. 이는 일부 수인들을 구분할 수 있게 되면, 불상을 구분할 때 오는 혼란이 사라지게 된다는 것을 의미한다.

분리와 밀착

수인은 수결手結이라고도 하는데, 본래는 명상 과정에서 손을 어디에 두느냐에 따른 것이다.

중국문화권은 다소 추운 기후에 속하기 때문에 왼손을 오른손 위로 올린 선

050 - 2

한천사 비로자나불좌상(경북 예천,
통일신라시대, 보물 667호)
비로자나불이 취하고 있는
수인은 지권인이다.

제4장
상식과 착각

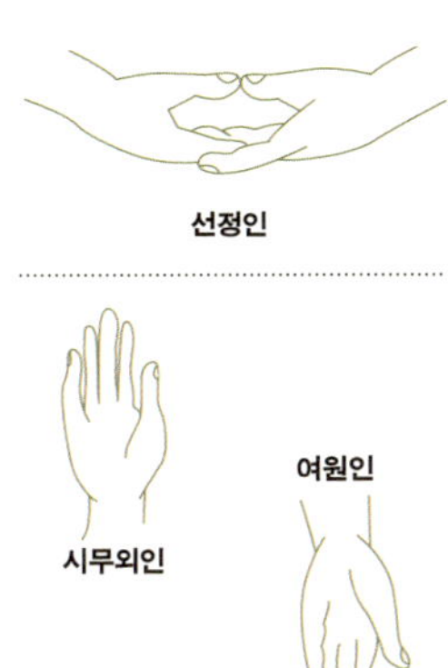

선정인

시무외인

여원인

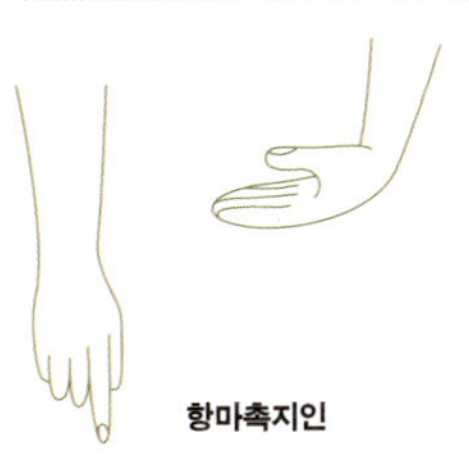

항마촉지인

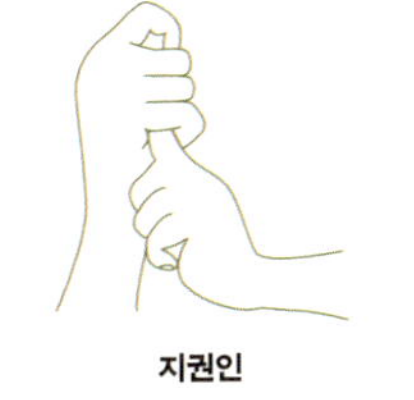

지권인

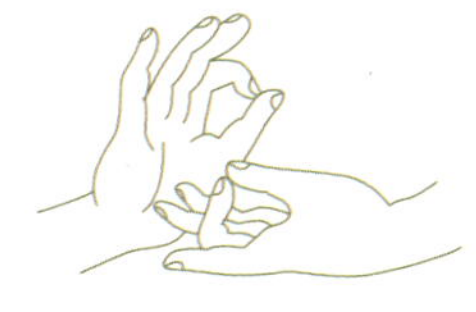

전법륜인

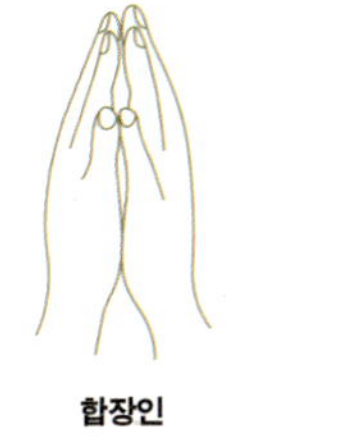

합장인

050-3
각종 수인

정인禪定印과 같은, 손이 몸에 완전히 밀착한 수인을 취하는 경우가 일반적이다.

그러나 인도와 같이 무더운 기후조건에서는 손뿐만 아니라 팔도 몸으로부터 떨어진다. 팔을 몸에서 띄워 허공에 두고 있으면 힘들지 않을까 하는 생각을 할 수도 있다. 그러나 신체가 겹치게 될 경우 그 부분에 열이 차기 때문에 몸이 알아서 떨어지게 된다. 그런데도 전혀 무겁거나 힘들다는 생각이 들지 않는다. 왜냐하면 살이 겹쳐서 열이 나는 고통보다 팔을 들고 있는 것이 더 수월하기 때문이다. 이는 사우나에 들어가서 직접 실험해보면 금방 이해된다. 이와 같은 기후환경적인 차이를 인지한다면, 인도 불상과 중국 불상의 가장 큰 차이가 신체와 팔의 '분리'와 '밀착'에 있다는 것을 알 수 있다. 또 인도 불상의 분리는 손가락과 손가락 사이에서도 살펴진다. 이러한 분리와 밀착의 차이는 불상의 유연성과 경직성으로도 나타나게 된다.

별인과 통인

별인別印이란 특정 붓다가 취하는 수인을 통한 약속이며, 통인通印이란 어떤 붓다라도 취할 수 있는 보편적인 수인이다. 즉, 특수와 일반의 차이라고 하겠다.

별인은 석가모니불의 항마촉지인이 대표적이다. 이는 마왕을 극복하고 정각을 성취한 상태를 나타낸다.

050
불상을 구분할 때 손 모양이나 지물로 구분한다고 하던데 구체적으로 어떻게 하나요?

또 석가모니와 관련해서 인도에는 전법륜인轉法輪印과 설법인說法印도 있다. 전법륜인은 녹야원의 첫 설법인 초전법륜을 상징한 것으로, 불상을 표현한 좌대에 중앙의 법륜을 중심으로 좌우에 사슴 두 마리가 조각되어 있는 특징을 가진다. 이는 법륜과 사슴을 통해서 녹야원의 첫 설법을 상징하는 것이다. 때에 따라서는 오비구가 묘사되는 경우도 있다. 수인 방법은 두 손을 가슴에 모으고, 양쪽 엄지와 검지를 닿을 듯 말 듯한 상황에서 동그라미를 만들어 겹치는 것이다. 설법인 역시 수인은 대동소이하다. 다만 좌대의 법륜과 사슴의 상징이 없을 뿐이다.

비로자나불은 지권인智拳印을 하고 있다. 지권인은 왼손의 검지를 가슴 쪽에서 세우고 이를 엄지와 검지를 맞댄 오른손으로 감싸 쥐는 것이다. 이는 이理와 지智의 일체를 나타내는 동시에, 붓다의 세계가 중생세계를 감싸고 있어 모두가 다 붓다임을 상징하는 수인이다. 즉, 중생은 스스로가 장애하여 자신을 중생으로 제한할 뿐이라는 비로자나불의 경계를 나타낸다고 하겠다.

지권인은 조각이나 주물 처리가 어렵기 때문에 가슴 쪽에 검지를 세우거나

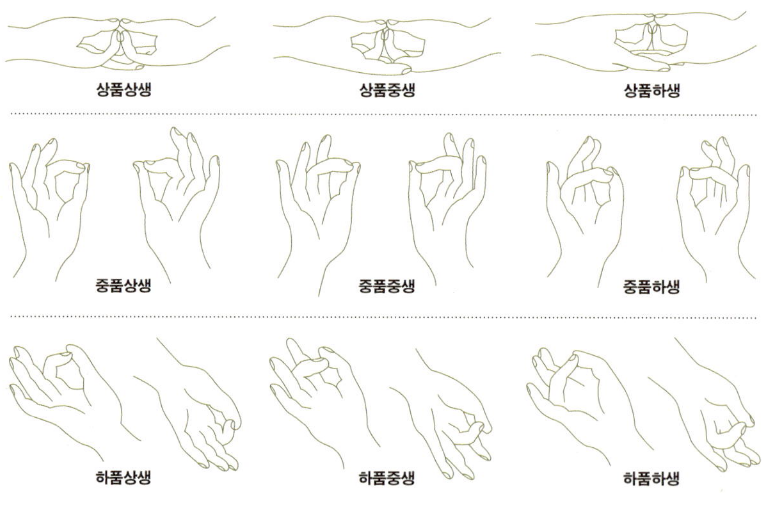

050-4
아미타 구품인九品印

제4장
상식과 착각

구부린 채 손을 모은 형상은 모두 지권인을 표현하려는 시도로 이해하면 되겠다. 즉, 합장과 달리 검지 쪽이 돌출되어 세우고 있으면 곧 지권인인 것이다.

아미타불과 같은 경우는 구품인이라고 해서 총 아홉 가지의 수인을 취한다. 여기에서 구품은 극락에 태어나는 것을 아홉 종류로 구분한 것으로 상중하를 다시금 상중하에 배대시킨 것이다. 즉, 상품상생·상품중생·상품하생 / 중품상생·중품중생·중품하생 / 하품상생·하품중생·하품하생이 그것이다.

총 아홉 가지이긴 하지만 큰 갈래는 3이다. 그러므로 수인도 세 종류를 기본으로 해서 단지 손가락의 순서만 바뀌게 된다.

상품인은 오른손 바닥 위에 왼손 바닥을 올려서 하단전에 위치시키는 선정인을 기본으로 엄지와 검지를 맞대는 것(上上)과 엄지와 중지를 맞대는 것(上中), 그리고 엄지와 무명지를 맞대는 것(上下)이다. 이러한 수인은 일본의 겸창대불鎌倉大佛이 대표적인데 우리나라에는 거의 존재하지 않는다.

중품인은 속칭 항복 수인이다. 두 손을 바닥이 보이도록 어깨 높이 정도로 든다. 그 상태에서 상품에서와 마찬가지로 엄지와 검지를 맞대는 것(中上)과 엄지와 중지를 맞대는 것(中中), 그리고 엄지와 무명지를 맞대는 것(中下)이다. 우리나라에서는 삼계불三界佛의 표현 등에서 간혹 살펴진다.

하품인은 속칭 '돈 내놔' 수인이다. 선정인에서 오른손을 들어서 어깨 높이로 올린 수인이다. 이 역시 엄지와 검지를 맞대는 것(下上)과 엄지와 중지를 맞대는 것(下中), 그리고 엄지와 무명지를 맞대는 것(下下)의 세 가지가 있다. 우리나라 아미타불상은 대부분 하품중생인下品中生印을 취하고 있다.

다음으로 통인으로는 명상을 의미하는 선정인과 합장자세를 취하는 합장인合掌印, 그리고 서 있는 입상에서 많이 나타나는 시무외여원인施無畏與願印이 있다.

이 중 합장인은 불상보다는 보살상에서 많이 살펴진다. 시무외여원인은 오른손을 손바닥이 보이도록 해서 위로 들어 중생의 두려움을 없애주고, 왼손을 손바닥이 보이도록 늘어트려 부족한 것을 도와준다는 상징적 의미를 가진다.

지물을 가지는 불·보살

수인과 관련해서는 물건을 통해서 불보살의 특성을 나타내는 경우도 있다. 즉, 손 모양만이 아니라 어떤 것을 들고 있느냐에 따라서 정체를 파악할 수 있는 경우도 있다는 말이다.

약사여래는 석가모니와 같은 항마촉지인에서 왼손 위에 약합을 듦으로서 변별을 준다. 치성광여래는 선정인에서 법륜法輪을 가지고 있다.

정병淨瓶은 관세음보살이 쥐며, 책은 문수보살이나 대세지보살이 주로 가진다. 지장보살은 보주와 석장을 가지는데, 여기까지가 지물을 통한 특수한 변별이라고 하겠다. 즉, 지물에 있어서의 별인인 것이다.

다음으로 지물에 있어서도 통인에 해당하는 가치도 있는데, 그것은 연꽃과 여의如意이다. 이는 어떤 보살도 들 수 있는 물건으로 별도의 변별력은 존재하지 않는다. _◉

050-5

무위사 아미타삼존상
(조선시대, 보물 1312호)

보살상은 지물을 가지고
구별할 수도 있다.
하품하생의 아미타 부처님
왼쪽의 관세음보살은 정병을
부처님 오른쪽의 지장보살은
석장을 지니고 있다.

050
불상을 구분할 때 손 모양이나 지물로 구분한다고 하던데 구체적으로 어떻게 하나요?

시무외여원인

부처님 수인의
경전적인 근거가
있나요?

051-1
법주사 청동미륵대불(충북 보은)
시무외여원인의 수인을 취하고 있다.

시무외인과 제바달다

불상의 통인 중 가장 대표적인 것이 시무외여원인이다. 그런데 시무외인의 경우 발생의 뚜렷한 근거가 있지만 여원인은 문화적 이해가 부족해서 파생한 수인이어서 흥미롭다.

일반적으로 시무외인의 시원을 말할 때, 가장 많이 등장하는 것은 코끼리를 이용한 제바달다의 붓다 시해 시도이다. 이는 석가모니가 72~73세 때 마가다국의 수도 왕사성에서 발생한 사건이다.

붓다의 사촌동생으로 총명하지만 야망이 있던 제바달다는 붓다께 불교교단의 승계를 주장하다가 거절당하자 앙심을 품는다. 그러고는 평소 친하던 아사세왕의 도움으로 왕실의 검은 코끼리(黑象)를 술 취하게 해, 제자들과 걸식을 하러 나온 붓다를 밟아 죽이려고 한다. 이때 코끼리의 돌진으로 두려워하던 제자들을 뒤로 하고 붓다께서 오른손을 들어 올리자, 코끼리가 술에서 깨면서 무릎을 꿇어 조복되었다(醉象調伏)고 한다. 이로 인하여 시무외인, 즉 두려움을 없애는 수인이 생겼다는 것이다.

제바달다는 붓다를 사촌형으로 둔 동시에 아난의 형이 되는 복 받은 인물이다. 게다가 그 사람됨이 영민하고 과단성이 있어 리더의 자질을 갖춘 큰 그릇이었다. 붓다의 제자 중에서 아난은 매우 총명한 인물로 8만 4천 법문을 모두 암송한 인물로 나온다. 그러나 관련 기록들을 열람해보면 아난은 형인 제바달다에 미치지 못하는 인물이었으니, 제바달다의 태생적인 자질이 얼마나 뛰어난지 알 수 있다. 그런데 도리어 붓다를 해치려는 위험한 생각을 하게 되어 교단에 문제를 일으키고 자기 자신도 나쁜 결말과 악한 과보를 받게 된다.

제바달다를 축약해서 조달調達이라고도 하는데, 이 조달이라는 말에서 우리말 '쪼다'라는 표현이 나왔다. 쪼다는 '병신 쪼다' 할 때의 그 쪼다이다. 그 만나기 힘든 붓다를 가장 가까이에서 만났음에도 그를 등졌기 때문에 제바달다는 쪼다가 되는 것이다. 보물섬에 들어가서도 투덜거리기만 하면서 빈손으로 나온 인물인 제바달다야말로 쪼다라고 하겠다.(쪼다의 어원에 대해서는 학자마다 의견이 다른 경우도 있다.)

붓다는 제바달다가 자신을 그르치는 것을 보면서, "파초는 열매를 맺으면 죽고, 갈대는 속이 차면 시들며, 나귀는 새끼를 배면 죽게 되는 것"처럼 이익과 권력의 욕망에 의해 스스로 자멸하였다고 하셨다. 권력은 세속과 출가를 아울러 언제나 장밋빛 칼날인 것이다.

시무외인과 인도의 예법

시무외인과 관련해서는 인도문화의 인사와 관련된 측면에서 파악하는 것이 더 옳을 수도 있어 주의가 요구된다.

인도 수행문화에서는 아랫사람이 예를 표할 경우 윗사람은 가사 밖으로 오른손을 내밀어 답례를 해주는 것이 상례이다. 그러므로 오른손을 들고 있는 시무외인은 답례하는 붓다 상으로 이해될 수 있다. 즉, 신도나 불제자들이 불상에 절을 하며 예를 표하면 붓다께서는 따듯하게 답례를 표해주고 있는 것이다. 이는 인도의 불상이 '붓다 혼자서 깨닫는 모습을 표현한 항마촉지인의 정각상正覺像'보다 '설법인과 같은 교감 구조로 다수가 표현되는 것'과 일맥상통한다. 즉, 인도문화에서 붓다가 친숙하다면, 중국문화에서 붓다는 권위적이다. 이러한 차이에 의해서 시무외인 역시 중국적인 관점에 의해서 신통을 상징하는 권위적인 측면

제4장
상식과 착각

에서 해석된 것으로 이해된다.

예란 상호예相互禮이다. 즉, 서로 대응관계에 있는 것이 예의 본질인 것이다. 혹자는 상대가 인사를 하는데, 윗사람으로서는 그냥 받는 것이 옳다고 주장한다. 그러나 이는 실례失禮, 즉 예를 잃어버리는 것이다. 실례나 결례缺禮는 그 사람의 인품과 덕성에 큰 문제가 있다는 것을 의미한다. 그러므로 상대의 예에는 그에 상응하는 반응을 해줘야 하는 것이다. 이렇게 놓고 본다면, 시무외인의 불상은 항마촉지인의 불상에 비해 더 성인聖人답다고 하겠다.

여원인의 왜곡

여원인은 왼쪽 손바닥을 밖으로 내미는 것인데, 인도문화에서 이는 실례나 무례 정도가 아닌 상대에 대한 모독을 나타낸다.

인도는 오른손으로 음식을 먹고 왼손으로 뒷일을 처리하기 때문에, 오른손과 왼손의 구별이 뚜렷하다. 그래서 상대에게 왼손을 내미는 것은 상대를 심하게 모독하는 행위가 된다. 그러므로 불상에 이런 수인이 존재한다는 것은 있을 수 없다.

인도의 의복은 직사각형으로 된 통천으로 이를 몸에 말아서 입는다. 그리스·로마의 원로원 의복과 같은 것을 생각하면 된다. 이를 권의형卷衣形, 즉 드레퍼리 Drapery라고 하는데, 일교차가 큰 곳에서 입는 옷의 형태이다.

051-2
시무외인을 취하고 있는
인도 굽타시대의 불상
(대영박물관 소장)

왼손으로 가사를
말아 쥐고 있다

051
부처님 수인의 경전적인 근거가 있나요?

051-3
아잔타 석굴 불상
왼손으로 가사를
잡고 있다.

제4장
상식과 착각

일교차가 큰 경우 하루 사이에 옷을 여러 번 갈아입을 수가 없다. 그래서 통천을 가지고 입는 방법(着衣法)만 바꾸어 온도차를 극복하려는 문화가 생기는 것이다. 그런데 이런 개방형 옷은 우리가 입는 재단된 폐쇄형 구조의 옷이 아니기 때문에 잘 흘러내린다. 그래서 왼손으로 옷을 잡아야 할 필연성이 있다.

인도수행자들은 이런 옷에 탁한 물을 들여서 입었다. 이를 가사袈裟라고 하는데, 불교 역시 이를 수용한다. 그 결과 승려들은 왼손으로 옷의 일부를 잡게 된다. 이는 오늘날도 조계종 승려들이 왼손으로 가사를 잡고 있는 것을 통해서도 일부 확인된다. 사실 허리 쪽으로 내린 왼손, 즉 여원인은 바로 이러한 가사 자락을 잡은 손을 표현한 것이다.

그런데 불교가 중국으로 넘어오면서 이러한 의복문화의 차이를 이해하지 못한다. 그 결과 왼쪽 손바닥이 점차 밖으로 드러나기 시작한다.

처음에는 가사를 잡은 의미와 관련해서 검결劍訣을 맺을 때처럼 식지와 중지가 펴지는 양상을 취하게 된다. 이는 우리나라의 서산마애삼존불을 통해서도 확인되는 양상이다. 그러다가 그 의미를 전혀 알 수 없게 됨으로 인하여, 결국 왼손을 밖으로 완전히 편 여원인이 만들어지게 된다. 이와 동시에 허리춤에 위치하던 왼손은 시무외인처럼 바깥쪽으로 내밀려 표현되기에 이른다. 이를 호사가들이 시무외인과 짝한다고 하여 대구로 여원인이라 하였다. 그러나 이는 전혀 잘못된 것이다.

어떤 사람들은 중국에 인도에서 온 승려들도 다수 있었고, 또 중국으로 유학 갔던 승려들도 있는데 설마 그렇게까지 문화상대적인 이해가 없었겠느냐고 한다. 그러나 아는 사람은 만드는 데 관여하기 어렵고, 만드는 사람은 모르는 상황에서의 답습하는 과정 속에서 이러한 왜곡은 순식간에 일어나 보편화된다.

잘 모르는 분들은 주지가 불상이나 불화의 조성에까지 관여한다고 생각한다. 그러나 주지는 의뢰하고 요청하는 사람이지 직접 개입하는 사람이 아니다. 이는 마치 집을 사는 사람이 집의 구조를 임의대로 정할 수 없는 것과 같다.

부처님 수인의 경전적인 근거가 있나요?

　물론 집을 사는 사람이 곧 집을 짓는 사람인 경우는 얘기가 달라진다. 그러나 이러한 경우가 현실에서 얼마나 존재하는가? 일반적으로는 마음에 딱 들지 않더라도 그에 맞추면서 사는 것이다. 불상의 왜곡도 바로 이와 같다고 생각하면 되겠다.

　이런 내용을 알게 되면, 몸 밖으로 내민 여원인을 보면서 '한번 해보자는 거야, 뭐야?'라는 인도적인 정서가 떠올라 입가에 쓴웃음이 맺히고는 한다. _◉

051-4
가사를 수하고 있는 스님
가사를 입고 있을 때는
통상 왼손으로 가사
자락을 잡고 있어야 한다.
여원인은 이러한 양상이
변화된 수인이다.

051
부처님 수인의 경전적인 근거가 있나요?

석굴암 불상은
왜 가슴을
드러내고 있나요?

섹시미의 대두

석굴암 불상은 우리나라를 대표하는 불상으로, 정신적인 안정과 평화가 잘 표현된 세계적인 수작이다. 그로 인하여 석굴암은 매우 작은 규모임에도 세계문화유산에 당당히 이름을 올리고 있다.

실제로 양식적인 면에서도 직사각형의 머리 부분과 직사각형의 신체는 상호반항을 이루며 매우 이상적 균형을 이루고 있다. 또 두 눈과 입에서 발산되는 고요한 부드러움과, 오른손 손가락 하나를 살짝 들어 단순하면서 식상하기 쉬운 적막을 깨트리는 표현은 고즈넉하면서도 동시에 고운 자태로 남는다.

그런데 이러한 표현보다 더 크게 눈에 들어오는 것은 오른 어깨를 벗어젖힌 반라와, 그로 인해 드러난 젖가슴의 묘사이다. 실제로 석굴암 불상 이전의 불상 묘사는 양어깨를 모두 덮는 통견通肩양식이었다. 그러던 것이 석굴암 불상이 한쪽 어깨를 드러내는 편단우견偏袒右肩을 취하면서, 불상양식은 일대 변화를 보이게 된다. 즉, 섹시미가 두드러지는 미적 광풍이 한반도에 불어닥친 것이다.

편단우견의 의미와 문화적 충돌

인도불교에서 편단우견은 상대에 대한 존중의 의미가 담겨 있다. 실제로 여러 경전들에서 제자들이 붓다께 법을 청하거나 할 때는, 편단우견과 우슬착지右膝着地(오른쪽 무릎을 바닥에 대고 왼쪽 무릎을 세운 자세)를 하고 세 번 사뢰는 것으로 되어 있다.

인도문화에서 우측은 밥 먹는 것과 관련된 깨끗한 쪽이며, 좌측은 뒷일과 연관된 부정한 쪽이다. 그러므로 인도에서의 존숭은 언제나 우측과 상관관계를 가진다.

또한 인도는 덥고 일교차가 큰 유목문화권이다. 이로 인하여 몸을 보이는 개방형문화를 가진다. 그러나 중국은 추운 농경문화권에 속하기 때문에, 옷으로 전신을 싸매는 폐쇄형문화에 놓이게 된다. 이러한 두 문화권의 관점이 불상을 통해 충돌한다.

실제로 유교적인 관점이 강한 중국은 불교의 전래 직후부터 편단우견을 외설로 보는 시각이 있었다. 이로 인하여 『홍명집弘明集』에는 승려의 복장과 관련된 「사문단복론沙門袒服論」이 기록되어 있을 정도이다. 결국 승려들은 편삼偏衫이나 가사 안에 장삼을 받쳐 입는 것으로 문화적인 절충을 시도하게 된다. 그러나 불상의 묘사는 승려들의 복장과는 또 다른 문제를 내포한다.

섹시함을 좋아하는 한국인

우리나라는 중국문화권에 속하지만, 중국과는 배경문화가 또 다르다. 우리는 전통적으로 남자가 여자 집에 장가를 가고, 남녀가 개울에서 함께 목욕하는 개방적인 문화를 소유하고 있었다. 이는 『선조실록』과 『고려도경』 등을 통해서 확인된다. 즉, 우리 민족에게는 유목적인 개방형문화가 존

석굴암 불상은 왜 가슴을 드러내고 있나요?

052-1
석굴암 불상(경주, 통일신라시대, 국보 24호)

제4장
상식과 착각

재하고 있는 것이다.

석굴암 불상의 섹시미가 발현된 뒤, 오늘날까지도 불상의 표현은 편단우견이 주류를 이룬다. 이는 섹시함에 대한 우리 민족의 선호이다. 비록 유교적 인식의 간섭으로 인하여 오른쪽 젖꼭지 위로 가사자락이 올라가서 젖꼭지가 보이지 않는 경우도 다수 있기는 하지만, 섹시미는 우리민의 미감을 장악했던 것이다.

우리 민족의 이러한 정서는 시대를 넘어서 조선시대에도 나타난다. 조선 중기를 넘어서면서, 기생의 섹시한 옷이 민간으로 널리 파급되어 여성의 저고리는 점차 짧아지게 된다. 그로 인하여 여성이 움직일 때, 저고리와 치마 사이에서 속옷이 보이는 양태가 발생한다. 보일 듯 말 듯한 섹시미의 발현인 것이다. 시대를 초월한 이러한 미적 요구는 중국과는 분명 다른 우리만의 가치라고 하겠다.

섹시미의 완성, 왼쪽 젖꼭지

석굴암 불상의 섹시미에서 주목해야 할 점은 비단 오른쪽 젖꼭지만은 아니다. 왜냐하면 가사 속에서 비쳐지는 왼쪽 젖꼭지야말로 섹시미의 정점이기 때문이다. 가사를 수垂(가사를 입는 것에 대한 특수한 표현임)하였음에도 불구하고 왼쪽 젖꼭지가 보인다는 것은, 가사가 매우 얇다는 것을 말한다. 즉, 얇은 옷으로 상징되는 더운 문화의 유입인 것이다. 더구나 화강암으로 이를 표현해낸다는 것은 신기에 가까운 솜씨가 아니면 불가능하다.

보이는 것보다 보일 듯 말 듯한 것이 더 섹시하다. 석굴암 불상의 조상자造像者는 이를 의도하여 섹시한 미감을 완성하였다. 이는 오늘날에도 쉽게 표현되는 미감이 아니다. 그런데 석굴암 불상에는 이러한 섹시함이 특유의 범접하기 어려운 근엄한 유연성과 더불어 공존하고 있다. 이것이야말로 세속과 초월이라는, 양자에 걸쳐 있는 고도의 정신적인 균형이 아닌가 한다. ◉

상원사종과 성덕대왕신종

현존하는 종鐘 중에 최고라고 할 만한 종은 무엇이 있을까요?

한국종의 위치와 형태

우리나라 종은 '한국종'이라는 학명이 붙을 정도로 뛰어난 종이다.

서양종이 안에서 추가 움직이며 치는 방식으로 소리를 낸다면, 동양종은 밖에서 종매로 치는 방식으로 소리를 낸다. 게다가 서양종은 종의 개구부가 나팔처럼 벌어져 있고 높게 매달아 소리가 멀리 퍼지는 방식을 취하는 것과 달리 동양종은 개구부가 몸통과 유사한 원통형 방식으로 소리를 모으며, 비교적 낮게 매달아 종의 울림을 강조한다. 서양종이 소리의 퍼짐에 주력했다면, 동양종은 종의 울림에 착안한 것이다. 그래서 서양종이 날카로운 소리가 단편적으로 널리 퍼지는 소리 전개를 보인다면, 동양종은 맥놀이 현상에 의한 긴 여운을 생명으로 한다. 우리종의 대표격인 에밀레종과 같은 경우는 한 번 타종으로 소리의 여운이 3분이나 지속된다고 하니, 같은 종이라도 소리에 대한 이해와 접근에 있어서 동양과 서양의 차이가 크다고 하겠다.

동양종 안에서도 중국과 우리나라, 일본의 종은 다시금 차이를 보인다.

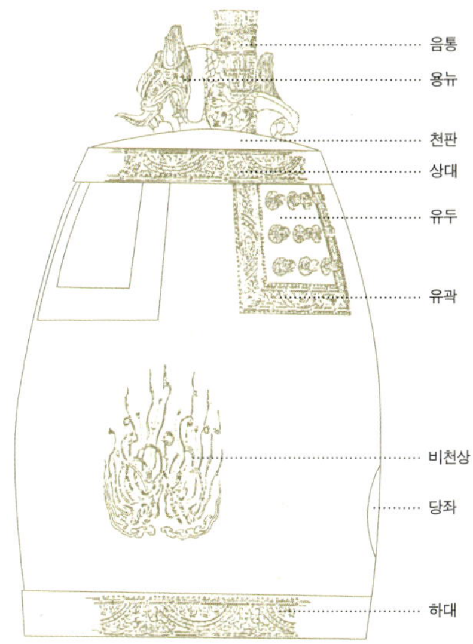

053-1
범종 도해도(상원사동종)

중국은 동양종의 발상지이지만 종의 형태나 소리가 가장 떨어지며, 개구부가 서양종처럼 벌어져 있거나 꽃잎과 같이 나뉘어 있는 경우들도 더러 있다. 일본종은 표면에 여러 직선들을 통해서 공간 분할을 하는 단순한 모습에 종각 안에서 종을 높게 걸어 소리가 멀리 퍼지게 하는 방식을 취한다.

한국종은 가장 유려한 모습과 비천상飛天像의 우아한 장식을 가지고 있는데, 가장 큰 특징은 개구부가 몸통에 비해서 역으로 좁아진다는 점과 지면과 가까운 낮은 지점에 종을 건다는 것이다. 종이 악기이며 신호용구로 소리가 멀리 퍼지는 것을 목적으로 한다는 점을 고려한다면, 개구부가 좁고 낮게 건다는 것은 상식을 뒤트는 발상의 전환이라고 할 수 있다. 실제로 한국종은 항아리를 엎어 놓은 형상을 하고 있으며 종의 바닥면은 땅을 파서 소리가 잘 울리도록 하고, 어떤 경우에는 아예 땅을 파고 항아리를 묻는 경우도 있다.

053
현존하는 종鐘 중에 최고라고 할 만한 종은 무엇이 있을까요?

한국종이 중국종에서 전개되었음에도 항아리와 같이 개구부가 좁아지는 양상을 보이는 것과 관련해서 아직까지 정확한 설명은 없다. 필자는 이것이 고대의 묘제인 옹관묘와 관련된다고 생각한다.

『삼국유사』에는 효자 손순이 할머니의 음식을 자꾸만 빼앗아 먹는 아들을 야산에 파묻고자 했다는 이야기가 나온다. 이때 땅을 파니 돌종이 나와서 이를 하늘의 계시로 받아들여 아들을 데리고 집으로 돌아와 돌종을 매달아 놓고 쳤다고 한다. 여기에서의 돌종은 옹관과 유사한 형태의 석관石棺을 손순 등이 착각한 것으로 판단된다. 즉, 손순이 살던 당시에는 옹관을 사용하지 않았기 때문에 그 생김새가 유사한 종으로 판단한 것이다.

이 이야기는 옹관과 종의 형태적인 유사성과 관련성을 동시에 나타내주는 기록이 아닌가 한다. 아마도 종이 장례나 제례 등과 관련되어 사용되다가 망자의 안녕을 기원하는 의미에서 옹관의 형태에 접근했을 것으로 이해된다.

상원사종과 성덕대왕신종의 차이

우리나라에서 현재 남아 있는 것 중에 가장 오래된 종은 상원사종으로 통일신라 성덕왕 24년인 725년에 조성된 것이다. 그러나 가장 좋은 종은 성덕대왕신종이다. 일명 에밀레종이라고도 하는 성덕대왕신종은, 명칭과 달리 성덕왕대 주조된 것이 아니다. 성덕왕을 위해서 그 손자인 혜공왕 7년인 771년에 만든 것이다. 그러니까 상원사종이 성덕왕대에 만들어진 것이라면, 성덕대왕신종은 성덕왕을 기리기 위해 손자가 완성한 종인 것이다.

두 종은 상호 유사하면서도 자세히 보면 적지 않은 차이를 보이고 있다.

첫째 차이는 비천상이다. 상원사종은 쌍비천으로 두 신이 나오는데, 성덕대왕신종은 외비천이다.

비천이란 날아 내려오는 신神을 의미한다. 불교는 인본주의적이기 때문에 신을 향해서 저 높은 곳으로 올라가는 것이 아니라, 신이 인간을 위해 내려오는

053-2
성덕대왕신종 부분
(경주, 통일신라시대, 국보 29호)

053
현존하는 종鐘 중에 최고라고 할 만한 종은 무엇이 있을까요?

053-3
성덕대왕신종
(경주, 통일신라시대, 국보 29호)

모습으로 부조된다. 특히 범종이 붓다의 가르침인 범음梵音을 상징한다는 점에서, 비천들은 각기 악기와 향로와 같은 공양구를 지니고 하강하고 있다. 이들이 하강하는 것은 나풀거리는 천의가 위로 향하는 것을 통해서 분명해진다. 그래서 이를 하향비천상下向飛天像이라고도 한다.

둘째 차이는 돌출 유두와 함몰 유두의 차이이다. 종의 상단 부분에는 총 아홉 개씩 네 곳에 36개의 돌기가 새겨져 있다. 이는 각기 열흘씩 도합 1년 360일을 상징하는 것으로, 붓다의 가르침이 1년 내내 울려 퍼진다는 의미이다.

이 돌기의 명칭이 젖꼭지라는 의미의 유두乳頭이다. 이 말이 불경스럽다고 일부에서는 연꽃봉오리라는 의미의 연봉蓮峰이라고 쓰자는 주장도 있다. 그러나 젖꼭지를 남사스럽게 생각하는 그 마음이 오히려 부끄러운 것이 아닌가 한다. 이는 한고조 유방의 이름을 보고 키득거리는 중학생들과 별반 다를 것이 없다고 하겠다.

두 유두를 비교해보면, 상원사종의 유두는 돌출되어 있고 성덕대왕신종의 유두는 평평하다는 것을 알 수 있다. 어떻게 보면 여성과 남성의 차이라고나 할까!

상원사종은 돌출 유두 덕분에 안동에서 상원사로 옮기는 과정에서 유두가

제4장
상식과 착각

053-4
상원사동종
(강원 평창, 통일신라시대, 국보 36호)

하나 부러진 모양이다. 그로 인하여 상원사종
에는 안동을 떠나기 싫어하는 상원사종이 안
움직여서 유두를 하나 떼어 놓으니 움직였다는
전설이 스며 있다. 황진이를 사랑한 남성의 관이 황
진이 집 앞에 이르러 움직이지 않자 황진이가 속옷을
벗어 관을 덮어주니 비로소 움직였다는 전설을 상기케 한다. 운반 과정의 실수를
전설로 승화시키는 사람들의 마음이 보이는 듯하여 재미있다.

또 상원사종만의 다른 특징으로는 비천상의 악기 말고도 종의 주변 장식 곳
곳에 악대가 등장하는 것을 들 수 있다. 이는 옛사람들이 종을 단순히 하나의 악
기로만 보지 않고 공양의 대상으로 보았다는 것을 의미한다. 즉, 종은 붓다의 가
르침을 전하는 수단의 승화물인 것이다. _◉

현존하는 종鐘 중에 최고라고 할 만한 종은 무엇이 있을까요?

<u>054</u>

우리나라 종과
중국종의 차이는
무엇인가요?

한국종과 만파식적

한국종의 형태에서 가장 눈에 띄는 것은 맨 윗부분의 대나무형 기둥이다. 실제로 한국종의 가장 발전한 형태인 통일신라종의 특징은 이러한 기둥이 종 안쪽까지 연결되어 구멍이 뚫려 있다는 것이다.

악기는 아무래도 소리와 관련되기 때문에 소리가 나가는 쪽이 아닌 반대쪽에 구멍을 뚫는다는 것은 상식에 어긋난다. 그런데 통일신라의 종에는 이러한 비상식이 상식으로 통하고 있다. 이와 관련해서는 이러한 구멍이 잡음을 걸러주는 역할을 한다는 등의 주장이 제기되기도 했지만, 모두 부분적인 설득력만이 있어서 정설로 채택되지는 않고 있다.

여러 설 가운데 흥미로운 것 중에 하나는 만파식적萬波息笛을 상징하기 때문에 구멍을 뚫었다는 것이다. 만파식적은 신라의 세 보물 중 하나는 아니지만, 이러한 삼보三寶(황룡사장륙존상·진평왕 천사옥대天賜玉帶·황룡사구층목탑)와 버금가는 대나무 피리로, 피리를 불면 모든 문제가 해결된다는 '태평의 피리'이다.

만파식적의 유래는 삼국통일의 주역 문무왕을 추모하기 위해 아들 신문왕이 감포에 감은사感恩寺를 창건한 것에서 시작된다. 그런데 다음 해에 감포 앞바다에 움직이는 섬이 나타나 오락가락하는 모습이 목격되었다. 이 기이한 현상을 점치게 하니 '용이 된 문무왕'과 '도리천에 태어나 신이 된 김유신'이 신령한 대나무를 내려 소리로써 천하를 태평하게 해주려는 것이라고 했다. 그래서 왕이 이견대利見臺로 가서 확인하고 섬으로 올라가 대나무를 베어 만파식적을 만들었다고 한다.

만파식적은 무력을 통해 삼국통일의 완수 이후, 이제는 음악을 통한 덕의 교화를 하겠다는 의미로 파악된다.『정관정요貞觀政要』식으로 말한다면 "창업도 어

054-1
감은사 동·서 삼층석탑(경주, 통일신라시대, 국보 112호)

054
우리나라 종과 중국종의 차이는 무엇인가요?

054-2
이견대(경주, 통일신라시대)

렵지만 수성은 더 어렵다."는 것이며, 『사기史記』식으로 말한다면 "말 위에서 천하를 얻을 수는 있어도 말 위에서 천하를 다스릴 수는 없다."는 것이다. 이러한 만파식적을 의미하는 것이 바로 한국종에만 있는 대나무 형상의 음통이라는 주장이다. 이렇게 될 경우 종을 칠 때 붓다의 가르침과 더불어 태평성대가 열린다는 말이 된다.

이는 상당히 재미있는 설이다. 그러나 이 설의 문제는 만파식적이 불교적인 상징이 될 수 있느냐는 점이다. 그래서 다음과 같은 주장도 나오고 있다.

붓다의 출입통로

위패는 죽은 사람이 사는 기와집을 상징한다. 그래서 자세히 보면 기와지붕과 대문이 갖추어져 있는 것을 알 수 있다. 그런데 진짜 잘 만들어진 위패는 위아래로도 구멍이 뚫려 있다. 이 구멍이 영혼이 출입하는 곳이다.

석탑에도 문과 문고리 장식이 있는 탑이 있다. 이 역시 붓다가 이곳을 통해서 출입한다는 믿음을 반영한 것이다. 물론 석가모니와 같은 경우는 열반에 들었기 때문에 일반 영혼들처럼 출입한다거나 하는 것이 아니다. 다만 이를 정확하게 인지하지 못하는 민중들이 중국문화적인 관점에 입각하여 그렇게 표현하고 있는 것이다.

054-3
영국사 3층석탑(충북 영동, 신라시대, 보물 533호)
탑 전면에 문과 문고리 문양이 장식돼 있다. 붓다가 이곳을 통해서 출입한다는 믿음을 반영한 것이다.

054-4
고선사지 석탑 전면과 문과 문장식이 박혀 있던 흔적

우리나라 종과 중국종의 차이는 무엇인가요?

음통의 형상은 일견 대나무처럼도 보이지만, 자세히 살펴보면 연꽃잎이 목도된다. 즉 연꽃이 펴 있는 것을 나타내는 것이다. 범종이 붓다의 또 다른 상징이라는 점을 감안하고 핀 연꽃이 붓다의 존재와 직접적으로 연관되는 가치라는 점을 감안한다면, 이를 우리는 붓다의 출입통로로 이해해 볼 수가 있게 된다. 즉, 석탑의 문 모양과 같은 범종의 출입처라는 주장이 성립될 수 있다는 말이다.

실제로 요즘의 조계종 가사에는 없지만, 전통 가사에는 붓다의 출입처인 통문불通門佛이라는 것이 있다. 이는 미로와 같은 형식으로 된 가사의 길이다. 그래서 가사의 한쪽 끝에 콩을 넣으면 가사를 돌고 돌아서 반대편 끝으로 콩이 나오게 된다. 통문불의 중요성은 『가사경』을 통해서 확인할 수 있다.

이렇게 놓고 본다면, 우리는 한국종의 음통과 관련된 만파식적과는 다른 또 다른 주장과 마주하게 된다. 어떤 것이 옳다고 단정할 수는 없다. 다만 이러한 주장들을 통해서 우리는 한국종에만 있는 음통의 미스터리에 한 걸음 더 접근해 볼 수 있게 되는 것이다.

겁쟁이 용과 고래

한국종의 또 다른 특징 중 하나는 한 마리의 용이다. 이 용은 포뢰蒲牢라고 하는데, 중국의 아홉 용 중 겁쟁이 용이다.

일반적인 중국의 용 관념만을 통해서 본다면 겁쟁이 용이란 존재할 수가 없다. 왜냐하면 용은 특정 동물이 오랜 극기를 통해서 완성된 초월적 존재이기 때문이다. 마치 도를 닦아 신선이 된 존재가 겁쟁이일 수 없듯이 말이다. 그래서 이러한 용 관념은 혈통에 의해서 용이 되는 인도 용의 영향을 입은 것으로 파악해 볼 수 있다.

인도에서는 부모가 용이면 자식도 용이기 때문에, 모자란 용이 나오는 경우가 발생한다. 만일 중국 용에 모자란 용 관념이 존재한다면, 중국 용이 황제의 상징이 되는 것은 과거 왕조사회에서는 있을 수 없는 일이다.

포뢰가 특히 두려워하는 것은 고래와 같은 거대한 물고기이다. 그래서 종을 치는 당목을 물고기 형상으로 깎아서 사용했다는 기록이 『삼국유사』에 전한다. 즉, 거대한 물고기인 당목이 다가오면 포뢰가 울기 때문에 종소리는 더욱더 멀리 퍼지는 것이다.

전설과 허구

일반적으로 중국종은 종을 거는 부분이 쌍용으로 되어 있어서 그 가운데에 쇠봉을 끼워서 종을 걸어 놓는다. 그런데 통일신라의 한국종은 용이 한 마리만 존재한다. 이는 음통이라는, 중국종에는 없는 부분을 넣다 보니 두 마리를 묘사하는 것이 어렵기 때문으로 파악된다.

또 한국인의 심성구조에는 데칼코마니와 같은, 좌우동형을 별로 좋아하지 않는 면이 있다. 이는 좌우동형이라는 단순한 미감보다 훨씬 수준 높은 미감 즉, 비대칭의 조화를 의미한다. 그런데 용이 한 마리만 있다보니, 에밀레종과 같은 경우 종을 거는 걸쇠 부분도 용의 몸통 중 발에 가려지지 않은, 8.5센티미터의 협소한 공간밖에 존재하지 않게 된다. 여기에서 에밀레종에 얽힌 현대의 신화가 발생한다.

에밀레종은 총 18.9톤인데, 바람에 흔들릴 경우 하중은 두 배로 늘어나 38톤이나 된다. 그런데 1975년 경주국립박물관으로 에밀레종을 이관해서 걸 때, 오래된 쇠봉을 사용하는 것이 종의 안전에 위험이 될 수 있다는 주장이 제기되었다.

054-5
중국 쑤저우 한산사에
있는 다양한 중국 종

우리나라 종과 중국종의 차이는 무엇인가요?

쇠봉이 잘못될 경우 종이 떨어져 파손될 수 있기 때문이다. 그래서 새로운 쇠봉을 만들기 위해 공학적으로 이 무게를 지탱할 수 있는 강철의 두께를 계산했는데, 결과는 최소한 15센티미터가 되어야 한다는 것이었다. 즉, 1975년의 기술로 38톤을 지탱할 수 있는 8.5센티미터짜리 쇠봉은 만들 수 없었던 것이다. 그래서 예전의 쇠봉에 페인트를 칠해 다시 꽂아 넣었다고 한다. 1975년의 기술로도 만들 수 없었던 것을 통일신라시대에 만들었다는 것, 이것이 에밀레종에 얽혀 많이 회자되는 현대판 전설이다.

그런데 에밀레종에는 주물 과정에서 어린애를 넣었다는 잔인한 전설이 서려 있다. 우리나라 국민이면 누구나 한 번쯤은 들어봤을 법한 주조 과정의 문제와 인신공양의 끔찍한 이야기. 그래서 어린애가 엄마를 부르는 것 같은 '에밀레'가 종의 별명이 되었다는 것은, 숭고한 비장미를 처연하게 나타내준다. 그러나 이는 사실이 아니다. 원효가 해골물을 먹고 깨달았다는 것과 같이 전 국민에게 퍼져 있는 불교의 부정확한 진실 중 하나가 바로 이 전설인 것이다.

주물에 대해서 조금만 아는 사람이라면, 주물에서 수분이 얼마나 위험한지 인지하고 있다. 주물 과정에서 수분이 완전히 제거되지 않으면 동이 식었을 때 미세한 균열이 생기면서 타종할 때 종이 깨져버리고 만다. 그런데 인간의 신체는 상당 부분이 수분으로 되어 있다. 그러므로 종에 사람을 넣어서 완성했다는 것은 매우 비상식적이다.

054-6
내소사에 있는 고려시대 동종
(전북 부안, 고려시대, 보물 277호)

제4장
상식과 착각

그러면 이런 전설이 왜 만들어졌을까? 이는 종이라는 한자를 보면 쉽게 이해된다. 종은 鍾종이라고도 쓰지만 鐘종이라고도 쓴다. 두 글자는 서로 통하는 글자인데, 앞의 종鍾이 금속金+무거움(重)의 결합으로 '무거운 쇠(금속)'라는 의미이며, 뒤의 종鐘은 금속金+어린아이(童)로 '잘 운다'는 뜻이다. 즉, 두 글자는 질료의 특성과 소리의 특성을 각기 반영하고 있는 것이다. 이렇게 글자를 쪼개서 이해하는 것을 파자破字라고 하는데, 한문의 이해에서 자주 사용되는 방식이다.

그런데 두 번째 종鐘자는 금속 속에 아이가 들어 있는 형상이라는 점에 주목할 필요가 있다. 즉, 본래는 아이처럼 잘 운다는 의미였는데, 이러한 글자의 형상이 금속과 아이의 결합으로 되어 있기 때문에 종 속에 애가 들어가 있다는 전설로 변하게 된 것이다.

에밀레종도 대단한 것이지만, 이미 신라에는 에밀레종보다 네 배가 더 큰 황룡사종이 있었다. 그래서 에밀레종 정도는 그렇게까지 대단할 것은 없었다. 그러나 조선시대로 오면 과학기술이 크게 퇴보하여 에밀레종 정도만으로도 이미 불가사의가 된다. 그러다 보니 종의 글자와 관련된 인신공희라는 신이한 측면을 입게 된 것이다.

에밀레종의 전설은 부시맨의 콜라병과 같은 조선의 야만에 다름 아니라고 하겠다. _◉

불상의 머리색과 수염

불상의
수염은 왜
파란색인가요?

불상의 헤어스타일

불상은 파마머리의 시조이다. 물론 붓다는 삭발을 했다. 『사분율』에는 붓다의 삭발한 머리카락으로 탑을 만들었다는 기록이 있다.

불상이 파마머리를 하는 것은, 인도에서 완전한 붓다를 형상으로 만들 수 없다는 무형상주의적인 관점 때문이다. 즉, 깨달음을 얻은 붓다를 형상으로 만든다는 것은 붓다에 대한 모독이 된다. 그러나 불교도들에게는 붓다를 형상으로 만들고 싶은 욕망이 있었다. 이러한 두 관점이 절충점을 이루는 것이 출가 이전의 붓다, 즉 석가모니의 태자 시절 상을 만드는 것이었다. 그러다 보니 인도의 머리 묶는 풍습인 상투가 묘사될 수밖에 없게 된다. 이러한 상투가 존재하는 양식에서 출발하여 점차 불상으로 확대되는 과정에서 상투도 아니며, 상투가 아닌 것도 아닌 파마머리 같은 형상의 불상이 만들어졌다. 상투가 있는 태자상에서 출발한 양식이 외연을 넓히면서 계승되어 불상이 제작되는데, 불상은 삭발이므로 상투가 있을 수 없다. 그러다 보니 상투도 아니며, 상투가 아닌 것도 아닌 불상의 머리가 완성된 것이다.

이러한 형상은 일반적인 관점에서는 사실 매우 특이하면서 이상한 것이다.

그런데 종교적인 관점에서 이는 신비와 신성함으로 해석될 수 있다. 그것은 붓다를 신비하게 보려는 중생들의 관점이 투영된 시각이다. 그러다 보니 불상의 머리 형태는 수정되지 않고 오늘날까지 계승되고 있다.

파란 머리의 불상

불상의 머리색을 보면 검은색으로 되어 있는 경우도 있지만, 파란색으로 되어 있는 경우도 종종 목도된다. 붓다를 백인인 아리안 족으로 이해한 32상 80종호에는 붓다의 머리카락이 파란색이라는 기록이 살펴진다. 이는 백인들에게서 가끔 보이는 푸르스름한 감청색의 머리카락을 의미하는 것이다.

그런데 중국문화권에서는 백인을 쉽게 볼 수 없었다. 때문에 푸르스름한 머리 역시 이해가 불가능했다. 그래서 '세상에 파란 머리가 어디 있어?'라고 의문을 제기하면서 검은 머리로 표현했다. 그러나 '붓다이기 때문에 파랄 수 있는 게 아닐까?'라고 하여 파랗게 칠해지는 경우도 있게 된다. 즉, 종교적 신비와 신성화가 작용한 것이다. 그러나 이러한 두 방향에 모두 사실에 부합하는 푸르스름한 감청색의 머리 표현은 없다. 다만 검정과 파랑이라는 두 방향의 오류인식만이 존재하는 것이다.

이와 관련해서 더욱 재미있는 경우는 머리를 깎

055-1
선운사 명부전 지장보살(전북 고창)
지장보살의 머리는 푸른색을 띄고 있는 경우가 많다.

055
불상의 수염은 왜 파란색인가요?

은 승려로 표현되는 지장보살도 파란머리로 표현되는 경우가 있다는 것이다. 그런데 지장보살상을 자세히 보면 머리카락이 조금이라도 자라나 있는 모습을 묘사하고 있다기보다는 완전히 삭발한 상태로 표현된다. 이럴 경우는 의당 머리카락 색깔이라는 개념이 존재할 수 없다.

상식적으로 머리카락이 전혀 없는데, 어떻게 머리카락 색이 반영될 수 있겠는가? 그런데도 불상에 준하여 지장보살상 역시 파란색 머리를 하고 있는 것이다. 이 역시 종교적인 신비화에 입각한 측면이라고 하겠다.

불상 수염 표현의 고뇌

불상은 머리카락 이외에도 눈동자 역시 파랗게 표현된다. 대표적인 경우가 석굴암의 본존상에서 나타나는 눈동자의 푸른빛이다. 이는 세월이 오래 지나 그 자취만이 푸르스름하게 남아 있을 뿐이어서 자세히 보지 않으면 파악하기 어렵다. 물론 불상의 눈동자가 검게 칠해지는 경우도 있다.

눈동자 말고도 파란색으로 표현되는 부분으로 수염이 있다. 불상에 묘사되는 수염은 대단히 비현실적인, 수염 같기도 하고 아닌 것 같기도 한 수염이다. 불상에 표현되는 수염의 형태는 '뭐 저런 수염이 있나' 싶을 정도로 요상하다.

실상 붓다는 머리카락과 수염을 깎았다. 그러므로 머리와 수염이 모두 없는 것이 맞다. 그러나 머리카락은 출가 전의 태자를 묘사하기 때문에 존재하게 되는데, 이런 경우에도 인도 내륙의 마투라 불상에서는 16세가량의 젊은 모습을 기준으로 삼았기 때문에 수염이 없다. 서북인도의 간다라 불상은 40대 정도의 중년 모습을 기준으로 삼기 때문에 콧수염 묘사가 있었다.

그러나 이러한 간다라 불상은 본격적인 인도문화의 영향하에 콧수염이 신속하게 사라진다. 콧수염이 점차 사라지는 과정에서 불상의 윗입술 부분이 다소 어색해지는데, 이를 보완하면서 나타나는 게 바로 간다라 불상에서의 은은한 미소이다. 이를 아르카익archaic 미소라고 하는데, 이는 간다라 불상의 상징처럼 대

055-2

귀신사 대적광전 삼존불
(전북 김제, 조선시대, 보물 1516호)

중앙에 비로자나불을 모셨고
좌우에 각각 약사여래와
아미타불을 모셨다.
불상의 수염은 파란색으로
묘사되어 있다.

불상의 수염은 왜 파란색인가요?

두된다. 실수가 대표적인 상징이 된다는 것은 매우 아이러니하다.

사실 예배용 존상이 미소를 띠고 있다는 것은 결코 일반적인 것이 아니다. 왜냐하면 모든 종교의 주존상은 근엄함과 위엄으로 표현되지, 미소와 같은 다가섬의 관점을 취하지 않기 때문이다. 그런데 간다라 불상에는 실수가 빚어낸 따듯함이 있다. 이는 종교의 존상 표현에 있어서 가장 특기할만한 사건 중 하나라고 하겠다.

간다라 불상에서 수염이 신속하게 사라진다는 것은, 수염 없는 모습으로 불상이 통일되었음을 의미한다. 그런데 불교가 중국으로 오게 되면서 전혀 예기치 못한 문화적 차이에 직면하게 된다.

유교문화에서는 "신체발부는 수지부모"라는 관점에 입각하여 머리카락은 물론 수염도 깎지 않는다. 또 중국문화권에는 연장자에 대한 깊은 존중이 있다. 이는 선생先生님이라는 존칭이 먼저 태어난 사람의 의미라는 것을 통해서 단적으로 드러난다. 즉, 유목문화인 인도에서는 젊은 사람을 우대했기 때문에 불상 역시 젊은 모습으로 표현되는 데 반하여, 중국문화권에서 젊은이는 인정받지 못하는 미성숙한 대상일 뿐이다.

물론 붓다는 80을 사셨기 때문에 노회한 분으로 이해될 수도 있다. 그러나 중국문화권에서 수염이 없는 사람은 어린 사람이거나 내시 정도로 제한된다. 이 두 집단은 존중의 대상이라기보다는 경시의 대상이다. 즉, 수염이 없는 불상은 중국문화권에 불교가 정착되는데 심각한 방해거리였던 것이다.

특히 수염이 문제가 되는 것은, 불상에서 머리카락은 특이하기는 해도 표현은 되고 있는 데 반해서 수염은 전혀 존재하지 않기 때문이다. 이러한 문화권적 차이와 포교의 효율성 문제가 결국 중국불교로 하여금 불상에 수염을 그려 넣는 특단의 조치를 취하게 하기에 이른다.

혹자는 중국불상의 수염 묘사가 간다라 불상의 콧수염을 계승한 것이 아니냐고 할 수도 있다. 그러나 중국불상에는 콧수염만 있는 것이 아니라, 언제나 턱

수염도 같이 표현된다. 이는 문화적 차이에 의해 중국에서 수정되었다는 점을 분명하게 나타내준다.

수염이 없어야 하는 상황에서 필요에 의해 수염을 그려 넣다 보니 정상적인 풍부한 수염을 표현하기는 죄스럽고 그렇다고 완전히 없앨 수도 없다는 고민 끝에, 오늘날의 불상에서 확인되는 기이한 비현실적 수염이 표현되기에 이른 것이다. 즉, 불상에 표현되어 있는 수염은 문화권을 달리한 중국불교의 고뇌에 찬 갈등의 선택이었던 것이다.

그런데 더 재미있는 것은 이러한 특이한 수염이 오히려 신비감을 주면서 또 다른 이질감인 파마머리와 상호반향하여 묘한 어울림으로 승화된다는 것이다. 이는 고흐의 고뇌가 그의 작품 속에서 비현실적인 강렬한 아름다움을 발산하는 것과 유사하다고 하겠다. _◉

<u>056</u>

금강저는 무엇을 할 때 사용되었으며 또 무엇을 상징하는 것인가요?

금강저와 불진

금강저金剛杵는 제석천이 가지고 있는 벼락을 치는 무기이다. 고대사회에서 최고의 신이 벼락을 주관한다는 것은 제우스에게서도 발견된다. 아무래도 벼락이라는 것이 가장 강렬한 위엄을 보이는 자연 현상이기 때문에, 이것이 최고의 신과 연결된 것이라고 하겠다.

제석천의 지물인 금강저는 범천의 불진拂塵(拂子)과 더불어 최상의 상징성을 가진다. 이러한 권위의 상징은 불교로도 수용되어 금강저는 모든 악귀와 삿된 기운을 물리치는 도구로 인식된다. 이는 오늘날 불상이나 불화의 점안식 등에서 금강저가 사용되는 것을 통해서 계승되고 있다.

범천의 불진은 털이개와 유사하다. 이를 총체總體라고도 하는데, 우리가 털이개를 총체라고 하며 청소용 도구를 지칭하는 것은 바로 여기에서 유래한 것이다. 그러나 총체라는 말은 전체를 주관한다는 의미로 '총체적'이라는 의미에 다름 아니다. 불진은 오늘날의 한국불교에서는 최고의 어른인 종정의 이취임식에서 전해지는 권위의 상징으로 남아있다.

056-1
은해사 백흥암에 있는 사명 대사
진영(경북 영천, 조선시대)
왼손에 들고 있는 것이 불진이다.

인도는 더운 지역이기 때문에 작은 벌레들이 많다. 이러한 벌레들을 쫓아내는 도구가 바로 불진이다. 살생을 하지 않으면서 가볍게 목적을 달성할 수 있도록 해주는 불진은 범천의 덕을 상징한다. 그래서 범천의 지물이 되는 것이다.

본래 범천의 불진은 귀족이나 왕이 지니는 화려한 형태에서 연유하였을 것이다. 이것이 귀족이나 왕의 권위의 상징이 되고, 범천의 덕과 결부되어 범천의 지물이 된 것으로 이해된다. 이렇게 놓고 본다면, 물건을 파손하지 않고 먼지만을 털어내는 털이개라는 측면에는 불진의 의미가 유전하고 있다고 하겠다.

056
금강저는 무엇을 할 때 사용되었으며 또 무엇을 상징하는 것인가요?

056-2
금강저(독고, 고려시대)
ⓒ국립중앙박물관

056-3
금강저(삼고저, 고려시대)
ⓒ국립중앙박물관

056-4
금강저(오고저, 고려시대)
ⓒ국립중앙박물관

금강과 금강저

금강저가 무엇을 의미하는 것인지는 불분명하다. 아마도 고대세계에서의 최강의 무기였던 것으로 추정된다. 이러한 최강의 의미가 최고의 신인 제석천과 결합되어 금강저는 제석천의 지물이 된다.

금강저의 금강은 인도어 바즈라vajra이다. 이를 독일의 막스 뮐러가 다이아몬드로 번역했는데, 여기에서 파생하는 것이 에드워드 콘즈 등에 의한 『금강경』에 대한 영역英譯인 『다이아몬드-수트라Diamond-sūtra』이다.

그러나 다이아몬드와 같은 경우는 강도가 매우 강하여 16세기까지도 효율적으로 가공되지 않아 보석으로서의 지위를 얻지 못했다. 그래서 당시에는 연필한 자루가 한 주머니의 다이아몬드와 교환되곤 하였다고 한다. 당시 연필은 첨단과학의 결정체였기 때문이다. 이렇게 놓고 본다면, 우리가 생각하는 다이아몬드의 가치와 위상은 그리 오래된 것이 아니다.

제4장
상식과 착각

이는 금강이 다이아몬드가 아니라는 점을 분명히 해준다. 금강은 고대의 무기인 금강저의 질료이며, 이는 강하고 예리하며 빛나는 존재이다. 이에 대한 합리적인 추론은 황철이다.

철과 같은 강도에 금과 같은 빛깔을 한 황철은 분명 매우 매력적인 금속이었을 것이다. 물론 황철보다 금강의 발생 시기를 더 오래로 끌어 올린다면, 황동과 같은 동 합금을 들 수 있다. 그리고 금강저와 관련된 벼락은 이러한 무기들이 서로 부딪치면서 발생하는 굉음과 불꽃으로 추론된다.

금강저의 '저杵'는 곤봉과 같은 방망이로, 원시적인 무기이다. 금속 가공기술이 발달하지 않은 시대에 칼과 같은 예리함보다는 무게에 의존한 무기라고 할 수 있다.

오늘날의 금강저는 창과 같이 하나로 된 독고와 갈래가 셋으로 된 삼고저, 그리고 갈래가 다섯인 오고저와 여덟인 팔고저 등이 있다. 금강저라는 권위적인 상징이 종교적으로 수용되면서 형태 변형을 일으킨 결과이다.

힌두교의 그림에는 비슈누가 곤봉을 들고 있는 모습이 자주 나타나는데, 그 생김새가 일반적인 곤봉과는 다르다. 이러한 곤봉이 불교의 금강저에 이르는 과도기적인 산물이 아닌가 한다.

금강산과 지옥

금강의 단단하고 예리한 측면이 번뇌를 부술 수 있다고 해서 대승불교에서 금강은 긍정적인 이미지로 사용된다. 그러나 단단하고 예리하다는 것은 반드시 긍정성만을 내포하는 것은 아니다. 이는 마치 '예리한 검'과도 같다. 예리한 검은 검 자체가 예리하다는 것이지, 그것이 적에게만 쓰인다는 보장은 없다. 그래서 금강이라는 단어는 부정적인 의미로도 사용된다. 이의 용례가 바로 금강산金剛山이다. 금강산 하면 먼저 떠오르는 것이 강원도의 금강산이다.

『화엄경』「세주묘엄품」에 따르면, 금강산은 담무갈曇無竭 보살이 사는 이상적인 보살의 거주처이다. 즉, 금강산의 의미가 종교적인 완결성의 의미로 사용되고 있는 것이다. 그러나 초기불교의 세계관과 관련해서 고찰해보면, 금강산은 지옥을 감싸고 있는 철위산의 이명異名이기도 하다.

지옥은 극열極熱과 극한極寒이라는, 고통을 낳는 극심한 에너지를 내포한다. 바로 그렇기 때문에 어지간한 질료로는 이를 수용할 수 없다. 그래서 지옥을 감싸는 질료로 최강의 금강이 요청되는 것이다. 지옥을 감싸고 있는 금강산이란, 이러한 측면에서 존재하는 것이다.

이렇듯 금강산에는 대승불교의 긍정적인 금강산의 의미와 초기불교 세계관의 부정적인 금강산이라는 두 가지의 측면이 모두 있다. 그러므로 금강에는 긍정적 측면만 존재한다고 보는 것은 잘못이다.

그러나 대승불교에서 금강의 의미는 무상한 번뇌를 물리치는 가치로 정착하고, 이를 통한 파사현정破邪顯正이 현시된다. 그런데 한 번 더 생각해본다면, 초기불교는 무상적 가치를 긍정적으로 보고 항상한 가치를 부정적으로 보았다. 즉, 무상과 항상의 가치적인 전환이 금강이라는 최고의 단단함에 대한 개념마저도 바꾸고 있는 것이다.

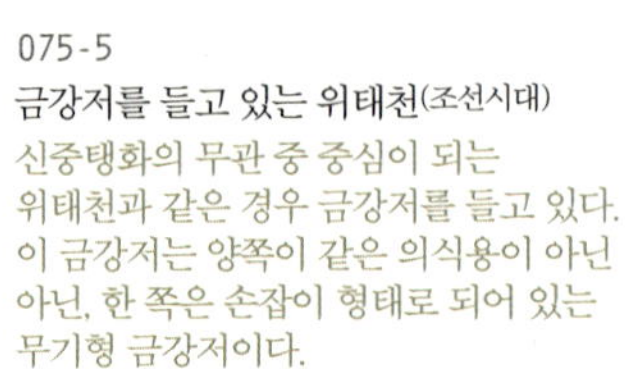

075-5
금강저를 들고 있는 위태천(조선시대)
신중탱화의 무관 중 중심이 되는
위태천과 같은 경우 금강저를 들고 있다.
이 금강저는 양쪽이 같은 의식용이 아닌
아닌, 한 쪽은 손잡이 형태로 되어 있는
무기형 금강저이다.

제4장
상식과 착각

강하고 굳건하다는 금강의 의미는 불교적으로 금강역사金剛力士를 존재하게 한다. 그러나 금강역사는 금강저를 지니지는 않는다. 금강저를 지닌 존재는 금강수金剛手보살이나 집금강신執金剛神과 같은 존재들인데, 이들은 모두 금강저라는 상징을 통해서 자신들의 강력한 위상을 표출하고 있다. 그러나 이러한 금강저를 든 존상들은 주로 밀교에 많이 나타난다. 그러므로 우리 불교에서 이를 살핀다는 것은 쉬운 일이 아니다.

그런데 신중탱화의 무관 중 중심이 되는 위태천은 금강저를 들고 있다. 이 금강저는 오고저와 같은 금강저가 아닌, 한 쪽이 손잡이 형태로 되어 있는 금강저이다. 금강저가 무기였다는 점을 고려한다면 좌우가 동형으로 된 금강저에 비해서 더 사실적인 것으로 이해된다.

이 외에 고려시대의 사경이나 조선시대의 탱화 등에서 금강저는 테두리를 장식하는 양태로 등장하고 있다. 이는 그 안쪽 성역을 보호하여 삿된 기운이 범접하지 못하게 하는 결계結界의 의미이다. 금강저의 상징성은 불교로 수용되어 다양한 의미로 재생산되고 있는 것이다. _◉

<u>057</u>

불교에서 말하는
수미산이 히말라야
카일라스 산인가요?

수미산, 방송에 나오다.

수미산은 인도의 우주산宇宙山이다. 우주산이란 해당 문화권의 우주론에 등장하는 배꼽과 같은 중심이 되는 가치를 상징한다. 그래서 우주산을 축산軸山이라고도 한다.

희랍의 올림포스 산이나 중국의 곤륜산, 그리고 우리에게는 환웅이 하강했다고 하는 태백산과 같은 산이 바로 여기에 해당한다. 즉, 이러한 산은 실재하는 산은 아니지만, 그 문화의 배경이 되는 고대인들의 상상력에 입각한 우주론의 세계 중심인 것이다.

그런데 요즘 들어 수미산이라는 말을 방송에서 심심찮게 들을 수 있다. 중국 영토의 히말라야에 속해 있는 카일라스 산이 곧 수미산이라는 것이다.

이러한 주장이 가장 먼저 나온 것은 1998년 5월에 방송된 MBC 불탄일특집 다큐멘터리 〈고은의 티베트 기행, 수미산〉이다. 이 프로는 승려 출신으로 국내 시인을 대표하는 인물인 고은을 내세워 카일라스를 종착점으로 하는 티베트 순례 프로였다. 이러한 카일라스가 수미산이라는 인식은 티베트불교에 조예가 깊은 김규현이 2000년에 『티베트의 신비와 명상』이라는 책을 내면서 강화된다.

김규현은 이 책에서 티베트불교적인 관점을 배경으로 카일라스 산이 곧 수미산임을 나름의 근거들을 통해 제시하고 있다.

그러다가 2003년도에 이르러, MBC에서 제작된 〈티베트 대탐사1·2〉가 방송된다. 그런데 이 프로그램의 2부 '신들의 땅, 카일라스'에서는 카일라스를 수미산과 동일시하고 있다. 이는 이후 2006년 〈SBS 스페셜〉의 '신으로 가는 길, 카일라스'에서 소설가 박범신을 내세워 재현된다. 그리고 또 다시 2007년 〈KBS 인사이드 아시아 차마고도〉의 제6편 '신비의 구게왕국'에서 답습되고 있다. 이렇게 '수미산=카일라스 산'이라는 공식이 방송을 통해 정착되었다. 이와 더불어 불교여행사들은 카일라스 산을 순례하는 상품을 수미산 투어라고 하며 순례객을 모집하고 있다. 그리고 카일라스 산에 대한 기행문 등에는 이 산이 곧 수미산이라고 언급되곤 한다.

그러나 수미산이 실제화될 경우 불교의 우주론은 붕괴하고 만다. 이는 마치 올림포스 산이 실재할 경우 그리스·로마 신화는 설 곳을 잃게 되는 것과 같다고 하겠다.

신화와 현실의 혼재

신화는 현실을 반영하는 동시에 현실에 영향을 미친다. 환웅이 하강한 태백산은 조정례의 『태백산맥』에 등장하는 태백산이 아니다. 이는 태백산이라는 명칭이 먼저 있다가 후에 현실의 산에 이름이 붙은 경우이다. 이의 반대도 가능하다. 인도 4대강의 발원지라는 전설을 간직한 마나사로바 호수는 인도의 신화로 인입引入되면서 아뇩달지가 된다. 즉, 이는 현실이 신화화된 경우이다.

수미산을 카일라스 산이라고 주장하는 사람들은 마나사로바 호수가 아뇩달지로 신화전설에 편입된 것처럼, 카일라스 산이 수미산으로 변모된 것이라고 한다. 그러나 이는 전혀 사실이 아니다. 불교의 우주론에 대한 기록을 살펴보면, 마나사로바 호수의 북쪽에 위치한 카일라스 산은 같은 남섬부주 안에 있는 향산香山이다.

수미산은 남섬부주의 북쪽에 대륙과 떨어진 별도의 공간에 있는 이 세계의 중심 산이다. 또한 우리가 사는 남섬부주보다 훨씬 큰 보석으로 되어 있다. 그리고 이 산의 꼭대기는 정방형의 평평한 공간으로 되어 있는데, 바로 이곳에 제석천을 포함한 33신들이 살고 있다.

이러한 수미산에 대한 묘사는 이 산이 인도의 배경문화에 입각한 신화 속의 산이라는 점을 분명히 해준다. 그리고 이러한 배경문화를 기반으로 불교가 존재

057-1
엘로라 석굴의 카일라스 산과
시바 신을 묘사한 부조

제4장
상식과 착각

하기 때문에 불교는 수미산설을 수용하고 있는 것이다. 즉, 우리나라에 태어나면 한국말을 써서 자신의 감정이나 생각을 표현하듯이, 인도적인 불교 역시 그 이전의 배경문화인 수미산설을 기초로 세계관을 구축하고 있는 것이다. 그러므로 대승불교의 여러 경전들은 수미산과 관련된 내용을 수록하고 있다. 또 동북아시아의 가람배치 역시도 수미산 우주론과 직결된다.

마치 우리가 생각으로 우주의 중심을 상정하는 것처럼, 고대의 인도문화에서는 수미산이라는 산을 통해서 우주의 중심을 설정하고 있는 것이다. 그러나 우리가 생각하는 우주의 중심이 결코 실재하는 가치는 아니듯, 이는 현실로 존재하는 대상이 될 수는 없다.

사실과 가치의 문제

수미산은 현실적인 가치는 아니다. 그러나 수미산 우주론은 불교시대의 사고방식과 인식을 규정한다. 그래서 여러 대승경전과 불교문화는 수미산 우주론에 입각해서 수립되게 된다. 마치 천동설이 사실은 아니지만, 지동설의 대두 이전의 철학과 문학은 천동설에 입각해서 논리가 수립되는 것처럼 말이다.

천동설이 오류라고 해서 천동설에 기반을 둔 모든 문화가 오류인 것은 아니다. 왜냐하면 그러한 문화에는 당위성과 목적이라는 것이 있기 때문이다. 우리는 그것의 가치만을 보면 된다. 또한 천동설을 합리화하기 위해서 이의 타당성을 변증할 필요도 없다. 인류의 역사는 바로 그렇게 모순을 극복하면서 발전·전개되는 것이기 때문이다.

불교시대의 인식을 이해하기 위해서 불교의 수미산설은 필요하다. 바로 이 점이 중요한 것이다. 즉, 수미산설이 바탕이 되는 불교에 대한 올바른 이해는 수미산설에 입각해 있지 않을 수 없다는 말이다. 그러므로 수미산은 현실적인 가치일 필요가 없지만, 그렇다고 동시에 부정될 필요가 있는 것도 아닌 것이다.

카일라스 산과 힌두교의 시바 신

카일라스 산은 불교보다는 힌두교의 시바 신과 관련된 성산이다. 이는 시바가 그의 부인인 파르바티Parvati(히말라야의 딸)와 거주하는 곳으로 카일라스가 등장하기 때문이다. 이러한 관점에 의해서 인도의 세계문화유산인 엘로라 석굴의 가장 대표적인 제16굴 카일라사나타 사원이 만들어지게 되는 것이다. 이는 시바가 '요가yoga의 주인'으로서, 호랑이 가죽을 깔고 설산 안에 거주하는 것으로 나타나는 것과 일치한다.

불교적인 세계관을 자세히 검토해 보면, 카일라스 산은 수미산이 아닌 향산일 뿐이다. 그리고 향산과 관련해서『기세인본경』「염부주품閻浮洲品」에는 '큰 위덕의 신'이 살고 있다는 언급이 있다. 이는 시바를 의미하는 것으로 이해된다. 즉, 카일라스 산은 수미산이 아닐뿐더러 불교보다는 힌두교적이다. 이러한 산을 수미산으로 오인하는 것도 문제가 있지만, 이를 곧이곧대로 믿고 성지순례를 한다는 것은 무지를 넘어선 한국불교의 비극적 수치이다.

신화는 신화 속에 있을 때 아름답다. 어쭙잖게 만들어진 영화가 때로 잔잔하고 아름다운 책의 감동과 여운을 깨트리고는 한다. 카일라스가 수미산이라는 주장은 바로 이런 경우에 해당하는 것이다. _◉

057-2
캄보디아 반데이 쓰레이 사원
카일라스 산과 시바 신을
묘사한 부조가 돋보인다.

057-3
카일라스 산을 묘사한 엘로라 석굴
최대의 카일라사나트 사원

불교에서 말하는 수미산이 히말라야 카일라스 산인가요?

<u>058</u>

시대에 따른
불상의 특징이
있나요?

불상의 허리가 굽어지는 이유

불상은 일견 모두 비슷해 보이지만, 조금만 주의를 기울이면 시대에 따라서 많은 차이가 있다는 것을 알 수 있다. 한국불상의 시대를 구분하는 가장 중요한 요소는 허리의 각도이다. 즉, 옆에서 보는 허리의 굽은 정도를 보면 불상의 시대를 알 수 있는 것이다.

통일신라시대의 불상은 허리가 활처럼 펴져서 뒤쪽으로 젖혀져 있다. 고려시대 불상은 허리가 반듯하게 펴져 있는 정도이다. 그런데 조선시대로 오면 허리가 굽어 있고 상대적으로 어깨가 짓눌려 있는 모습으로 표현된다. 이를 두고 혹자는 조선이라는 숭유억불 시대에 오니 불상도 눌려 있다고 한다. 그러나 그런 것이 아니다.

통일신라시대에는 불상을 전각의 정중앙에 모셨다. 불전은 곧 붓다의 집이기 때문이다. 또 불상을 가운데 모시다보니, 건물 안에는 시선을 둘 곳이 없게 된다. 그래서 바라보는 시선이 건물 밖의 먼 곳을 유원하게 주시하게 된다. 이러다보니 자연스럽게 불상의 허리가 뒤로 젖혀진 듯이 펴지며, 당당한 모습을 취하게 되는 것이다.

고려시대는 전란이 많고, 사회적으로도 복잡해서 표현에 다소 미숙한 면이 보인다. 그래서 통일신라시대의 당당함보다는 다소 산만한 당당함이 나타난다. 그래서 허리가 반듯한 정도에서, 어떤 의미에서는 과도한 양식적 표현만이 나타나게 되는 것이다. 이는 인간의 신체에 대한 이해가 부족한 결과라고 하겠다. 왜냐하면 상체를 반듯하게 펼 경우 허리는 활과 같이 안쪽으로 오목하게 들어가야 하기 때문이다. 즉, 통일신라인들은 이러한 신체의 자세를 보다 분명하게 이해하고 있었지만, 고려인들은 이에 대해서 다분히 피상적으로만 생각하고 있었던 것이다.

조선시대는 불단이 불전의 후면으로 밀려나게 된다. 또 경제적으로도 어려웠기 때문에 불상은 예배하는 사람과 눈을 마주보기에 이른다. 즉, 통일신라와 고려의 불상이 자신만의 색깔에 의해서 당당한 기품을 나타내고 있었다면, 조선시대의 불상은 예배자와 눈높이를 맞추는 친절한 불상이 된 것이다. 이러한 불상의 친절은 중생의 마음을 보듬는 것인 동시에 사찰 경제에 보탬이 되는 한 방법이 된다.

불상의 시선이 전각 안의 예배 대상과 마주할 필요를 안게 되자, 불상의 허리는 자연스럽게 굽게 된다. 왜냐하면, 고개를 떨구는 것은 자존심과 관련된 것이기 때문에 머리의 각도보다는 허리의 각도를 조정했기 때문이다. 바로 이렇게 불상의 허리는 점차 시대에 따라서 굽게 된다.

058-1
철조불좌상
ⓒ국립중앙박물관
통일신라시대의 불상은
허리가 활처럼 펴져서
뒤쪽으로 젖혀져 있다.

058
시대에 따른 불상의 특징이 있나요?

불상의 머리가 커지는 이유

불상은 허리가 굽어지는 것과 비례하여 머리가 커진다. 통일신라시대의 불상은 그대로 일어나면 늘씬한 사람의 체형이 된다. 그러나 고려시대의 불상은 그대로 일어날 경우 다소 불균형한 신체적 특징을 가지게 된다. 이는 신체에 대한 정확하고 사실적인 이해의 부족에서 기인한다. 그리고 이러한 과정에서 머리도 약간 커지게 된다.

불상의 머리가 커지는 것은 중국의 지배 민족 교체와도 관련되어 있다. 수나라와 당나라의 지배층은 한족이 아닌 유목민이었다. 유목민은 한족인 농경민에

058-2
불회사 대웅전 내부(전남 나주, 조선시대, 보물 1310호)
불상은 허리를 곧게 폈는가 앞으로 굽혔는가에
따라 시대를 구분하기도 한다. 비로자나불상이자
건칠불인 이 불상들은 앞으로 굽은 모양 등으로
볼 때 조선 초기 작품으로 추정한다.

비해서 팔과 다리가 길고 머리가 상대적으로 작은 늘씬한 체형을 하고 있다. 그런데 한족은 팔과 다리가 짧고 상체와 머리가 발달한 체형을 가지고 있다. 그러므로 유목적인 기풍의 초기 당나라에서 한족 문화의 영향을 받는 중기 이후의 당나라와 중국 한족의 송나라로 국가가 변화하는 것은 중국불상의 양식 변화를 초래하게 된다. 또한 이는 우리나라의 불상에도 상체가 발달하고 두부가 확대되는 양상을 강화하게 된다.

우리의 불상은 우리의 신체 그리고 신체 관념을 반영한다. 따라서 우리의 체형 그리고 이상적인 체형 관념에 따라 불상 역시 변화를 보인다. 최근에 만들어진 불상들이 다이어트를 하고 있는 것도 이와 무관해 보이진 않는다. 최근에 제작된 서울 상도선원의 불상이 대표적이다.

조선시대에 오면, 불상의 머리는 비약적으로 커지고 동시에 다리는 매우 짧아진다. 그런데 이렇게 되는 것에는 고려시대까지와는 다른 이유가 또 있다. 그것은 앞서 허리가 굽을 때 언급한 것과 같은, 눈높이를 맞추는 것과 관련되어 있다.

눈을 마주치게 될 경우 예배자의 시선은 불상의 전체를 보기보다는 얼굴에 집중하게 된다. 이럴 경우 불상이 좀 작더라도 얼굴을 보다 크게 만들면, 불상 전체가 커 보이는 착각을 줄 수 있다. 즉, 주로 시선이 모이는 얼굴과 상체를 확대하여 작은 불상이 더 커 보이는 착시효과가 발생하는 것이다.

조선시대에는 사원경제가 열악했기 때문에 큰 불상을 만드는 데 어려움이 있었다. 그래서 작으면서도 작지 않은 불상을 만들게 되는데, 그것이 머리와 상체가 상대적으로 큰 불상인 것이다. 물론 여기에는 신체에 대한 이해와 양식의 퇴보로 인한 문제점도 내포된 것 역시 사실이다. 그러나 그와 동시에 조선시대만의 특수성에 따른 해법의 도출 역시도 그 속에 존재하고 있다.

조선시대 불상 제대로 보기

통일신라나 고려시대의 불상은 다분히 전체적이다.
그러므로 어떠한 각도에서 보아도 그리 큰 문제가 발생하지 않는다. 물론 고려시
대의 불상은 신체 비례가 안 맞는 경우가 있지만, 대부분 그것이 쉽게 눈에 띄기
때문에 역시 가감해서 보는데 문제가 없다.

그러나 조선시대 불상은 원래 놓여 있던 위치에서 이탈하게 되면 불상이 쉽
게 기괴해진다. 예배자의 시각을 고려하여 불상이 놓일 위치를 안배한 채 불상이
만들어져서 놓여 있는 것이다. 이럴 경우 전각이나 수미단의 구조가 바뀌게 되면
신체 비례가 급격하게 틀어져 왜곡되게 된다. 이러한 대표적인 경우가 바로 박물
관의 불상이다.

058-3
서울 상도선원 불상(현대)
최근에 제작된 불상으로
현대인의 체형과 비슷하게
제작됐다.

058-4
목조여래좌상(조선시대) ⓒ국립중앙박물관
작은 불상이지만 허리를 앞으로
굽히고 있는 것을 알 수 있다.

박물관의 불상들은 존상임에도 관람자의 시각적인 안정을 위해 다소 낮게 배치된다. 이럴 경우 높게 올려다보면서 교정되는 큰 머리와 같은 경우는 전혀 교정됨이 없이 그대로, 혹은 더 크게 노출된다. 그래서 더 문화적 역량이 떨어져 보인다.

그러나 작자의 본래 의도와 같이 아래쪽에서, 그것도 멀리 떨어져서 보게 되면 이러한 문제점은 급속하게 줄어든다. 그리고 작자가 의도한 자리를 찾는 것은 불상과 눈이 마주치는 위치에서 불상의 머리가 부담스럽지 않은 곳을 찾으면 된다. 사실 이러한 방법을 통해서 그 불상이 모셔져 있던 전각의 크기나 공간 구조에 대한 인식도 확보할 수가 있다.

그러나 오늘날의 박물관들은 이러한 시각적 관점을 전혀 고려하지 않는다. 바로 이러한 점 때문에 작품은 본래의 자리와 상호 유리될 수 없다고 하는 것이다. 이는 비단 불상의 문제만이 아니다. 불화도 작자가 부여한 보는 위치가 있다. 이러한 문제에 대한 정확한 인식이 수립될 때, 우리는 비로소 우리 선조들의 창조적 역량을 보다 정확하게 이해할 수가 있게 된다. _◉

진언과 부적은
어떤 차이가
있나요?

진언의 이해와 효과

불교에는 실로 많은 진언들이 존재한다.

오늘날 사찰에서 가장 많이 독송되는 『천수경』을 처음 보며 적잖이 당황한 것은 나뿐이었을까? 인도 말을 한문과 한글로 음역하여 본래의 뜻을 전혀 유추할 수 없는 내용이 전체의 70퍼센트 이상을 차지하고 있다. 더 놀라운 것은 거기에는 인도어의 원문이 존재하지 않는다는 것이다. 이는 전문가가 아닌 이상은 그 내용을 전혀 파악할 수 없다는 것을 의미한다. 그런데도 불구하고 더더욱 놀라운 것은 절에 다니는 그 누구도 이에 이의를 제기하지도, 알려고도 하지 않는다는 사실이다. 실로 놀라운 일의 연속이라고 아니할 수 없다. 이러한 불교문화는 어디에서 기인하는 것일까?

무엇을 정확하게 안다는 것이 반드시 중요한 것은 아니다. 우리는 감기에 걸리면 감기약을 복용하지만 그 약의 성분을 알려고 하지는 않는다. 이는 자동차나 비행기를 탈 때도 마찬가지다. 그 속에 내포된 원리가 중요한 것이 아니라, 그것을 적절히 활용하는 것이 중요한 것이다. 불교에서의 진언眞言은 이러한 관점을 잘 나타내준다. 그래서 내용을 아는 것보다는 반복을 더 중요하게 여기는 것이다.

물론 내용을 알 경우 그것을 보다 효율적으로 작용시킬 수 있다는 점에서 더 긍정적이다. 그러나 비행기를 타기 위해서 비행기의 작동 원리나 양력과 관련된 물리학적 원리를 굳이 배울 필요는 없다. 다만 자신의 자리를 찾고 승무원의 지시에 따르는 기본 행동원리만 습득하면 되는 것이다.

불교의 가르침 가운데는 매우 난해하고 심오한 부분들이 있다. 이를 일일이 배워서 익힌다는 것은 비전문가들에게 너무나도 요원한 일이다. 그래서 복용하기 쉬운 약과 같이 먹기만 하면 편리한 수단이 강구된다. 그것이 바로 진언이다.

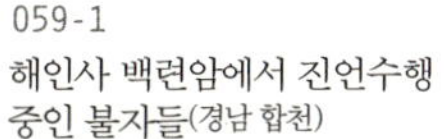

059-1
해인사 백련암에서 진언수행
중인 불자들(경남 합천)

진언과 부적은 어떤 차이가 있나요?

진실어의 문화

인도는 더운 기후 때문에 행동보다는 말이 발달하게 된다. 즉, 실천보다는 언어가 중심이 된다. 이러한 언어 중심의 문화는 후일 인도 논리학의 발전을 가져온다.

언어에 높은 비중을 부여하다 보면, 진실어眞實語 문화가 발생하게 된다. 진실을 말하는 것 속에 강력한 에너지가 내재한다는 관점에서 파생한 것이 진실어이다. 그래서 인도문화에서는 맹세나 서원을 하는 장면을 자주 볼 수 있다.

붓다의 본생담 중 유명한 인욕선인忍辱仙人이나 시비왕尸毘王 이야기의 경우 등에서 우리는 공히 진실어의 작용을 발견할 수 있다.

059-2
다라니를 독송하고 있는 티베트 승려

인욕선인은 수행 중 가리왕歌利王의 오해를 사 분노한 왕에 의해서 사지가 절단된다. 그러나 인욕선인은 자신에게는 분노의 마음이 없다고 한다. 이에 왕이 믿지 못하자, 인욕선인은 자신에게 분노하는 마음이 없다면 훼손된 신체가 본래의 모습으로 회복될 것이라고 말한다. 그러자 절단된 사지가 본래로 회복되었다. 인욕선인은 자신에게 분노의 마음이 없다는 진실어를 말했다. 그리고 그러한 진실어의 힘에 의해서 결국 사지가 회복되는 것이다.

시비왕의 경우도 마찬가지다. 다만 다른 것은 사건의 내용이 품으로 숨어든 비둘기를 구하기 위해 시비왕이 비둘기 대신 자신의 살을 도려내준다는 것일 뿐이다. 이때도 시비왕이 이러한 희생에 전혀 후회가 없다면, 자신의 훼손된 신체가 본래로 회복될 것이라고 하자, 신체는 곧바로 회복된다. 이 역시 진실어의 작용이다.

진실어는 언어에 대한 비중이 높은 문화에서 나타나는 특정한 인식이다. 바로 이러한 인식을 바탕으로 언어에 대한 적절한 조합을 구축하게 되면, 그 속에 진리가 내포될 수 있다는 생각이 바로 진언문화이다.

진언이란 진실한 말 또는 소리이다. 그러므로 특정한 음절을 반복적으로 암송하는 것만으로도 강력한 에너지가 발생한다고 한다. 이러한 문화배경으로 인하여 불교에서는 진언을 강조한다.

또 불교에는 진언과 유사한 것으로 '주呪'와 '다라니陀羅尼'라는 것도 있다. 이러한 세 가지는 본래 비슷한 말이라고 할 수 있다. 그러나 한국불교에서는 짧은 것을 주라 하고, 보통 정도의 길이를 진언이라고 하며, 긴 것을 다라니라고 칭하고는 한다. 다라니라는 명칭은 총지總持, 즉 모든 이치를 통섭해서 내포한다는 의미이다.

미개한 문자와 부적

중국의 한자는 상형문자에서 출발한 유일한 보편문자이다. 실제로 중국이나 대만에서는 오늘도 2천5백 년 전의 『논어』나 『노자』 등의 저술들을 큰 무리 없이 읽고 이해할 수 있다. 이는 별것 아닌 것 같지만, 문자학의 입장에서 본다면 실로 대단한 일이다.

예를 들어 우리는 90여 년 전의 「독립선언서」도 읽지 못해서 고등학교 때 외우지 않았던가! 이렇게 놓고 본다면, 수천 년 전의 전적을 읽는다는 것은 전 세계 어디에도 없는 놀라운 일이라고 아니할 수 없다.

이는 한자가 원시성을 고스란히 간직하고 있다는 말이기도 하다. 실제로 한자의 '而이' 자는 '그러나'와 '그리고'의 뜻을 동시에 가지고 있다. 즉, 전체적인 문장구조를 보고 순접으로 해석할 것이냐 역접으로 이해해야 할 것이냐가 결정되는 것이다. 한자의 이러한 원시성은 중국문화권에 행동을 중시하고 말을 자제하는 문화구조를 파생하게 된다. 즉, 실천의 문제가 화두가 되는 것이다. 『논어』에서 "군자는 말은 어눌하지만, 행동은 민첩하다(君子 欲訥於言而敏於行)."는 것이나, "말 잘하고 잘웃는 사람치고 어진 사람 드물다(巧言令色鮮矣仁)."라고 하는 것이 대표적이라고 하겠다. 중국문화권 사람들이 유달리 무뚝뚝한 이유도 이런 역사와 전통 때문이 아닌가 한다.

중국문화권의 언어에 대한 불신은 『주역』「계사전繫辭傳」의 "말로서는 뜻을 다할 수 없으니(書不盡言 言不盡意)", "형상을 통해서 뜻을 완전히 한다(立象以盡意)."는 구절을 통해서도 단적인 파악이 가능하다. 이는 『주역』에서 음(-)과 양(+)을 나타내는 부호가 등장하는 것이 뜻을 완전히 나타내기 위한 것이라는 말이다. 이는 언어보다는 형상, 즉 부호와 기호에 대한 신뢰를 낳게 된다. 이것이 『주역』이 『논어』나 『노자』에 앞서는 중국 최고의 고전이 될 수 있는 이유가 된다. 그리고 바로 이러한 측면과 연관되어 중국의 부적문화도 존재하게 되는 것이다.

부적은 특정 의미를 표현하는 상징이다. 중국의 언어에 대한 불신 문화는 부

제4장
상식과 착각

적과 같은 상징에 비중을 부여한다. 즉, 부적문화는 철저하게 중국적인 가치인 것이다. 그리고 여기에는 "서화동원書畵同源"이라는, 글씨와 그림의 미분리적인 측면 역시 중요한 역할을 하고 있다고 하겠다. 이상을 종합하면 진언은 인도적 가치를 표출하고 있고 부적은 중국적 가치를 표현하고 있다고 할 수 있다. _◉

발우와 걸식

인도의
수행자들은 왜
걸식을 했나요?

걸식의 문화배경

인도는 유사 이래로 고온다습한 기후로 인하여 이모작이나 삼모작이 가능해 농산물은 언제나 풍족했다. 그러나 변질이 심하기 때문에 조리된 음식을 저장해서 먹는 것은 불가능하다. 이는 중국이 다소 춥고 척박한 환경으로 인하여, 등소평의 시장개방 이전까지 보릿고개를 겪었던 것과는 완전히 다르다. 또 중국은 이미 조리한 음식이라도 열을 가하면 일정한 기간 동안에는 계속해서 먹을 수 있었다. 이는 우리도 마찬가지다.

농산물이 풍부한 동시에 조리한 음식을 저장할 수 없는 인도의 환경은 걸식문화를 낳게 된다. 걸식은 음식이 남는 사람에게 조리된 음식을 공급받는 문화이다.

음식을 딱 먹을 만큼만 조리한다는 게 그리 쉬운 일이 아니다. 게다가 농산물이 풍족한 곳에서는 손이 크기 때문에 음식이 더 많이 남게 된다. 그런데 인도에서는 음식이 저장되지 않았다. 더구나 아열대성의 고온다습한 기후는 음식물을 잘못 버렸을 경우 전염병이 발생할 수 있는 조건을 만든다. 그래서 버려지는 음식도 함부로 버리지 못하고 땅에 묻거나 해서 처리하는 수고로움이 필요하다.

인도의 여름철 낮 기온은 40~50도까지 올라간다. 이러한 환경 속에서 땅을

제4장
상식과 착각

파고 남은 음식을 묻는다는 것은 매우 어려운 일이다. 그러므로 남은 음식은 신속히 타인에게 주는 것이 바람직하다. 이러한 문화배경이 걸식문화에 정당성을 부여하게 된다. 즉, 인도의 걸식문화는 기후환경적 요소가 파생시킨 필연이라고 하겠다.

수행자와 걸인

걸식의 주체에는 두 부류가 있다.

첫째는 수행자인데, 이들은 일반인이 음식을 조리해서 먹기 전에 걸식을 한다. 그래서 일반인이 먹기 전의 깨끗한 음식을 공양 받는다.

수행자들은 발우라는 휴대용 식기를 가지고 민가를 돌면서 문 앞에 서 있는다. 그러면 음식에 여분이 있는 집에서는 문밖으로 나와서 음식을 공양한다. 남지 않은 경우는 나오지 않으면 된다. 그렇게 여러 집을 순서대로 돌아서 만족할 정도의 음식을 공양 받게되면 그친다.

음식이 부족해서 너무 많이 돌 경우는 자칫 비속해 보일 수 있으므로, 순서대로 일곱 집까지만 돌라는 규정(七家食)도 일부 있었던 것 같다. 그러나 이것은 일반적이었던 것은 아니다.

수행자들에게는 정오 이전에 공양을 마쳐야 한다는 규칙도 있었으므로, 일곱 집이라는 규정이 존재하지 않았더라도 그리 많은 집을 돌기는 어려웠을 것이다. 왜냐하면, 일반인들이 음식을 만드는 시간 이전에 걸식을 할 수는 없었기 때문이다.

수행자는 일반인의 집 앞에서 그냥 기다려야 한다. 자신이 와 있다는 어떠한 소리나 신호를 보낼 수 없었다. 즉, 걸식은 철저하게 주는 사람의 환경과 자발적 의지에 의해서 결정된다.

　　수행자에게 음식이 공양되면, 수행자는 그 대가로 가르침을 주거나 축원을 해준다. 물질과 정신의 가치가 교환되는 것이다. 그러나 음식의 공양 이전에는 절대로 말을 해서는 안 된다. 이는 혹시라도 상대에게 기쁜 마음을 일으켜 본래 공양하려던 음식보다 더 좋은 음식이 오는 경우가 발생할 수 있기 때문이다. 이러한 변수는 자칫 수행자로 하여금 더 좋은 음식에 대한 집착을 일으킬 수 있으므로 이러한 경우를 미리 차단하는 것이다.

　　수행자에게 음식을 공양하는 대가는 가르침과 축원이다. 이는 남은 음식을 공양하는 것에 비해서 더 좋은 대가가 된다. 그러므로 음식을 공양하는 사람은 감사의 인사를 해야 한다. 즉, 받는 사람이 고마워하는 것이 아니라, 주는 사람이 감사의 마음을 가지는 것이다. 인도의 걸식문화에서 가장 중요한 부분이 바로 이 대목이다. 자신에게 남는 것을 주는 것도 자신의 의지이며, 그로써 가르침과 축원을 받는 것도 자신의 공덕이 된다. 그러므로 감사의 마음은 시여施與받는 대상이 아니라 공양하는 주체에게 있다.

　　걸식의 주체 중 둘째는 걸인이다. 걸인은 수행자에게 1차로 공양된 뒤, 집주인이 먹고 남은 음식을 공급받게 된다. 그러다 보니 수행자가 남을 거라고 예상되는 음식을 공양 받는 것에 비해서 걸인은 철저하게 남은 음식을 받아가는 셈이 된다. 이는 남은 음식물의 처리라는 관점에서 보면 걸인이 고마운 존재라는 것을 의미한다. 그러므로 걸인은 음식을 받지만 고맙다고 하지 않는다.

　　이 경우도 수행자에게서와 같이 공양의 주체가 감사의 마음을 가져야 한다. 만일 걸인이 음식을 가져가지 않는다면, 남은 음식을 처리해야 하는 문제가 발생하기 때문이다. 또 자신에게 불필요한 사소한 것으로 다른 사람을 위해서 선업을 쌓는다는 것은 주는 주체에게 좋은 일이다. 그래서 인도에서는 걸인에게 공양하면서도 공양하는 주체가 고맙다는 인사를 하게 된다. 이러한 문화는 오늘날까지도 인도의 전통으로 남아 있다.

탁발을 보는 인도와 중국의 차이

중국은 인도와는 달리 음식이 풍족하지 않을뿐더러, 다시 가열하면 며칠이라도 먹을 수 있다. 그렇다 보니 걸식은 곧 걸인의 하천한 문화로만 인식되게 된다. 즉, 인도의 걸식이라는 문화풍속은 중국에서는 빌어먹는 천인賤人의 가치만을 가지고 있는 것이다. 이는 오늘날의 관점에서 본다면, 문화상대주의의 부재라고 할 수 있다. 이러한 문화적 차이로 인해 오늘날 조계종에서는 승려법에 탁발托鉢을 금지하는 규정을 두고 있을 정도이다.

걸식乞食이라는 한자를 보면, '빌어먹는다'는 의미에 다름 아니다. 이는 걸식에 대한 중국적인 관점을 잘 나타내준다. 또 승려 역시도 걸사乞士, 즉 '빌어먹는 선비'라고 했으니 다른 문화권에 대한 이해는 과거로서는 참으로 어려웠다고 하겠다. _◉

060-1
탁발을 하고 있는 미얀마의 승려

060
인도의 수행자들은 왜 걸식을 했나요?

<u>061</u>

스님들이
발우를 사용하는
이유와 유래는
무엇인가요?

가지고 다니는 식기

승려가 탁발할 때 음식을 받는 식기를 발우鉢盂라고 한다. 인도는 더운 기후와 유목문화로 인하여 투철한 주거문화가 부족하다. 즉, 집은 중국문화권에서와 같이 필수가치가 아니라 선택가치인 것이다. 이를 대변하는 것이 인도의 수행문화에 존재하는 유행기遊行期다. 즉 자유롭게 떠돌아다니면서 집착을 여의고 견문과 수행을 증장하는 문화가 존재하는 것이다. 이는 불교적으로는 만행萬行과 통하는 삶의 형태이다.

안정된 주거보다 무집착을 통한 방랑생활이 하나의 수행문화를 형성하게 되면서, 발우는 두고서 사용하는 식기가 아닌 휴대용 식기가 된다. 특히 인도의 걸식문화는 수행공간에 부엌을 두고서 음식을 조리하는 것을 용인하지 않는다. 그 결과 발우는 수행자라면 언제나 휴대해야 하는 물건으로 정착된다. 이는 불교에서도 의발衣鉢이라고 해서, 가사와 발우를 떠나서 승려가 있을 수 없다는 규정을 통해서 분명해진다.

제4장
상식과 착각

정지와 솥

발우는 필수품이다 보니 여러 개일 수가 없다. 또 발우는 일반적인 식기와는 조금 다른 용도로도 사용되는데, 솥의 역할도 겸하는 것이 그것이다.

탁발을 나가서 공양 받은 음식은 자연스럽게 여러 집의 음식들이 섞이게 된다. 그러다 보니 식중독균과 같은 유해 요소가 위협으로 작용할 개연성이 더 커진다. 이는 걸식한 그 장소에서 음식을 섭취하는 경우보다는, 사원으로 가지고 와서 음식을 먹는 것이 더 일반적이었기 때문이다.

인도불교에는 아침에 짜 놓은 과일주스를 오후에는 먹지 못하게 하는 규정이 있다. 이는 자연발효가 이루어져 술이 되는 경우가 있었기 때문이다.

음식이 변질되기 쉬운 기후 조건은 인도 음식을 최소한의 수분만을 가지는 쪽으로 발전하게 한다. 그래서 똑같은 밥을 지어도 우리는 뜸을 들인다고 해서 솥뚜껑과 같은 무거운 압력으로 쌀 속에 수분이 퍼지게 하는 데 반해서, 인도에서는 이때 물을 따라내 쌀이 퍼슬퍼슬하게 한다.

사실 우리가 뜸을 들일 때 수분이 더 많이 침투하게 하는 것은 양식이 부족한 문화에서 기인한 것이기도 하다. 이는 국과 같은 국물 음식이 많은 것을 통해서도 단적인 확인이 가능하다. 그러나 인도와 같은 경우는 모든 음식에 최대한 수분을 적게 한다. 그래서 카레를 뿌려 손으로 버무려 먹는 것과 같은 문화가 발달한 것이다.

인도 음식은 조리과정에서 수분을 많이 탈각시킴에도 불구하고 쉽게 변질된다. 이로 인하여 걸식을 해서 승원에 돌아온 승려들은 불을 지펴서 발우 채 그 위에 올려 음식을 한 번 더 데친다. 이럴 경우 식중독균과 같은 문제는 일소된다.

061
스님들이 발우를 사용하는 이유와 유래는 무엇인가요?

061-1

발우

인도불교의 발우가 '식기+솥'의
역할을 했다면, 중국불교의 발우는
식기의 기능에만 충실하면 된다.
그 결과 우리나라에서는 발우의
질료가 나무로 변한다.

이때 음식을 다시 조리하는 공간은 부엌과는 다른 간이 조리 장소인데, 이를 정지淨地라고 한다. 경상도 등에서 부엌을 정지, 혹은 정지간이라고 하는 것은 이러한 불교문화의 유입에 의한 왜곡이다.

발우를 솥과 같이 불에 올렸던 것은 인도의 기후 조건에 따른 필연이었다. 이로 인하여 가연성 소재는 발우로 사용될 수 없게 된다. 붓다시대 발우의 질료는 흙으로 빚은 와발우와 철로 만든 철발우였다. 물론 목발우 역시 인도수행문화 속에서는 사용되었고 불교 역시 이를 수용한 기록이 있다. 그러나 빈두로의 신통 사건이라는 특정 시점을 지나면서 붓다는 목발우 사용을 금지한다.

와발우와 철발우 중 더 선호된 것은 철발우였다. 인도는 카스트·바르나제도라는 철저한 신분제 때문에 도자기에 유약을 바르지 않는다. 이는 식기가 재사용되는 과정에서 하위 신분자가 먹은 식기를 상위 신분자가 재사용할 수 있다는 우려 때문이었다. 그래서 도자기는 유약을 바르지 않고 사용되는 일회용 그릇으로 제한된다.

물론 발우는 한 사람이 계속해서 사용하는 것이기 때문에 일회용은 아니다. 그러나 유약을 사용하지 않았기 때문에 자칫 잘못하면 쉽게 깨지는 문제가 발생하곤 했다.

그래서 승려들은 질료로서 가치도 높고 잘 깨지지 않는 철발우를 선호했다. 그러나 당시의 철은 무쇠였기 때문에 떨어지거나 할 경우 터지는 문제가 발생했다. 이럴 경우 철발우는 철사로 다섯 번까지 꿰매서 사용할 수 있다는 조항(五綴鉢)이 있다. 이는 철발우가 당시에 얼마나 선호되는 귀한 물건이었는가를 나타내주는 동시에, 국과 같은 국물 음식이 존재하지 않았다는 것을 말해준다고 하겠다.

스님들이 발우를 사용하는 이유와 유래는 무엇인가요?

목발우와 문화상대주의

발우를 솥으로도 겸해서 사용하기 위해서는 특수한 처리가 필요하다. 발우를 처음 만들 때, 발우 안쪽에 그을음을 입히는 일종의 코팅 작업이다. 이를 통해서 발우는 직접 불에 올려도 음식물이 상대적으로 덜 늘러 붙게 된다. 일종의 생활의 지혜라고 하겠다. 그러나 이런 경우에도 가연성소재 사용은 불가능했다.

그런데 중국으로 불교가 전래되면서는 탁발문화는 천하다는 생각 때문에 사라지게 된다. 그러다 보니 발우에 직접 열을 가하는 재조리 등의 작업은 불필요하게 됐다. 즉, 인도불교의 발우가 '식기+솥'의 역할을 했다면, 중국불교의 발우는 식기의 기능에만 충실하면 되었던 것이다. 그 결과 우리나라에서는 발우의 질료가 나무로 변한다.

목발우의 사용은 산지가 많은 우리나라에서 두드러진다. 중국은 평야가 주류를 이루고, 또 일찍부터 화전을 하다 보니 나무가 별로 없다. 그리고 중국에는 질 좋은 황토가 많이 있다. 그러므로 중국에서는 목발우의 약진이 그렇게까지는 두드러지지 않는다.

그러나 우리나라에서 발우는 옻칠을 통해 가볍고 견고한 발우로 완성되게 된다. 또 식자재 부족으로 국물 음식이 많이 만들어졌는데, 이는 열전도가 낮고 가벼운 목발우를 강력하게 요청한다. 그런데 목발우는 붓다에 의해 1차로 금지된 것이라는 데 문제가 있다. 실제로 이에 근거하여 오늘날 한국불교에서는 목발우를 규제해야 한다는 주장이 제기되고 있기도 하다. 그러나 이는 문화상대주의에 대한 이해가 부족한 것이다. 열전도율이 너무 높은 철발우는 우리 음식문화에서는 너무 뜨겁기 때문에 사용이 곤란하다. 또 도자기로 된 와발우는 국물을 너무 쉽게 식게 만든다는 점에서 문제가 있다. 그리고 결정적으로 우리에게는 공양 때에는 말을 안 하는 것뿐만이 아니라, 전체적으로 조용해야 한다는 문화가 있다. 이를 따르기 위해서 와발우 등을 주장하는 분들도 수저와 젓가락은 나무로 된 것을 사용한다. 그러나 본래의 것만을 주장한다면, 공양을 할 때는 손을 사용해야 한다.

쇠발우에 찌개와 같은 뜨거운 음식을 담고 손에 들고서 손으로 먹는다는 것은 우리의 식문화에서는 불가능한 것이다. 그러므로 주장에는 언제나 배경에 대한 충분한 이해가 고려되어야 한다고 하겠다. 즉, 원칙과 유연성의 문제는 언제나 조화되어야 하는 것이다. _◉

불교에서 육식이 금지된 이유는 무엇인가요?

부엌의 필요성

붓다 당시 승원에서 부엌을 두고 요리를 해 먹을 수 있었는지에 대해서는 아니라는 설이 지배적이다. 그러나 이와 관련해서는 논란의 여지가 있다.

실제로 1차 결집 때 마하가섭은 500명의 승려들과 함께 붓다의 가르침을 결집하는데, 이것이 소위 왕사성의 칠엽굴 결집이다. 그런데 결집 직후 멀리 있어서 결집에 참석하지 못한 부라나와 500인의 승려들이 마하가섭을 찾아와 결집이 재차 이루어지게 된다. 소위 굴외결집窟外結集이라는 사건이다.

결국 마하가섭과 부라나는 의견이 맞지 않아서 서로 결별하게 되는데, 이때 의견충돌이 발생하는 대목이 바로 붓다께서 부엌을 용인했느냐에 관한 것이다. 즉, 사원 안에서 음식을 조리할 수 있느냐의 문제였던 것이다. 부라나는 부엌이 용인되었다고 주장한다. 그러나 마하가섭은 그것은 붓다에 의해서 용인된 것이지만, 기근이 들었을 때 한시적으로 시행된 것으로, 보편적인 용인이 아니었다고 주장한다. 서로 붓다에게 직접들은 제자들이었기 때문에 의견은 좁혀지지 못한 채, 결국 서로 갈라지는 것으로 끝나고 만다.

이후 불교는 마하가섭을 정통으로 받아들이게 되기 때문에 인도불교의 사원에서는 부엌을 설치하지 않았고 정지 정도만 허용되는 것으로 일단락된다. 그러나 부라나가 자신의 주장을 굽히지 않고 제자들을 대동하고 갔다는 기록은 불교교단에 처음부터 부엌을 인정하는 세력도 존재했다는 것을 의미하기도 한다.

그런데 결과만 놓고 본다면, 후일 사원은 부엌을 용인하게 된다. 불교가 종교화되면서 걸식과 같은 전통문화만으로는 승단 유지가 어려웠기 때문이다. 그리고 이는 중국불교로 넘어오면서 가속화된다.

중국불교에는 걸식문화가 자리 잡을 배경이 존재하지 않았다. 그로 인하여 처음부터 사원에는 부엌이 존재했다. 부엌의 존재는 단순 편리의 문제뿐만이 아니라, 음식을 승단이 취사선택할 수 있다는 것을 의미한다는 점에서 중요한 의미를 가진다.

음식의 선택과 오신채

걸식문화는 음식의 선택권이 전적으로 공양자에게 있다는 것을 의미한다. 이는 수행자로 하여금 음식에 대한 집착을 여의게 하는 효과를 준다. 실제로 음식에 대한 취사선택과 관련해서 초기승단은 매우 엄격했다.

우리가 흔히 성욕을 자극한다고 하여 금기시하는 것으로 알려져 있는 오신채五辛菜는 향신료와 같은 관점에서도 이해될 수 있다.

걸식을 통해서 여러 집의 음식들이 한데 섞이고, 또 이를 승원의 정지에서 다시 가열하는 과정에서 음식의 맛과 질은 현격히 떨어지게 된다. 이를 완화하는 과정에서 향신료가 첨가될 수 있는데, 오신채 중 일부는 이러한 향신료와 통한다. 그런데 주지하다시피, 수행자에게 이러한 첨가물은 금지된다. 이는 특정한 맛에 탐착하는 것으로, 수행자의 무집착 정신에 위배되기 때문이다.

실제로 이와 비슷한 경우로 소금을 휴대할 수 있느냐와 관련된 논쟁도 있다. 소금은 더운 기후를 가진 인도에서는 일사병을 예방해주는 약의 기능을 가진다.

그러나 동시에 고대사회에서 화폐를 대신하는 것이기도 했다. 또 음식에 첨가될 경우 감미료와 같은 역할을 하기도 한다.

소금과 관련된 2차 결집의 논쟁에 금은정金銀淨이라는 화폐의 소지와 관련된 문제가 따로 독립돼 있는 것으로 봐서, 소금의 문제는 감미료 문제일 개연성이 높다. 즉, 소금의 휴대는 약을 빙자한 감미료 휴대 문제였던 것이다. 결론적으로 이는 부당하다는 지적을 받게 된다. 이 역시 수행자로서 입맛을 취사선택한다는 것이 바람직하지 않다는 견해 때문이었을 것이다. 그런데 사원에 부엌이 존재하면 음식에 대한 주체적인 선택이 가능해진다. 그리고 이러한 과정에서 육식에 대한 금지 문제가 대두될 수 있는 여건이 만들어진다.

육식 금지 대두

걸식문화에 있어서 음식을 주는 주체는 일반인이다. 또 걸식 과정에서 수행자는 음식을 취사선택할 수 없다. 그러다 보니 육식은 전혀 문제가 되지 않았다. 즉, 일반인이 먹는 음식 중 일부가 공양되어 오는 것이기 때문에 고기가 오는 경우도 많을 수밖에 없었던 것이다. 특히 인도와 같은 경우는 아리안족의 유목문화 전통이 있었으니, 육식에 대한 거부감은 존재하지 않았다.

실제로 붓다는 승려들이 먹어야 하는 정당한 음식 다섯 가지를 규정하고 있는데, 그것은 밥과 죽, 그리고 말린 밥(미숫가루-도시와 도시의 이동시에 먹는 휴대용 음식임)과 생선, 그리고 마지막으로 고기이다. 육류가 당연히 허용되고 있는 것이다. 물론 여기에는 자신을 위해서 죽이거나 잡은 고기가 아니어야 한다는 삼정육三淨肉의 조항이 있다.

정육淨肉이라는 개념은 승려들이 먹어도 되는 깨끗한 고기라는 의미이다. 우리가 정육점精肉店이라고 표현하는 것은 한자가 변형되긴 했지만 본래 이러한 불교문화에서 기인한 것이다. 이는 만두饅頭가 본래 남쪽 만인蠻人의 머리라는 의미에서 한자가 바뀐 것과 마찬가지의 경우이다.

062-1
사찰음식

정육의 허용은 전반적인 육식의 허용이라고 할 수 있다. 그러나 사원에 부엌이 자리잡으면서 육류 섭취에 대한 비판이 강화된다. 또 인도의 아리안 족이 점차 유목에서 농경으로 생활방식을 변경하면서 육식의 당위성은 사라지고, 육식은 잔인하고 야만적인 문화라는 인식이 생기게 된다. 그 결과 인도의 대승불교 중 일부에서는 육식 금지를 적극 수용하기에 이른다. 이는 자비의 실천 측면에도 부합하는 동시에 생명존중의 가치를 내포한다는 점에서 대승불교에서는 이후 폭넓은 지지를 얻기에 이른다.

육식의 타당성 문제

중국의 농경문화에서 노동력을 제공하는 소는 함부로 잡아먹을 수 있는 대상이 아니다. 거기에 중국으로 전래된 불교 가운데는 대승불교가 보다 강력했다. 이러한 두 문화의 습합으로 인하여 중국불교는 육식을 금지하는 쪽으로 정착된다. 그리고 이는 한국불교의 전통으로 연결된다.

오늘날 붓다께서 육식을 허용했다는 점을 들어서 육식에 관대해야 하는 것이 아니냐는 주장이 대두되는 경우를 본다. 그러나 문화상대주의에 의해서 목발우가 수용될 수 있는 것처럼, 육식은 금지되어야 한다. 만일 육식을 하고 싶다면 하루에 한 번만 먹는 인도불교의 식문화 전체를 수용해야 할 것이다. 그렇지 않고 자신이 편한 것만 부분적으로 수용하는 이현령비현령의 태도를 취하는 것은 바람직하지 않다.

세상에서 가장 힘든 조건은 어려운 조건이 아니라, 기준이 모호한 조건이다. 이를 위해서라도 다양성에 바탕을 둔 새로운 기준이 하루속히 요청된다고 하겠다. _◉

097

절에서는 오후가 되면 아무것도 먹지 않는다는데 맞는 말인가요?

한 끼만 먹는 문화

붓다 당시의 인도불교는 아침에는 죽을 먹고 정오 전에 한 끼를 먹는 것으로 끝내는 오후불식 문화를 가지고 있었다. 이는 불교만의 특징이라기보다는 당시 인도 수행문화의 보편성에 기인한 것이다. 이러한 붓다의 규정은 오늘날도 유효하다. 그래서 남방불교에서는 정오 이전의 한 끼를 너무 많이 먹어서 승려들의 다수가 위장병에 시달린다. 또 한국불교가 속한 북방불교에서는 저녁은 약식藥食이라고 하여 약과 같이 먹는다는 의미가 있다. 즉, 먹기는 해도 죄스럽다는 것이다. 그런데 이와 관련해서는 당시의 상황과 지금의 상황이 상당히 다르다는 데 주목할 필요가 있다.

한 끼 먹는 것은 어려웠는가?

인류가 점심을 먹은 것은 불과 얼마 되지 않는다. 18세기까지 인류는 모든 사람이 하루 세 끼를 먹을 정도의 식량을 생산하지 못했다. 그래서 인류의 보편적인 식습관은 두 끼였다. 이는 우리가 사용하는 점심點心이라는 글자를 통해서도 단적인 인식이 가능하다. 점심이란 마음에 점을 찍는다는 의미로, 간략하게 허기를 달래는 정도의 음식을 의미한다. 즉, 지금과 같이 정식적인 차림상이 아니었던 것이다.

실제로 조선시대만 하더라도 궁을 출입하는 관료들조차 점심을 먹는 경우는 매우 드물었다. 궁궐에는 요즘으로 치면 구내식당과 같은 개념이 없었다. 그래서 부유한 관료들만 집에서 하인들이 가져다주는 도시락을 먹는 것이 고작이었다. 그러다 보니 대다수의 관료들은 점심을 먹지 않았다. 대부분 먹지 않는 문화 속에서 먹지 않는 것은 그저 그런 정도의 일상일 뿐이었을 것이다.

인도는 기후가 무덥다. 이는 음식 섭취량을 상대적으로 줄여준다. 오늘날도 기온이 어느 수준을 넘게 상승하면 열을 덜 발생시키기 위해서라도 인체는 음식 섭취를 제한한다.

본래 두 끼 먹던 시절에 무더운 인도, 게다가 육체노동과는 거리가 먼 수행자에게 하루 한 끼는 오히려 정당한 것이다. 붓다는 "승려는 땀을 흘려서는 안 된다."는 규정을 하고 있다. 이는 명상하는 사람은 언제나 고요한 삶을 유지해야 한다는 의미인 동시에, 당시 승려들의 에너지 소비가 극히 적었다는 것을 의미한다. 즉, 하루 한 끼가 반드시 부담되는 것은 아니었다는 말이다.

여기에 사원에 부엌이 없어서 자체 조리가 불가능하다는 점을 고려한다면, 그 이상의 끼니를 늘린다는 것은 애당초 불가능했음을 더 잘 이해할 수 있다. 즉, 당시에는 그러한 환경에 따른 문화를 순응하는 정도에서 전체가 흘러갔던 것이다.

죽의 허용

오후불식은 잠에서 깨고 난 오전에 공복감을 줄 수 있다. 붓다 당시에도 이러한 문제가 있었다. 어린 사미들에게 아침의 공복감은 견디기 어려웠던 모양이다. 그래서 붓다는 아침에 죽을 먹으라는 규정을 제정하게 된다.

　요즘은 20세 이하를 사미라고 알고 있지만, 초기의 규정을 자세히 보면 사미는 미성년을 의미한다는 것을 알 수 있다. 붓다 당시 20세는 청년이 아닌 중년에 해당한다. 붓다도 17~19세에 결혼했다고 하니, 여기에 당시의 평균 수명을 고려한다면 20세는 결코 적은 나이가 아니다. 그러므로 사미를 20세 미만으로 규정하는 것은 후대에 첨가된 조항이지 초기의 규정은 아니라고 하겠다.

　불교 최초의 사미로 흔히 언급되는 인물은 붓다의 아들인 라후라이다. 그러나 라후라가 출가하려고 할 때, 사리불에게는 균제 사미라는 또 다른 사미가 있었다는 기록도 있으므로, 라후라가 최초의 사미인지는 의심스럽다. 다만 어린 라후라가 아침에 배고픔을 참지 못해서 고통스러워하자 붓다께서 죽을 먹을 수 있도록 허용했다고 율장은 전하고 있다.

　그런데 그 죽이라는 것이 나뭇잎으로 그으면 흔적이 남지 않아야 한다고 했다. 또 다른 문헌에는 얼굴이 비쳐야 한다는 조항도 있다. 이는 붓다가 말하는 죽이 우리가 생각하는 것과 같은 찰진 죽이 아니라, 쌀뜨물처럼 맑은 것이라는 의미이다.

　죽은 인근의 신도들이 사원에 와서 만들어 주었다고 한다. 그러나 도시와 거리가 있는 사원에서는 정지와 같은 간이 시설에서 죽이 만들어졌을 수도 있다. 쌀뜨물과 같은 죽이라면 쌀가루만 물에 타서 끓이는 정도로 가능하기 때문에 부엌과 같은 정규의 조리시설 따위가 필요하지 않기 때문이다.

　이러한 풍속은 한국불교로도 전해진다. 그래서 스님들이 많은 큰 절에서는 아침에 밥과 함께 죽이 나온다. 그런데 이런 죽은 깨죽이나 잣죽과 같은 영양죽인 경우가 대부분이다. 죽의 의미가 이런 것은 아니지만, 오늘날까지도 전통을 유지하려는 그 자세는 매우 바람직하다는 생각이 든다.

제4장
상식과 착각

죽식과 재식, 그리고 약식

중국불교권에서 아침은 죽식粥食이라고 한다. 비록 명칭이나마 죽을 먹던 붓다 당시의 정신을 계승하고 있는 것이다. 그리고 점심은 반드시 오전 중에 마치는데, 이를 법공양 혹은 재식齋食이라고 한다. 법공양이란 합당한 공양이라는 의미이다. 또 재식이란 재계하며 먹는다는 뜻인데, 게송과 같은 의례절차가 수반되기 때문이다.

사찰의 점심은 보통 11시에 시작되어 11시 반 정도면 마친다. 이는 12시를 넘어서는 음식을 먹을 수 없다는 규정을 최대한 준수하고자 하는 노력의 결과이다. 또 점심만이 하루 한 끼에 해당하는 정규식이기 때문에 이때만 의식절차에 따른 공양을 하게 된다.

12시를 넘으면 안 된다는 규정에 따르면 저녁을 먹어서는 안 된다. 그런데 현실은 다르다. 그래서 저녁을 약식藥食이라고 한다. 즉, 어쩔 수 없이 약과 같이 먹는다는 것이다. 그래서 과거에 저녁은 함께 모여서 먹지 않고, 자기 방에서 따로 먹었다는 기록도 전한다. 어쩔 수 없는 상황에서 규정을 최대한 어기지 않으려는 노력이 가상한 대목이다.

어차피 못 지키니 없애자는 주장을 너무나도 당당하게 하는 경우들을 종종 목격하게 된다. 그러나 못 지키기 때문에 없애는 것이 중요한 것이 아니라, 지키지 못해서 죄송스러운 그 마음속이 소중한 것 아닐까! _◉

063-1
미얀마 마하시 선원 아침공양 모습
아침 일찍 한 차례 공양을 마치고 12시 전에 탁발 후 공양을 마친다.
남방에서는 아직도 오후불식 규정을 지키고 있다.

절에서는 오후가 되면 아무것도 먹지 않는다는데 맞는 말인가요?

064

절에서는
남은 음식을
어떻게 처리하나요?

사찰음식에 대한 환상

웰빙이 인기를 끌면서 사찰음식이라는 것이 유행을 하고 있다. 그러나 사찰음식이라는 것이 따로 있다기보다는, 산속이라는 척박한 환경에 살다보니 그 안에서 최선의 식문화를 찾은 것이 사찰음식이 된 것일 뿐이다.

그런데 한 번 더 생각해 보면, 인도의 사원은 산에 없었다. 붓다가 지목한 사찰의 입지조건은 마을과 너무 멀거나 가깝지 않은 곳이었다. 걸식과 조용한 수행이 동시에 가능해야 했기 때문이다. 또 인도의 걸식문화 관점에서 생각한다면, 사찰음식이란 그야말로 넌센스다. 왜냐하면 일반인들의 음식이 곧 승려들의 음식이었기 때문이다.

인간은 주어진 환경을 따라서 사는 존재다. 이미 식문화가 변했음에도 불구하고 사찰음식을 찾는 것이 그저 건강식이라는 미명하에 또 다른 별미를 찾는 것은 아닌지 모르겠다. 결국 이는 다른 방식으로 변형된 욕심일 뿐이라는 말이다.

오늘날의 음식이 인간의 기호라는 욕심에 의해서 파생된 결과라는 점을 고려한다면, 사찰음식을 찾는 것 또한 결국 조삼모사일 것이다. 즉, 본질이 그대로인 이상 변화하는 것은 없다는 말이다.

발우공양의 오해와 진실

음식물 쓰레기 문제가 대두되면서 음식물을 남기지 않는 발우공양이 친환경적인 관점에서 관심을 끌고 있다. 음식물을 남긴다는 것은 굉장한 자원낭비이다. 오늘날도 인류의 상당수가 굶주리고 있다는 점에서 이는 동시에 죄악으로 연결되기도 한다.

특히 우리나라는 1970년대 초반까지 보릿고개가 있었던, 환경이 좋지 않은 나라이다. 그래서 '식사하셨습니까?'와 같은 표현이 인사가 된다. 이는 과거 우리의 식량 사정이 얼마나 좋지 않았는지를 단적으로 보여준다.

또 아는 집에 가거나 하면, 으레 음식을 내놓는다. 그리고 밥을 먹고 왔냐는 물음에 그렇다고 해도 언제나 밥을 또 준다. 사실 처음부터 줄 거라면 왜 묻는지 이해하기 어렵다. 그리고 배부르다고 해도 더 주며, 한 번 주면 정 없다고 반드시 한 번 더 준다. 요즘 같이 음식이 풍부한 시대에 이는 거의 만행에 가깝다. 하지만 이러한 정서가 우리 민족의 심성에 깊이 새겨질 정도로 우리는 과거에 먹고살기가 어려웠던 것이다.

그래서 쌀이라는 미米자를 파자하여 쌀에는 88번의 정성이 들어간다고 하며, 밥을 남기는 것은 금기시되곤 하였다. 그리고 밥을 깨끗이 먹지 않는 것에는 복달아난다는 꾸중이 따르곤 한다.

그러나 이러한 쌀과 음식에 대한 숭배적 풍토는 먹을 것이 귀한 문화배경에서 발생하는 것일 뿐이다. 인도와 같이 이모작, 삼모작이 가능해 음식이 풍족한 곳에서 음식은 쉽게 버려지게 된다. 이는 사원에서도 마찬가지였다.

걸식을 통해서 음식을 구하던 인도불교의 승려들은 자신들이 먹을 만큼만 받기도 어려운 처지에 놓이게 된다. 즉, 공양자가 너무 많이 주면 거부 의사표현을 할 수 없는 상황에서 일시에 발우가 가득 차게 되는 것이다. 그러나 이를 반드시 다 먹어야 한다는 규정은 없다.

사원으로 돌아와서 자신이 먹을 만큼 먹고 남은 음식은 잔식殘食을 선언하면 된다. 이럴 경우 덜 공양 받은 승려가 남은 음식을 먹을 수 있다. 그러나 모두들 풍족히 공양을 받아 먹을 사람이 없는 경우도 있다. 이럴 경우 남은 음식은 다른 사람들에게 피해가 안가는 한적한 곳에 버려진다.

우리의 일반적인 생각과 달리 인도의 사찰에서는 음식을 버렸던 것이다. 오늘날 우리가 생각하는, 사찰에서는 음식물을 남기지 않는다는 것은 중국문화권의 가치이다.

한국불교 발우공양의 명암

주어진 것을 무조건 다 먹는 것이 좋은 것은 아니다. 음식은 인간의 생존을 위한 수단이지 목적이 아니기 때문이다. 이를 분명히 한 분이 바로 붓다이다. 붓다는 때를 알고 음식의 양을 아는 분이었다. 즉, 필요 이상은 버리는 것이 억지로 먹고 힘들어하는 것보다 나은 것이라는 말이다.

남은 음식을 억지로 먹다 보면 조리하는 양을 줄여야겠다는 생각을 못하게 된다. 또 굳이 먹어서 살로 만들고 이를 빼려고 들이는 노력과 돈은 음식물 처리비용보다 훨씬 더 크다. 그러므로 남는 음식은 오늘날의 관점에서는 버려지는 것이 더 타당하다.

물론 최선은 자신이 필요한 만큼만 가져다 섭취하는 것이다. 이런 점에서 한국불교의 발우공양은 매우 우수하다. 어떤 의미에서 이는 뷔페의 시초라고 할 수 있다. 그것도 자신이 선택한 음식을 남기지 않는 양질의 뷔페문화이다.

한국불교의 발우공양은 사찰에 많은 대중들이 살면서 보다 효율적인 공양을 하는 과정에서 만들어졌다. 즉, 앉은 자리에서 공양과 설거지까지 동시에 이루어져야 했기 때문에 무엇을 남기거나 할 수가 없었던 것이다. 물론 이렇게 되기까지는 음식을 귀중하게 여기는 우리의 가난했던 문화도 큰 역할을 했다.

그러나 일견 설거지한 물까지 마시는 문화가 올바른 것인지에 대해서는 의구심이 든다. 이는 절약이라는 차원에서는 매우 타당하지만, 인간의 문화라는 의

제4장
상식과 착각

미에서는 낙후된 것일 뿐이다. 그러므로 한국불교의 발우공양 역시 문화적인 발전이라는 관점에서 나름의 재고가 필요하다. 어차피 현재의 발우공양 역시 필요에 의한 문화적 선택과 축적의 결과라는 점에서 이런 견해는 충분한 타당성을 가진다.

복발과 해복발

인도불교에서 승단에서조차도 음식물을 버릴 수 있었던 풍족함은 음식의 공양 주체가 왜 공양 받는 사람에 비해서 약자가 될 수 있는지에 대한 한 단서를 제공해준다.

실제로 인도불교에서 신도나 불교를 비방하는 사람을 제재하는 수단으로 사용되는 것이 그 집에 가서 걸식하지 않는 것이다. 이를 복발覆鉢이라고 하는데, 복발이란 그 집 앞에 가서는 발우를 뒤집어 공양 받지 않겠다는 것을 대외에 드러내는 것이다. 이럴 경우 그 집은 동네에서 수행자가 상대해주지 않는 천한 집이 된다. 일종의 왕따가 되는 것이다.

복발을 당한 집 사람이 반성해서 승단에 와 타당한 참회를 청하고 일이 원만히 해결되면, 그 집은 다시금 걸식의 대상으로 복구된다. 이를 해복발解覆鉢(回鉢)이라고 하는데, 해복발이란 복발된 발우를 거둬 본래로 한다는 의미이다. 이러한 복발과 해복발의 문화를 통해서 우리는 인도불교의 풍족한 음식문화의 한 단면을 엿보게 된다. 같은 발우공양이라도 인도문화와 중국문화는 크게 달랐다. ◉

064-1
사찰수련회 참석자들이
발우공양을 하고 있는 모습

모든 사찰의
기상 시간은
새벽 3시인가요?

9시에 자고 3시에 일어나는 사찰

템플스테이와 같은 단기 체험프로그램을 통해서 사찰에 오는 사람들이 겪는 고통 중 가장 심각한 것은 시차적응이다. 절에서는 밤 9시에 자고 새벽 3시에 일어난다. 요즘 도시인들은 12시를 넘겨 새벽 1시경에 취침하므로 거의 유럽에 간 것 같은 시차를 느끼게 된다.

군대에서도 요즘은 10시가 취침이라는 점을 고려한다면, 9시에 자는 문화는 대한민국에 절 밖에 없지 싶다. 그래서 농담으로 "SBS 8시 뉴스가 없을 때는 뉴스도 못 봤다"고 하기도 한다.

일찍 자고 일찍 일어나는 것은 야간조명이 부족한 농경사회의 풍습이다. 이를 고려하면, 이제는 현대에 맞는 변화의 타당성도 존재하는 것이 아닐까? 그러나 전통은 변화의 요구보다 우선시되는 뿌리 깊은 가치이다. 또 산속에서는 밤에 일찍 불을 끄고 자지 않으면 벌레가 너무 많이 들어와 처치 곤란이 되기 일쑤이니, 이것도 적응되면 나름 편하기도 하다. 다만 템플스테이처럼 간혹 외부에서 들어오는 분들이 육체적, 정신적으로 심각한 타격을 받을 뿐이다.

065-1
새벽 정진 모습

시간 기준의 차이와 새벽 3시

기름은 어느 시대나 비쌌다. 그러므로 밤에 등을 밝히는 것은 물자가 풍부하지 않았던 농경문화에서는 쉬운 일이 아니다. 그러므로 일찍 잠자리에 드는 것은 충분히 타당하다.

그런데 해도 뜨지 않는 새벽 3시에 일어난다는 것이 과연 가능했을까? 특히 인도와 같이 더운 지역 사람들은 추운 지방 사람들에 비해 상대적으로 게으르다. 그도 그럴 것이 더위라는 자연환경과 이로 인한 음식의 풍요는 부지런함의 필연성을 약화시키에 충분하기 때문이다. 그런데 인도에서 발생한 불교가 3시에 일어나는 규칙이 있었다는 것은 쉽게 납득하기 어렵다. 특히 새벽 3시는 날이 어두워 시간을 확인할 방법이 없다는 점에서 더욱 그렇다.

붓다께서 밤 9시에 주무셨다는 것은 충분한 타당성을 가진다. 고대사회에서는 너무 어두워지면 할 수 있는 것이 딱히 없었다. 그러므로 이른 취침은 당연하다고 하겠다. 이렇게 놓고 본다면, 새벽 3시 기상은 밤 9시 취침이라는 정신과도 일치하지 않는다는 것을 알게 된다.

붓다께서 새벽 3시에 기상하셨다는 것의 근거는 '3때'를 주무셨다는 것이

다. 즉, 세 시간을 주무셨다는 말이다. 과거 우리의 한 시간은 현재의 두 시간이
다. 이는 지지地支 12시를 기준으로 하기 때문이다. 그래서 중국불교에서 붓다는
저녁 9시인 해시亥時에 취침해서 새벽 3시인 인시寅時에 기상한 것으로 상정한
것이다.

그런데 문제는 인도의 시간 기준이 중국과는 다르다는 점이다. 중국에서의
한 시간은 지금의 두 시간이지만, 인도에서는 한 시간이 지금의 세 시간이 된다.
즉, 붓다는 밤 9시에 취침하여 새벽 3시가 아닌 아침 6시에 기상하신 것이다. 즉,
시간 기준의 차이에 의해서 발생된 문제가 바로 3시 기상이며, 이것이 오늘날까
지 유전되어 3시 예불의 전통으로 남아 있는 것이다.

보편성에 입각한 기준

밤 9시에 취침해서 아침 6시에 일어났다고 한다면,
너무 잠이 많은 것 아니냐고 할 수도 있다. 그러나 붓다 당시의 승단은 아침에 맑
은 죽을 먹는 것을 제외하고는 12시 이전에 한 번 음식을 먹는 것이 전부였다. 이
런 상황에서 활동시간이 많다는 것은 이치에 맞지 않는다.

또 제도적인 기준이라는 것은 문화적인 평균에 맞추는 것이지, 특수한 사람
을 기준으로 일반화하는 것이 아니다. 즉, 붓다와 같은 경우는 일찍 일어나서 명
상했거나 할 수 있다. 실제로 붓다와 관련된 이야기들에는 붓다께서 새벽에 홀로
명상했다는 기록들이 살펴진다. 그러나 그렇다고 해서 이를 일반 승려에게까지
보편화시킬 수는 없는 일이다. 그러므로 제도적으로는 아침 6시에 기상하는 것
이었지만, 그 이전에 일어나 명상하는 분들도 많았을 것이다. 군대와 같이 모두
함께 일어나서 행동하는 것은 아니었다는 말이다.

농경이 주를 이루던 시절에 동틀 무렵 일어나는 것으로 하루를 시작하는 것
은, 농사가 부지런함을 필요로 했기 때문이다. 그러나 인도 수행문화에는 땀을
흘리는 육체노동의 가치가 존재하지 않는다. 정신과 육체를 철저히 구분하는 바

탕에서, 수행자는 정신적 가치를 산출하는 사람일 뿐인 것이다. 이와 같은 상황 하에서 일찍 일어나야 하는 필연성은 존재하지 않았다. 즉, 오늘날 절에서 새벽에 일어나는 것은 중국불교적인 시간 인식과 우리의 농경문화 전통이 뒤섞여서 완성된 가치라고 하겠다.

오류와 문화적인 타당성

중국불교에도 시간 기준의 오류에 의해서 기상 시간이 너무 빠르게 설정되어 있다는 것을 안 인물들이 있다. 이들은 인도에 유학했던 분들로, 『서유기』로 유명한 삼장법사 현장은 자신의 기행문인 『대당서역기』에서 인도와 중국의 시간 기준 차이에 관한 명확한 기록을 남기고 있다. 즉, 현장은 새벽 3시 기상의 문제점을 정확하게 인지하고 있었던 것이다.

그러나 현장은 중국불교의 일인자가 된 이후에도 이를 수정하려고 하지 않았다. 이는 중국문화권적인 특수성과 이미 전통화된 관념의 변화로 인한 혼란을 우려했던 것으로 판단된다. 즉, 중국의 농경문화적인 관점에서 6시 기상은 자칫 승단을 나태한 집단으로 인식하게 하는 문제점을 파생한다는 생각을 했던 것이 아니었을까? 『상군서商君書』에는 "백 가지 이익이 없으면 옛 제도를 고치지 않는다."利不百 不變法고 했는데, 이 경우가 바로 여기에 해당하는 것이 아닌가 한다.

그런데 재미있는 것은 인도불교의 전통을 계승한다고 주장하는 남방불교 역시 4시나 5시쯤에는 기상한다는 점이다. 이는 조명이 갖추어진 상태에서 아침 6시 기상은 아무래도 문제가 있기 때문에 수정된 것으로 이해된다.

또 교회는 사찰의 새벽예불을 벤치마킹해서 새벽기도를 하고 있다. 인도불교의 관념을 중국적으로 이해한 문제가 문화적인 보편성을 확보하면서 타종교에까지 전파되고 있으니 무척이나 재미있다.

때론 무엇이 근본이냐가 중요한 것이 아니라, 중요한 것은 무엇인가가 더욱더 절실한 가치를 가지는 것이 아닌가 한다. ◉

〈달마도〉

〈달마도〉에서
달마의 모습은
왜 그렇게
우락부락한가요?

백인에 대한 문화적 충격

〈달마도〉에서 달마의 이미지는 4백안四白眼의 눈이 튀어나온 기괴한 형태의 우락부락한 투쟁적 반신상이다. 『맹자』에 "상대의 발을 모르고 신발을 만들더라도 그것을 삼태기 같이 크게 하지는 않는다."는 말이 있다. 이는 개별적인 차이가 존재한다고 하더라도 그 속에는 어떤 일정한 변동 폭이 내포된다는 것을 의미한다. 그런데 〈달마도〉와 같은 경우는 일반적인 사람의 모습과는 완연히 다른 풍모를 하고 있어 흥미롭다. 특히 달마는 중국 선불교(禪宗)의 시조라는 점에서 더욱 그렇다. 일반적으로 한 종교나 종파의 시조와 같은 경우는 모두 미화되게 마련이다. 그런데 달마는 이와 같은 양상이 전혀 나타나지 않는다.

달마의 특징적인 모습과 관련해서 먼저 이해될 수 있는 부분은 백인에 대한 동양인의 시각이다. 달마는 남인도 향지왕의 아들이라고 하지만, 현대의 연구결과에 따르면 그가 실존인물이라고 가정했을 때 아프가니스탄 사람일 개연성이 가장 높다고 한다. 즉, 아리안 족 계열의 백인이라고 할 수 있는 것이다.

066-1
〈달마도〉(조선시대) ⓒ국립중앙박물관
조선시대 김명국이 그린 것으로
현존하는 최고의 〈달마도〉로
평가된다.

〈달마도〉에서 달마의 모습은 왜 그렇게 우락부락한가요?

필자의 나이 정도만 해도 어린 시절 백인을 보는 것은 매우 드문 일이었다. 그래서 그 외모와 관련된 '코쟁이' 등과 같은 표현을 하고는 했다. 〈달마도〉에는 백인을 본 위진남북조시대 중국인들의 인식이 깃들어 있는 것이다.

울산의 〈처용무〉는 유네스코 인류무형문화유산으로 등재되어 있다. 그런데 거기에 등장하는 처용도 기괴한 모습은 달마와 유사하다. 처용 역시 통일신라에 들어온 아랍 계열의 백인으로 추정된다. 우리 조상들 역시 백인의 생김새를 처음 본 문화적 충격을 고스란히 남겨놓고 있는 것이다. 바로 이의 연장선에서 〈달마도〉 역시 이해될 수 있다고 하겠다.

달마의 모습에 대한 합리화

달마의 생김새가 너무 이상하다는 주장은 매우 이른 시기부터 제기된 것으로 판단된다. 왜냐하면, 달마와 관련된 전설에는 달마의 특이한 생김새를 변증하는 내용이 다수 포함되어 있기 때문이다.

대표적인 것이 달마는 본래 왕자 출신으로 외모가 아주 준수했는데, 중국으로 불교를 전하러 오는 과정에서 바뀌었다는 것이다.

달마가 해상실크로드를 따라 중국의 광둥 성 쪽으로 오고 있는데, 중간에 정박한 곳에서 거대한 뱀의 사체가 썩어가는 것을 보게 되었다고 한다. 달마는 이 뱀의 사체가 사람들에게 피해를 준다고 판단하여 유체이탈을 해서 죽은 뱀 안으로 들어가 뱀의 사체를 멀리 옮긴다. 그런데 이때 그 지역 산신이 영혼이 빠져나간 준수한 달마의 모습을 보고는 그 육신으로 들어와 달마의 몸을 가져간다. 그래서 달마는 뱀을 옮기고 나서 자신의 본래 몸을 끝내 못 찾고 산신의 몸을 취하게 되었다. 그런데 산신이 매우 추하게 생겼으므로 달마의 모습이 〈달마도〉와

066-2
중국 소림사에 있는 달마상

제4장
상식과 착각

066-3
중국 소림사 달마동
달마 대사가 9년 동안 면벽수행을
하고 2조 혜가가 깨달음을 얻은
곳이다.

같이 되었다는 것이다.

이 이야기는 달마의 기괴한 모습에 대한 변증이다. 이는 달마를 어떻게든 미화해 보려는 선불교 안에서의 노력과 관련될 것이다.

〈달마도〉에서 가장 인상적인 부분은 툭 튀어나온 4백안이다. 4백안이란 일반인들은 흰자위가 검은 동자 좌우로 두 곳만 보이는데(2백안), 위아래까지 네 곳이 모두 보이는 것을 의미한다. 관상학적으로는 3백안만 되어도 배신형의 인물로 굉장히 안 좋다는 것이 정설이다. 그런데 중국 선종의 시조인 달마는 4백안인 것이다. 그러므로 이와 관련해서도 선종은 타당한 변증을 요청받게 된다.

이때 등장하는 이야기가, 달마가 숭산 달마동에서 9년 동안 면벽을 하고 있을 때 잠이 쏟아져 눈꺼풀이 너무 무거워지자, 이를 뜯어내서 등 뒤로 던졌다는 것이다. 그래서 달마의 눈에는 눈꺼풀이 없어 눈이 4백안이 되었다는 말이다. 그리고 달마의 눈꺼풀이 떨어진 자리에 사람의 눈꺼풀과 유사하게 생긴 나뭇잎을 가진 나무가 자라게 되었는데, 그것이 바로 차나무라고 한다. 그래서 차를 달여 마시면 잠이 깨고 정신이 상쾌해진다고 한다.

물론 차는 달마 이전부터 존재하던 것이니, 이 이야기는 다분히 상징적인 것일 뿐 사실을 반영한 것은 아니다. 대신 우리는 이 전설에서 흉한 형용을 길한 것으로 바꾸어 보려는 내용적인 의미 부여 노력을 읽을 수 있다. 즉, 백인에 대한 문화적인 충격이 빚어낸 달마의 모습을 합리적으로 변증하려는 많은 노력이 깃들어 있는 것이다.

문인화와 선종의 정신

중국은 글씨와 그림의 도구가 분화되지 않은 상태에서 양자가 발전해 나간다. 즉, 장언원이 『역대명화기歷代名畫記』에서 언급하고 있는 '서화동원書畫同源'의 전통이 올곧게 이어져 내려간 것이다. 글씨와 그림이 동일한 붓에 의해서 이루어지는 측면은, 선종의 발달을 거친 당나라 중후기에 이르면 왕유王維에 의해 문인화文人畫적인 가치로 완성된다.

문인화는 수묵을 통해서 문인의 정신 경계를 표현하는 것으로 직업화가들의 공필화工筆畫보다 오히려 더 높은 격을 내포한 것으로 인정받았다. 소위 '서권기書卷氣 문자향文字香'이 내포된다는 것이다. 바로 이러한 수묵문인화의 전통에 〈달마도〉가 있다. 그래서 달마도는 배우는 그림이 아니다. 그저 자신의 내적 경계를 표현해서 드러내는 가치인 것이다. 그리고 그것이 내포하려는 것은 선종의 파격적인 일탈성이다.

선종은 개인적인 미학의 가치로, 그 핵심은 파격을 통한 일상의 재발견에 있다. 〈달마도〉는 바로 이 점을 표현하려는 것이다. 그렇기 때문에 달마의 형상은 문제가 될 것이 없다. 왜냐하면 그것은 달을 가리키는 손가락과 같은, 필요에 따른 수단에 불과한 것이기 때문이다.

수맥차단과 벽사

　　현대 〈달마도〉의 효과로 주목되는 것 중 하나로 수맥 차단이라는 것이 있다. 달마의 특이한 형상이 벽사를 넘어서 수맥 차단에까지 이른 것이다. 특별하고 기괴한 모습이 삿된 기운이나 귀신들을 물리친다는 것은 원시주술의 가면이나 문신 문화에서부터 확인되는 것이다. 그리고 우리는 이와 관련해서 역병을 물리치는 처용의 그림에 대해서 알고 있다. 처용이 바이러스나 세균감염을 막을 수 있다는 생각에서 우리는 조상들의 간절한 염원을 읽어볼 수 있다. 〈달마도〉 역시 이러한 연장선에서 벽사의 상징물이 된다. 그런데 〈달마도〉는 여기에서 그치지 않고 종교적인 신성성을 입으면서 현대에까지도 영향을 미치고 있다. 그러나 달마의 본질은 수맥 차단까지일 수는 있어도, 수맥 차단뿐일 수만은 없다고 하겠다. ◉

〈달마도〉에서 달마의 모습은 왜 그렇게 우락부락한가요?

067

불교의 마왕은
왜 지옥이 아닌
천상세계에 있나요?

유교와 기독교의 관점 차이

한자에서 '악惡'이라는 글자는 동시에 '싫을 오惡'자
도 된다. 즉, 중국문화권에서 악이란 나에게 맞지 않는 것일 뿐이다. 그래서 우리
는 선악이라는 수직적인 대립의 개념보다는 호오라는 수평적인 변화의 관점을
사용한다. 이는 현재는 싫은 것이지만, 환경과 관점에 따라서 그것은 좋은 것이
될 수 있는 개변의 여지를 내포한다. 이에 비해서 기독교는 단선적이고 이분법적
인 선악론을 가진다. 그래서 한번 악으로 규정되면 지옥에 가서 다시는 회개할
기회조차 가질 수 없다. 즉, 중국문화권이 수평적인 호오의 주관적인 관점을 전
지하고 있다면, 기독교 전통은 수직적인 선악의 심판관을 가지고 있는 것이다.

불교 마왕의 특수성

불교에는 여인오장설女人五障說이라는 것이 있다. 여
성은 위대한 인간으로서의 ①붓다와 ②전륜성왕, 그리고 탁월한 신神적 가치인
③범천과 ④제석천 및 ⑤마왕이 될 수 없다는 것이다.

붓다와 더불어 거론되는 전륜성왕은 올바른 통치로 대제국을 건설하는 이

067-1

067-1

지옥의 첫 번째, 세 번째 왕
(조선시대) ⓒ국립중앙박물관

제1 진광대왕(왼쪽)과
제3 송제대왕(오른쪽)을
묘사하고 있다.

067
불교의 마왕은 왜 지옥이 아닌 천상세계에 있나요?

067-2
지옥의 두 번째 왕(조선시대)
ⓒ국립중앙박물관

열 명의 지옥 왕 가운데 두 번째
왕(초강대왕)을 그린 불화이다.

제4장
상식과 착각

상적인 불교 군주이다. 그런데 마왕 역시 범천 및 제석천과 더불어 언급되고 있
다. 불교에서 마왕이란 부단한 노력을 통해서도 이루기 어려운 최상의 수승한 가
치 중 하나인 것으로 보는 것이다.

중국문화권의 일원론적 관점에서는 주관에 따른 판단에 입각하기 때문에
영원한 선이나 악이라는 개념이 존재하지 않는다. 그러나 이원론적인 가치를 가
지는 기독교는 선인 여호와에 상대하는 악으로서의 루시퍼가 존재한다. 루시퍼
는 현재의 대천사장인 가브리엘 이전의 대천사장이었던 존재로 여호와와는 다
른 독자 노선을 걷다가 절대악으로 규정된 존재이다. 이것이 후일 사탄이라는 악
의 상징과 결합되어 신에 맞서는 기독교의 염오染汚 개념을 완성하기에 이른다.
그러므로 기독교에서의 신과 악마는 빛과 어둠과 같이 공존 불가능한 수직적 가
치라고 하겠다. 그런데 불교의 마왕은 기독교적인 가치와는 다르게 신들의 세계
인 천상에 살고 있어 주목된다. 불교에서 말하는 현재의 마왕은 파순Pāpīyas으로,
사는 세계는 제석천이 사는 도리천으로부터 네 단계가 높은 타화자재천이다. 즉,
지옥과 같은 어두운 곳이 아닌 것이다.

삿된 과보와 마왕

불교의 마왕은 제석천이나 범천과 마찬가지로 공덕
을 통해서 파생된다. 다만 차이가 있다면, 삿되다는 점이 다르다. 머리가 좋고 노
력한다고 해서 모두 다 정의롭고 윤리적인 것은 아니다.

영화를 보다 보면, 악당을 보좌해주는 변호인이 등장하는 대목을 볼 수 있
다. 바로 이러한 인물이 바로 마왕과 마왕의 세계에 태어나게 되는 이들이다. 사
실 영화뿐만이 아니라 현실세계 속에도 이러한 사람들은 적지 않다. 즉, 자신의
능력을 정당한 가치가 아닌 삿된 측면으로 활용하는 이들, 이들을 불교는 마왕과
마왕의 권속으로 분류하고 있는 것이다.

『밀린다왕문경』에 "바늘 같은 작은 쇠라도 물에 넣으면 가라앉는다. 그러나

큰 쇳덩어리라도 배에 실으면 물에 뜬다."는 구절이 있다. 이는 그것이 비록 삿되고 악한 가치라도 지혜에 의지하면 능히 지옥으로 가지 않는다는 것을 잘 설명해 준다. 항공모함이 수백 대의 비행기를 싣고 항해하는 점을 고려한다면, 매우 타당한 비유라고 하겠다. 즉, 물에 가라앉는 이유는 무게 때문이 아니다. 구조 때문인 것이다.

지옥, 어리석음의 결과

불교에서 말하는 지옥은 어리석음의 세계이다. 악의 세계가 아닌 무지의 세계인 것이다. 그렇기 때문에 영특한 악인은 지옥에 가지 않는다. 마치 사회적으로 큰 사건이 터질 때마다 몸통은 무사하고 깃털만 잡히는 꼬리 자르기가 연출되는 것처럼 말이다.

불교에서 말하는 마왕과 지옥의 이중구조는 자칫 혼란스러울 수도 있다. 사실 단순하고 이해하기 쉬운 것은 기독교적인 선악의 대립 관점이다. 그러나 이 세상과 사회를 한번 생각해 보면, 기독교적인 단순구조보다 불교적인 이중구조가 보다 정확하다는 것을 알 수 있다. 즉, 세상은 수평적인 올바름과 삿됨(正邪)으로 갈리며, 수직적인 지혜와 어리석음으로 대별되는 것이다. 흔히 말하는 '멍청한 아군보다는 영리한 적군이 낫다'는 것은, 바로 이를 두고 하는 말이라고 하겠다.

불교에서 말하는 지옥에 가는 이유는 죄의 경중에 있는 것이 아니라, 어리석음의 유무에 있다. 어리석은 사람은 작은 죄로도 지옥에 간다. 마치 보스는 법망을 빠져나가지만, 행동대원은 보스의 혐의까지도 뒤집어 쓴 채, 형벌을 받게 되는 것처럼 말이다. 그래서 불교에서는 탐진치貪瞋癡 삼독을 문제의 핵심으로 보고, 이 중에서도 치癡(痴)라는 어리석음을 가장 큰 문제, 즉 근본무명根本無明과 연결시키고 있는 것이다.

『밀린다왕문경』에는 '불에 달군 쇠봉을 알고 잡는 사람과 모르고 잡는 사람

제4장
상식과 착각

의 비유'가 나온다. 이때 아는 사람은 모르고 덥석 잡는 사람에 비해서 조금이라
도 덜 데게 된다고 말하고 있다. 이것이 바로 지혜의 역할이다.

　기독교가 일회적인 심판관을 가지는 것과는 달리 불교는 윤회론이라는 주
체적인 변화의 요소를 주장한다. 그러므로 우리 모두에게는 다양하고 많은 기회
들이 있다. 그러나 그 기회 속에서 중요한 것은 어리석음이라는 무명을 잠재우
는 지혜의 밝은 빛이다. 이를 통해서 우리는 지옥의 어둠을 벗어나게 된다. 그리
고 그러한 밝음이 올바름까지 갖추게 된다면 우리는 마왕의 사특한 견해로부터
도 자유를 얻어, 깨달음이라는 영원한 고요의 가치를 자각하기에 이를 것이다. _

◉

보살상을 통해서
표현되는 보살은
남성인가요,
여성인가요?

대승불교의 이상적 인격과 우리

식당에서 '이모'만큼이나 많이 쓰이는 호칭으로 절에는 '보살'이라는 것이 있다. 보살은 불상을 제외한 존상에서부터 여성 종무원(사찰에서 일하는 재가자)과 신도들을 가리키는 표현으로 두루 사용된다.

보살이 대승불교의 이상 인격이라는 점을 고려한다면, 이상 인격에 대한 호칭과 신도에 대한 호칭이 같다는 것은 매우 특이한 동시에 불교적이다. 왜냐하면 이를 통해서 우리는 이상 인격의 가치가 일상적인 신도들에게도 내포된다는 불교의 관점을 읽을 수가 있기 때문이다.

기독교에서 인간은 신이 될 수 없다. 하지만 불교에서는 노력을 통해서 이상 인격이 되는 종교이다. 그렇기 때문에 새끼와 어미가 이름이 같듯이 동일한 보살로 불리는 것이다. 물론 새끼는 윤회 과정에서 많은 바라밀수행을 통해서 성장한다. 그리고 그렇게 완성되었을 경우에만 진정한 보살이 된다. 그러므로 현재는 보살이 되기 위한 과정 중의 존재라고 하는 것이 보다 적절할 것이다. 마치 사자 새끼가 완전한 사자는 아니지만, 사자가 아닌 것도 아닌 것처럼 말이다.

보살 명칭의 대두와 일반화

보살이라는 명칭은 본래 석가모니 붓다의 깨닫기 이전을 지칭하는 표현에서 시작된다. 즉, 석가모니의 전생과 35세에 보리수 밑에서 깨닫기 전의 삶을 표현하면서 특화시킨 칭호가 바로 보살인 것이다.

석가모니는 깨닫기 전이라고 해도 일반인과는 달랐다는 게 불교의 종교적인 입장이다. 왜냐하면 깨닫지 않았다고 해서 일반인과 동등하다고 해버리면 깨달음 이후의 신성성과 완전성의 인식에 문제가 있을 수도 있기 때문이다. 그래서 이를 특수화시켜서 지칭하는 표현이 바로 보살, 즉 '석가보살釋迦菩薩'이라는 표현이다. 그러나 그렇기 때문에 보살이라는 칭호에는 붓다가 될 가능성 또는 필연성이 내포된다는 개념이 존재하게 된다. 이러한 관점을 후일 차용해서 보살을 이상 인격으로 삼은 것이 대승불교이다. 그래서 대승불교에서는 붓다가 되려는 서원을 세우고 끊임없이 바라밀행을 통해서 노력하는 사람들을 보살이라고 했다. 이것이 대승불교에서 점차 외연을 넓혀 불제자와 신도들까지도 보살이라고 부르게 된 이유이다.

068-1
금동미륵보살반가사유상
(7세기 전반, 국보 83호)
ⓒ국립중앙박물관

068
보살상을 통해서 표현되는 보살은 남성인가요, 여성인가요?

068-2
낙산사 해수관음상(강원 양양)
관세음보살은 성별로는 남성이지만,
형용으로는 여성으로 표현되곤 한다.

제4장
상식과 착각

출가보살과 재가보살

대승불교에는 숭배의 대상으로서의 보살도 다수 존재한다. 이들은 대승불교에서 제시하는 상징적인 이상 인물이라고 이해하면 되겠다. 대표적으로 문수보살이나 미륵보살, 지장보살이나 관세음보살이 있다. 이들이 보살인 것은 깨달아 붓다가 되기 위해서 이타의 바라밀행을 역동적으로 쉼없이 실천하는 분들이기 때문이다.

그런데 이러한 보살들은 다시 '출가보살出家菩薩'과 '재가보살在家菩薩'로 나뉜다. 출가보살이란 출가한 승려가 대승불교로 전향해서 보살의 삶을 사는 것을 나타낸다. 대표적인 경우로 문수·미륵·지장보살 등이 있다.

문수보살을 흔히 문수사리법왕자文殊師利法王子라고도 하는데, 여기에서의 '법왕자'란 진리를 따르는 왕자, 즉 출가한 승려를 의미한다. 미륵보살은 장래에 도래할 붓다로, 석가모니 붓다에게 녹야원에서 수기를 받은 출가제자이다. 또 지장보살은 출가인이기 때문에 언제나 승려의 모습으로 표현되고는 한다.

재가보살이란 출가한 승려가 아닌 신도 중에서 바라밀행의 보살도를 실천하는 분을 의미한다. 대표적으로 관세음·대세지·보현보살 등이 있다. 이들은 재가인이기 때문에 보관과 여러 장신구를 한 귀족의 모습으로 표현되고는 한다. 아주 부유한 신도의 모습이라고 이해하면 되겠다.

관세음보살은 여성인가?

절에 오래 다닌 분들도 관세음보살이 여성인지 남성인지를 잘 모르는 경우가 더러 있다.

인도와 같이 문화가 일찍부터 발달한 지역은 남성 중심 사회가 고착화되면서 여성 차별이 심하게 나타난다. 그래서 종교의 이상 인격에 여성이 존재하기는 어렵다. 그러므로 대승불교의 대표적인 모든 보살은 남성이 된다.

그런데 불교와 같은 경우는 붓다에 의해서 깨달음에 입각한 양성평등의 입

068-3
중국 용문석굴의
관음보살상

장이 개진된다. 그로 인하여 대승불교에 와서는 여성성의 가치도 상당한 진전을 보인다. 또 깨달음의 완전성은 여성과 남성이라는 양성적인 가치를 초월한다. 즉, 남성에게 존재하는 여성의 가치와 여성에게 존재하는 남성의 가치가 모두 깨어나 개화開花되는 것이 바로 깨달음인 것이다. 그래서 깨달음에는 중성적인 가치가 존재하게 된다. 이러한 요인들에 의해서 대승보살의 중성적인 모습이 나타날 수 있는 여지가 마련된다.

그러다가 불교가 중국으로 넘어오면서 남녀유별의 유교적 이념이 강하게 작용하게 된다. 그래서 여성 신도들이 많이 접하는 보살상들이 남성상에서 보다 중성화된 가치로 변모하기에 이른다. 즉, 보살상의 여성화가 본격적으로 시작되는 것이다. 바로 이러한 전통이 우리에게까지 전해지면서 보살상이 여성적으로 표현되는 것이다.

이러한 현상은 특히 관세음보살에서 심하게 나타나는데, 이는 관세음보살이 자비의 화신으로 '자모慈母'의 이미지를 가지고 있기 때문이다. 아무래도 자모라는 성향은 남성보다는 여성과 더 친숙하게 연결된다.

제4장
상식과 착각

한국불교와 보살

남성을 지칭하는 보살이라는 칭호가 우리나라에서는 여성신도들에 대한 명칭으로 일반화되어 있다. 그래서 이에 대해서 여러 관점들이 제기된 바 있다. 그중 가장 유력한 것은 조선시대라는 숭유억불의 상황에서 절을 보호한 것이 여성들이었기 때문에 이들을 '보사保寺'라고 한 것에서 유래했다는 것이다. 보사란 '절을 보호하는 이'라는 뜻이다. 즉, 여성들이 사찰의 운영에 막대한 도움을 주었기 때문에 이들을 보사라고 부르다가 이것이 전화되어 보살이 되었다는 설이다. 그러나 필자는 이것이 유사발음을 통한 말장난과 같은 경향이 강하다는 점에서 동의하지 않는다. 그보다는 남성과 여성신도들을 모두 보살이라고 했던 것이, 조선을 거치면서 남성의 사찰 출입이 끊기며 여성신도에 대한 칭호로만 고착된 것이 아닌가 한다.

보살이라는 표현은 붓다가 될 가능성이 있는 사람들을 나타내는 것이다. 그러므로 남성과 여성을 모두 지칭해도 문제는 없다. 다만 조선을 거치며 사찰에 남성들이 더 이상 오지 않으므로 여성에 대한 칭호로 일반화되고, 내외법을 통한 남녀의 구별에 의해서 거사와 같은 칭호가 남성 신도를 지칭하는 칭호로 특화된 것이 아닌가 한다. 그러나 중요한 것은 누가 어떤 칭호로 불리느냐가 아니라 누가 어떻게 노력하느냐가 아닐까? 부처님께서는 인도의 신분제를 부정하시며, "사람의 신분은 태어나는 것으로 결정되는 것이 아니라, 사는 것을 통해서 규정지워지는 것"이라고 하셨으니, 가만히 음미해볼 만하다. _◉

068-4
길상사에 있는 관세음보살상(서울)
관세음보살은 자비의 화신으로
'자모慈母'의 이미지를 가지고 있다.
이런 연유로 기독교의 마리아와 흔히
비교되곤 한다. 최근에 제작된 이 작품
역시 마리아의 이미지와 관음보살의
이미지를 동시에 담고 있다.

보살상을 통해서 표현되는 보살은 남성인가요, 여성인가요?

극락과 천상세계

천당과 극락은
어떻게
다른가요?

불국토와 천상세계

기독교에서는 천당과 지옥이 흑백론에 의해서 수직적으로 대별되기 때문에 간단하게 이해된다. 그런데 불교에서는 천당도 있지만, 그보다도 더 중요한 곳으로 극락이 말해진다. 그리고 또 때로는 정토淨土나 불국토佛國土가 제시되는데, 용어의 혼란만큼이나 이해하기 어렵다.

먼저 용어부터 정리하면 천당은 기독교에서 빌려 간 불교용어로 천상세계의 신이 사는 집을 의미한다. 도리천의 선법당과 같은 경우가 대표적이라고 하겠다. 그러므로 천상세계 전체를 가리킬 경우에는 천계라고 해야 한다. 기독교식 표현으로는 천국이라는 것이 있지만, 이는 국토라는 개념을 기반에 둔 것으로 세계에 비해서 협소한 표현이다.

기독교는 유일신을 믿는 종교이기 때문에 신이 다스리는 세계인 천국과 신을 등진 지옥, 그리고 시험대와 같은 구실을 하는 이 세계 등 세 가지로 나뉜다. 즉, 다른 세계의 여지가 존재하지 않는 것이다. 그에 비해서 불교는 여러 부처님과 여러 신들을 용인한다. 그러므로 그에 따른 각각의 다양한 세계들이 존재하게 되는 것이다.

붓다는 누구나 수행을 완성해서 되는 것이다. 그러므로 다양한 붓다들이 공간적으로 벌려 있을 수 있게 된다. 즉, 붓다의 세계는 우리와 같은 논리적 층차를 가지는 수평적인 세계인 것이다. 예컨대, 우리 은하의 저편에 또 다른 붓다의 세계가 있을 수 있다는 말이다.

이러한 붓다가 존재하는 세계 중 붓다가 중심이 되는 세계를 불국토라고 한다. 즉, 붓다가 그냥 존재하는 조연의 세계가 있는 반면, 붓다가 전체를 관장하는 주연의 세계가 있는 것이다. 이 중 붓다가 주연이 되는 이상 국가를 불국토라고 한다. 그리고 이러한 불국토는 우리 세계와 연장선에 존재한다.

이에 비해서 신들의 세계는 다분히 수직적이라고 할 수 있다. 이를 천상세계라고 하는데, 이들 세계는 우리와는 다른 차원대에 존재한다. 그러므로 영적인 가치가 변화해서 동일한 차원의 가치가 상응하지 못하면 그 세계는 갈 수가 없다. 즉, 붓다의 불국토들이 아주 멀리 떨어져 있는 우리와 동등한 가치의 세계라면, 천상세계는 영적인 가치가 변하기 전에는 도달할 수 없는 세계인 것이다. 불교는 바로 이러한 두 가지의 세계를 모두 인정한다. 그렇기 때문에 기독교에 비해서 다양한 세계가 존재한다.

기독교의 관점은 단순하기 때문에 불교에 비해서 이해하기 쉽다. 그러나 단일한 체계로 어떤 측면을 규정하는 것은 1+1은 언제나 2라고 믿는 것만큼이나 어리석음일 뿐이다. 왜냐하면, 가치는 다양성을 통해서 존재하며 변화해 가는 것이기 때문이다.

불국토와 정토

붓다는 수행의 완성자이다. 이런 관점에서 모든 붓다의 정신경계는 동등한 위계를 가진다. 그러나 그 붓다가 속해 있는 조건은 완전

069-1

극락에서 설법하는 아미타불
(조선시대(1831년)) ⓒ국립중앙박물관

극락세계는 즐거움이 많은 세계이다.
즐거움이야말로 인간이 추구하는
가치라는 점에서 불교에서는
유리세계보다 극락세계가 더 인기가
높다.

제4장
상식과 착각

히 동일할 수 없다. 마치 물이라는 질료적인 조건은 동일하지만, 세계에는 다양한 크기의 강과 여러 빛깔의 물들이 존재하는 것처럼 말이다. 이와 마찬가지로 붓다들의 세계 역시 다양한 모습을 가진다.

이 중 붓다의 서원이 발현되어 만들어진 이상세계를 정토라고 한다. 정토란 깨끗하고 청정한 세계라는 의미이다. 정토는 불국토와 같은 가치라고 할 수 있다. 다만 불국토라는 의미에는 붓다라는 중심이 보다 부각되고 있다면, 정토에는 이상 세계라는 세계적인 관점이 주가 된다는 차이가 있을 뿐이다. 즉, 인물 중심이나 환경 중심이냐의 문제가 있다는 말이다.

일차적으로 살기가 용이한 세계는 환경이 좋은 곳이다. 그러나 불교는 기독교와는 달리 단순히 환경의 우월성에만 무게를 부여하지는 않는다. 불교는 자신을 찾는 것에 핵심을 두는 종교이다. 그렇기 때문에 좋은 환경보다도 자신을 찾아갈 수 있는 조건이 갖추어지느냐가 관건이라고 하겠다.

실제로 불교에서는 환경이 아주 수승한 장수천長壽天이나 북구로주北俱盧洲에는 태어나면 안 된다는 가치가 있다. 삼도팔난三途八難 중 팔난에 이들 세계가 속하는 것은 이 때문이다. 즉, 불교에서는 배움을 통해서 자신을 찾는 조건이 갖추어져 있지 않다면, 이는 제아무리 좋은 세계라고 하더라도 피해야 할 세계일 뿐인 것이다. 바로 이 점이 기독교의 천국론과 다른 불교적인 가치라고 하겠다.

정토는 부처님의 세계라는 점에서 부처님이 중앙에 계시며, 그 가르침이 전개되는 맑은 세계이다. 이러한 정토 중에 대표적인 곳이 바로 동방 약사유리광여래의 정유리세계淨琉璃世界와 서방 아미타불의 극락세계이다.

극락과 불퇴전

약사여래의 유리세계가 맑고 투명한 세계를 표방한다면, 극락세계는 즐거움이 많은 세계이다. 즐거움이야말로 인간이 추구하는 가치라는 점에서 불교에서는 유리세계보다 극락세계가 더 인기가 높다.

그런데 극락의 즐거움이란 단순히 감각적인 즐거움이 아니라, 좋은 환경에서 공부할 수 있는 배움의 즐거움을 의미하는 것이다. 언뜻 생각하기에 공부가 즐거움이 될 수 있느냐고 할지 모르지만, 배움이야말로 사람을 향상시켜 깨달음에 이르게 한다는 점에서 진정한 즐거움의 가치가 될 수 있다.

그리스철학의 에피쿠로스학파는 쾌락주의자들이다. 그러나 이들은 후대로 가면서 결국 금욕주의가 되고 만다. 왜냐하면, 방탕한 쾌락은 쾌락의 가치를 손상시키는 반면, 금욕을 통한 만족은 진정한 쾌락과 통하기 때문이다.

극락의 최대 장점은 최상의 환경적인 조건 속에서 아미타불에게 가르침을 받아 깨달음이 확실한 불퇴전不退轉, 즉 깨달음에서 물러나지 않는 경지에 이른다는 것이다. 즉, 불교의 이상인 극락에는 깨달음의 성취라는 자기완성의 가치가 내포되어 있다는 말이다.

석가모니불의 한계와 극락

석가모니는 이 세계에서 깨달아 붓다가 되신 분이다. 그러나 이 세계를 주체적으로 바꾸어 정토나 불국토를 만들지는 못했다. 이는 아미타불이 극락에서 전체 세계를 주관하며, 모든 극락 대중들을 깨달음으로 인도하는 것과는 다른 제한적인 면이다.

석가모니와 같이 한계 속에 존재하는 부처님을 불교에서는 화신化身이라고 한다. 즉, 제한된 능력의 붓다인 것이다. 이로 인하여 불교는 석가모니가 교조임에도 불구하고 아미타불과 같은 분이 더 높은 인기를 구가하게 된다. 이는 마치 우리 영화도 훌륭하지만 막대한 자본이 투자된 할리우드 영화에 자꾸만 눈이 가는 것과 같다고 하겠다. _◉

069-2
대승사 대웅전 내 목각후불탱(경북 문경,
조선시대, 보물 575호)

맨 앞에 석가모니불 좌우에 각각
문수보살과 보현보살이 모셔져 있지만
후면에 있는 목각탱은 아미타불의
극락세계를 표현한 것이다. 중앙의
아미타불을 중심으로 팔대보살과
사천왕, 제석, 범천과 나한이 자리하고
있다. 원래 부석사 무량수전에 있던
것이지만 19세기에 이곳으로 모셨다.

133

사리불과 목건련이 사람 이름이 아니었던가요?

마하가섭과 증자

우리는 흔히 석가모니의 수제자가 마하가섭이라고 착각하곤 한다. 이는 우리나라의 대표적인 불교 종단이 조계종인 선종으로 삼처전심三處傳心을 통한 마하가섭의 진리 상속을 주장하기 때문이다. 이러한 관점은 〈영산회상도〉나 영산전 등에서 마하가섭이 붓다의 좌보처로 등장하는 것을 통해서 분명하게 알 수 있다.

그러나 붓다의 수제자는 마하가섭이 아닌 사리불과 목건련이다. 다만 이분들이 붓다보다도 연세가 많아 일찍 돌아가셨기 때문에, 붓다의 열반 이후 마하가섭이 불교의 수장이 되어 결집을 주도하게 된 것이다. 즉, 마하가섭은 사리불과 목건련 사후에 최고의 제자가 되신 분이라는 말이다.

유교에서도 이와 비슷한 사건이 있었다. 공자 사후 공자에게 들은 가르침을 제자들이 토론해서 엮은 책이 바로 『논어』이다. 즉, 이는 불교의 결집에 해당한다고 하겠다. 그런데 여기에 당시 최고 선생에 대한 존칭인 '자子'라는 칭호가 제자에게 붙는 경우로 안자顔子와 증자曾子 두 사람이 나온다.

이 중 안자는 안회顔回를 가리키는 것으로, 이분이 복성復聖으로 일컬어지는

070-1
흥국사 〈영산회상도〉(전남 여수,
조선시대(1693년), 보물 578호)
ⓒ성보문화재연구원
부처님의 좌우에 사리불과
목건련을 비롯한 십대 제자가
위치해 있다.

사리불과 목건련이 사람 이름이 아니었던가요?

공자의 수제자이다. 그러나 안회는 공자보다 일찍 죽었기 때문에 공자의 만년 제
자인 증삼曾參이 공자의 학통을 잇게 된다. 이로 인하여 증삼이 종성宗聖이 되어
증자가 되는 것이다.

　불교에서 증자와 같은 인물이 바로 마하가섭이다. 그렇기 때문에 『마하승기
율』에는 마하가섭이 결집을 주도함에 있어서, 붓다의 자리와 더불어 사리불과
목건련의 자리를 중앙에 배치했다는 기록이 나오는 것이다.

070-2
날란다 사원 유적
이곳에서는 전성기 때 만여 명이
넘는 승려가 거주하며 공부했다고
한다. 현장은 날란다에서 사리불의
고향은 32~33리, 목건련의 고향은
8~9리 떨어져 있다고 적고 있다.

제4장
상식과 착각

사리불의 위상

공자에게 있어서 안회가 일찍 죽은 제자라면, 붓다에게 있어서 사리불과 목건련은 만년까지 함께했던 제자이다. 그렇기 때문에 붓다보다는 일찍 열반에 들었음에도 불교교단에 남긴 영향은 적지 않다. 그 결과 사리불과 목건련을『발지론發智論』에서는 "쌍현제자雙賢弟子"라고 하고 있으며, 사리불과 같은 경우는『대지도론』에서 "제2의 붓다"로까지 칭해지게 된다.

이러한 수제자라는 상징성으로 인하여 사리불은 대승불교가 소승불교를 비판할 때 종종 등장하곤 한다.『법화경』이나『유마경』등에서 사리불은 어떤 틀에 갇힌 사고를 하는 한계적 인물로 설정되어 등장한다. 또『반야심경』등에서는 대승의 관세음보살에게 가르침을 받는 성문의 대표와 같은 역할을 하기도 한다.

그러나 그와 동시에 부파불교, 즉 소승불교에서는 가장 중요한 인물이 바로 사리불이다. 그로 인하여 사리불과 목건련의 출신지와 가까운 왕사성 인근에 날란다Nālandā사원이 건축되는 것이다.

날란다사원은 전성기 때는 만여 명의 승려가 거주했다는 곳으로 비크라마실라Vikramasila사원, 오단타푸리Odantapuri사원과 더불어 인도불교의 3대 사원으로 평가되는 곳이다. 그런데 이곳의 중앙탑에 모셔진 존재가 바로 사리불이다. 이는 사리불의 위상과 입지를 잘 나타내준다.

사리불의 이름

사리불과 목건련은 날란다 인근의 동향 친구였다. 목건련은 흔히 사리불과 병칭되지만, 사리불을 스승과 같이 존경했던 친구이다. 친구 사이에 이러한 존경이 존재할 수 있다는 것이 신기할 정도다.

그런데 붓다의 수제자임에도 불구하고 사리불과 목건련의 이름은 잘 알려져 있지 않다. 사리불舍利弗이라는 것은 구역舊譯이고 현장은 신역新譯에서 사리자舍利子로 번역했다. 이는 인도 말 사리푸트라Śāriputra를 번역한 것이다. 여기에서 '푸트라putra'를 음사해 구역에서는 '불弗'이라고 음사한 것이고, 신역에서는 이를 번역하여 '자子'라고 한 것이다.

여기에서 '자子'란 공자·맹자에서와 같은 존칭으로서의 자가 아니라, 누구의 자식이라는 의미의 자이다. 그러므로 사리불은 음역, 사리자는 음·의역의 결합으로 차이를 가지지만 그 의미는 '사리의 아들'이라는 뜻으로 같다는 것을 알 수 있다. 즉, 사리불은 사람의 이름이 아니라 별명과 같은 칭호인 것이다.

사리불의 '사리'는 어머니의 이름이다. 이렇게 놓고 본다면, 사리불이란 '사리라는 여인의 아들'이라는 뜻이 된다. 우리식으로 하면 '안성댁 아들'이나 '천안댁 자식'과 같은 표현이라고 이해하면 되겠다.

어머니의 이름이 사리가 되는 것도 재미있다. 왜냐하면 사리는 사리조舍利鳥라는 앵무새와 같은 새의 이름이기 때문이다. 외할아버지가 사리불의 어머니를 낳고 보니 눈이 사리조라는 새 눈과 같이 동그랬다고 한다. 그래서 그 특징을 잡아 여자아이 이름을 사리라고 하게 된다.

신유학新儒學의 비조격 인물인 정명도와 정이천 형제의 이름은 각각 '호顥'와 '이頤'이다. 아마도 애를 낳고 보니 정명도는 이마가 훤했고, 정이천은 먹성이 좋았던 모양이다. 그래서 '이마'와 '턱'이라는 이름을 붙인 것으로 생각된다. 예전의 이름들이라는 게 이렇게 신체적인 특징을 취하는 경우가 종종 있다. 사리불의 어머니 역시 앵무새 같은 동그란 눈 때문에 사리라는 이름을 가지게 된 것이다.

사리불이 사리라는 여인의 아들이라는 의미의 별명이라면, 사리불의 이름은 당연히 따로 있다. 그 이름은 우파팃사Upatiṣya로, 음역하여 우바저사優波底沙나 우바제사優波提舍라고 한다. 뜻은 '큰 광명(大光)'이다. 즉, 우리는 붓다의 수제자인 동시에 가장 널리 알려진 불교 인물 중 한 분인 사리불의 본래 이름조차도 모르고 있었던 것이다.

목건련과 마하가섭의 이름

마우드갈라야나Maudgalyāyana를 음사한 목건련도 마찬가지다. 목건련은 이름이 아니라 종족 명칭이다. 인도는 땅이 넓기 때문에 종족명을 사용해서 사람들을 구분하고는 했다. 우리식으로 치면 성姓 정도로 이해하면 쉽겠다.

목건련이라는 명칭이 이름이 아니라 성에 해당하기 때문에 동일하게 불리는 사람들도 여럿 있었다. 실제로 붓다의 제자 중 산수목건련과 같은 경우가 대표적이다. 그래서 불교 안에서는 이러한 착오를 줄이기 위해서 목건련 중에 대표적이라고 해서 마하목건련이라고 한다.

마하가섭이나 마하가전연과 같이 마하가 들어가는 것도 모두 동일한 경우다. 어린 시절 같은 반에 동명이인이 있는 경우 대·소로 구분했던 기억이 있는데, 같은 경우라고 생각하면 되겠다. 또 어떤 경우는 특징을 붙여서 부르는 경우도 있다. 실제로 내 경우도 교양 수업 시간에 학생들을 가르칠 때 동명이인이 있을 경우 앞에 전공이나 학년을 불러주기도 한다. 가섭과 같은 명칭은 특히나 흔했기 때문에 불교교단 안에도 우루빈라가섭·십력가섭 등 많은 가섭들이 있었다. 이 중 가장 위대하고 대표적인 가섭이 마하가섭이라는 의미이다.

마하가섭의 이름은 필팔리Pippali인데 필발라畢鉢羅로 음사되고는 한다. 이는 본래 필발라라는 나무를 가리키는 것이다. 마하가섭이 이 나무 밑에서 태어났기 때문에 이를 이름으로 삼은 것이라고 한다.

목건련은 이름이 콜리타Kolita로, 음역하여 구율타拘律陀나 구리다俱哩多가 된다. 번역하면 '하늘을 품는다天抱'는 뜻이다.

불교를 믿는다고 해서 반드시 큰스님들의 이름까지 알 필요는 없다. 그러나 사리불이나 목건련, 그리고 마하가섭과 같은 칭호들이 최소한 이름이 아니라는 것 정도는 알았으면 하는 바람 정도는 가져본다. _◉

붓다와 관련된 다양한 칭호들의 의미는 무엇인가요?

석가모니의 의미

유명한 인물일수록 지칭하는 표현이 많아 때로는 혼란을 주기도 한다. 김정희는 호가 200개가 넘었다고 한다. 본인 스스로 자신의 호를 다 외웠기는 했을까 하는 의문이 든다.

붓다도 여래십호라고 해서 붓다를 가리키는 대표적인 칭호들이 여럿 있다. 그러나 이 중 실제로 경전 등에서 많이 사용되는 것은 그리 많지 않다. 그보다는 붓다의 생애와 관련된 표현을 정리하는 것이 초심자들의 혼란을 줄여줄 수 있지 않을까 한다.

인도는 땅이 넓고 다양한 민족들이 한데 어우러져 살기 때문에 성姓보다도 범주가 큰 종족 구분을 하고는 한다. 우리나라는 영토가 좁고 대체로 동이족東夷族뿐이기 때문에 종족 구분은 무의미하다. 물론 우리도 예전에는 예맥족濊貊族과 같은 여러 종족들이 있었다. 그러나 이러한 구분은 우리나라에서는 별반 무의미하다고 하겠다.

붓다는 감자왕甘蔗王을 시조로 하는 석가Sākya족 출신이다. 이러한 종족적 구분에다가 『리그-베다』에서부터 등장하는 '장발의 고행자' 또는 '성자聖者'라는 의미의 모니muni라는 칭호를 더하여 석가모니라는 표현이 만들어지게 되는 것이다. 즉, 석가모니란 '석가족의 성자'라는 의미다.

중국 위진남북조시대의 승려인 도안은 불제자는 모두 붓다를 따라서 석씨 釋氏로 바꾸어야 한다고 주장했다. 그 결과 현재까지도 승려들 중에는 법명 앞에 석자를 붙이는 경우가 종종 있다. 그러나 석가는 종족명이며, 음역이라는 점에서 '석釋'이라는 한 글자로 축약될 수 있는 것이 아니다. 때문에 승려의 법명 앞에 모두 석자를 붙이자는 주장은 문제가 있어 보인다.

고타마 싯다르타

붓다의 성씨는 고타마Gautama이며, 이름은 싯다르타 Siddhārtha이다. 이를 음사해서 구담瞿曇과 실달다悉達多라고 한다.

성姓인 고타마는 '좋은 땅'이나 '훌륭한 소'라는 의미인데, 과거 위대한 선인 인 구담선인瞿曇仙人에게서 유래한 것이라고 한다. 싯다르타라는 이름은 붓다의 부친인 정반왕이 지어준 것이다. 그 의미는 '모든 것이 다 성취된다'는 것으로, 첫째 아들에 대한 축복과 석가족이 부흥하기를 바라는 염원을 담고 있다.

여래의 의미

불교경전을 읽다 보면 여래라는 칭호도 종종 보게 된다. 여래는 타타아-가타tathā-gata를 번역한 것이다. 다타아가타多陀阿伽陀로 음사 되기도 하지만, 이렇게 사용되는 경우는 거의 없다. 이는 한문에서 긴 것을 꺼리는 경향이 있기 때문이다.

관세음(보살)과 같은 경우 아바로키테슈바라Avalokiteśvara로 길고 복잡하자, 인명임에도 불구하고 가차 없이 의역을 사용하는 것을 보면 분명해진다. 사실 인

071-1
중국 란저우 병령사 석굴의
다양한 부처님과 보살의
모습(4-5세기 전후)

명을 의역한다는 것은 매우 이해하기 어려운 사고이다. 그런데도 중국에서는 이러한 변형에 전혀 주저함이 없다.

타타아-가타는 번역하면 진여에서 온다는 여래如來와 진여로 간다는 여거如去의 두 가지가 된다. 이 중 여거가 보다 타당성이 높은 것이지만, 중국불교에서는 여래라는 단어가 선택된다. 왜냐하면 여래에는 구원자로서의 가치가 내포되어 있기 때문이다.

세존의 의미

불교경전에서 여래라는 칭호와 더불어 대구와 같은 구실을 하는 것이 세존世尊이라는 표현이다. 세존은 바가바드bhagavat의 의역으로 음역으로는 박가범薄伽梵이 사용된다. 이는 최고로 존귀하신 분이라는 의미이다.

힌두교에서 최고 인기 있는 성전으로 『마하바라타』의 한 편인 「바가바드-기타」라는 것이 있다. 우리나라에서도 번역본만 십여 종이 될 정도로 중요한 문헌인데, 여기에서의 바가바드라는 표현은 비시누 신의 화신인 크리슈나를 의미한다. 즉, 세존이라는 표현은 최상위자에 대한 최고의 존칭이라고 이해하면 되겠다.

칭호를 통한 관계 인식

불교경전에서 여래와 세존이 대구로 자주 등장하는 것은, 여래가 붓다의 자칭인데 반해서 세존은 제자들이 붓다를 부르는 칭호로 사용되기 때문이다.

붓다는 스스로를 표현할 때 여래라는 표현을 사용했다. 이는 임금이 자신을 칭할 때 짐이나 과인이라고 하는 것과 같다. 이에 상응해서 제자들은 붓다에게 세존이라는 표현을 사용한다. 마치 신하들이 임금을 부를 때 전하라고 하는 것과 같다. 즉, 붓다라는 표현이 깨달은 사람이라는 의미로 왕이나 임금을 나타낸다면 여래는 짐이나 과인을, 세존은 전하를 나타내는 용례라고 이해하면 되겠다.

이 외에 붓다에 대한 타인의 칭호로 대사문大沙門이라는 것이 있다. 이는 다른 종교나 사상가들이 붓다를 존중하면서 부르는 칭호이다. 사문이란 신흥사상가나 신흥종교인을 의미한다. 그러므로 대사문이란 이러한 사람들 중 우두머리가 되는 분이라는 의미가 된다.

대사문과 대별되는 호칭으로는 고타마라는 것이 있다. 고타마가 붓다의 이름이라는 점을 고려한다면, 이렇게 부르는 경우는 다른 종교나 사상을 믿는 사람이 붓다에게 존경심이 없이 부르는 경우라고 할 수 있다. 즉, 경전에서 언급되는 호칭만 잘 관찰해도 그 당시 대화의 상황이 보다 구체적으로 드러나게 된다. ◉

붓다와 관련된 다양한 칭호들의 의미는 무엇인가요?

072

염라대왕이
인도신화 속에 등장하는
인류의 시조라고 하는데
사실인가요?

인류의 시조들

흔히 인류의 시조 하면 가장 먼저 떠오르는 것이 아담과 이브일 것이다. 이는 기독교 문화의 세계적인 보편성을 잘 나타내준다. 그런데 이러한 아담과 이브가 본래는 수메르 문명의 신들이었다는 것을 아는 사람이 몇이나 될까? 바로 이렇게 신화는 또 다른 전승으로 변모해 간다.

중국에서 원인原人으로 기록되어 있는 것은 반고班固이다. 그리고 인도에서 반고에 상응하는 존재는 『리그-베다』의 푸루샤Puruṣa라고 할 수 있다. 그러나 반고나 푸루샤는 단순히 아담과 이브와 같은 인류의 가치를 넘어서 이 세계의 창조와 같은 관점까지도 내재하고 있다.

그래서 중국에는 다시금 복희와 여와라는 남매가, 그리고 인도에는 야마 Yama와 야미Yami라는 쌍둥이가 등장하는 것이다. 이들이 바로 아담과 이브에 상응할 수 있는 존재라고 생각하면 되겠다.

현대의 인류학은 인류의 시조로 1974년 요한슨 등이 에티오피아의 하다드 사막에서 발굴한 루시Lucy를 들고 있다. 이렇게 놓고 본다면, 신화는 신화일 뿐이

072-1
지옥의 염라대왕(조선시대(1785년))
ⓒ국립중앙박물관

죽은 사람의 심판을 주재하는
지옥의 염라대왕閻羅大王을
묘사한 그림이다.

072
염라대왕이 인도신화 속에 등장하는 인류의 시조라고 하는데 사실인가요?

다. 그러나 종교에서는 이러한 신화가 단순히 신화일 수만은 없는 가치를 내포한
다. 기독교의 원죄나 구원의 논리, 염라대왕의 심판의 논리가 바로 이러한 신화
에서 출발하고 있기 때문이다.

인도의 시조, 염라대왕

인도의 시조 중 남성인 야마에 대한 음역이 염마閻
魔 또는 염라閻羅이다. 야마는 인도의 신격인 일신日神(Vivasvat)과 사라우婆郎尤
(Saranyu) 사이에서 태어난 아들이다. 그런데 혼자 태어난 것이 아니라 여성인 야
미와 함께 태어난다. 그래서 야마를 번역하여 쌍세雙世라고도 하는데, 이는 야마
가 남성으로 쌍둥이의 대변자 역할을 하기 때문이다.

『리그-베다』에 의하면, 야마는 인류의 시조이기 때문에 가장 먼저 죽게 되
었다고 한다. 그로 인하여 야마는 사후세계에서 왕을 칭하며 뒤에 오는 사람들을
심판하게 된다. 이는 이브가 아담의 갈비뼈로 만들어졌다고 하는 것만큼이나 원
시적인 생각이다.

그런데 재미있는 것은 야마의 세계는 지옥이 아닌 천상이라는 것이다. 야마
가 죽은 뒤에 죽은 자들의 왕이 되어 개척한 세계가 바로 야마천夜摩天이다. 야마
천은 욕계6천 중 밑에서부터 제3천에 속하는 높은 천상세계이다.

불교의 우주론에 따르면, 사왕천과 도리천이라는 수미산에 위치한 신들의
세계(地居天)가 있고, 그 위로는 허공 위에 존재하는 공거천空居天이 펼쳐지게 된
다. 이러한 공거천으로 수미산의 바로 위에 위치해 있는 것이 바로 야마천이다.
야마천의 위로는 미륵보살이 현재 머무르고 있는 도솔천이 위치한다. 이렇게 놓
고 본다면, 우리는 염라대왕의 세계가 나쁜 곳이 아닌 매우 수승한 세계라는 것
을 알게 된다. 그래서 야마천이라는 의미에는 '노래 소리가 끊이지 않는 즐거운
세계'라는 의미가 포함되어 있는 것이다.

제4장
상식과 착각

아귀의 주재자, 염라대왕

인도신화 속의 야마에 대한 전승은 후일 불교에 수용된다. 그리고 기원 전후에 이르면, 우리가 사는 남섬부주의 땅 밑으로 500유순 지점에 위치해 있는 아귀세계를 관장하는 신격으로 바뀌게 된다.

굶주린 귀신을 나타내는 아귀에는 여러 종류가 있다. 이 중 가장 대표적인 것이 바늘 입의 아귀, 즉 침구귀針口鬼이다. 흔히 배는 남산만 한 데 목구멍은 바늘만 하다는 아귀가 바로 이 아귀이다. 아귀는 인간이 굶주려 죽어가는 모습이 인도 전통의 종교적 상징으로 차용되면서 완성된 것으로 추정된다.

아귀에 대한 인도의 종교적인 관점은 베다의 『가정경家庭經(Gṛhya)』을 통해서 확인된다. 이에 따르면 '사람이 죽으면 조령계祖靈界로 나아가 조령祖靈(pitṛ)이 된다. 그런데 피트리pitṛ가 되기 전 프레타preta라는 중간단계를 거치게 되는데, 프레타가 피트리로 되기 위해서는 반드시 조령제를 지내야만 한다'고 되어 있다. 이 중 프레타가 아귀로 번역되므로, 아귀는 조령제 이전의 단계로 굶주려 있는 귀신이라고 할 수 있다.

또 아귀는 존재하는 곳이 일정치 않아 우리와 같은 인간계의 한적한 곳 등에서도 살고 있는 것으로 나타난다. 그러나 기원 전후 무렵에 이르면 인도의 우주론이 정비되면서 아귀는 땅속에서 하나의 세계를 이룩하게 된다. 이러한 상황에서 이들을 통괄할 존재가 요청되었고, 이로 인하여 대두된 존재가 바로 염라대왕이다. 즉, 염라대왕은 사후의 심판자라는 의미를 통해서 아귀의 책임자로 보직을 이동하게 된 것이다. 본래 야마천이 천상계라는 점을 고려한다면 이는 분명 좌천이다. 그런데 이는 염라대왕 인생의 가시밭길의 시작에 불과할 뿐이다.

염라대왕이 인도신화 속에 등장하는 인류의 시조라고 하는데 사실인가요?

072-2
심곡사 명부전(전북 익산)
명부전에는 지장보살과 염라대왕을
비롯한 명부시왕十王과 판관, 녹사,
동남, 동녀 등이 모셔진다.

지옥의 심판관, 염라대왕

염라는 아귀세계를 관장하는 위치에서 이후 지옥을
다스리는 위치로 또다시 바뀌게 된다. 지옥 역시 아귀세계와 마찬가지로 나름의
심판자와 책임자가 있어야 하는 것 아니냐는 관점 속에 염라대왕이 지옥의 주관
자로 변모된 것이다.

불교의 우주론에 따르면 지옥은 대금강산大金剛山이라고도 하는, 두 겹으로
된 철위산鐵圍山 사이에 있다. 철위산은 두 겹으로 구성된 이 세계를 감싸고 있는
테두리와 같은 역할을 하는 산이다. 그 사이에 지옥이 위치해 있는데, 염라대왕
은 이러한 지옥의 주재자가 된다.

제4장
상식과 착각

그러다가 지옥의 위치가 남섬부주의 아래쪽 땅속으로 이동하면서 염라대왕 역시 땅속 지옥을 다스리는 존재로 변모한다. 염라대왕은 인도인들의 시대에 따른 관점 변화에 따라서 실로 많은 위치 이동과 보직을 전전하고 있는 것이다.

그러다가 불교의 중국 유입과 더불어 사후 세계관이 없었던 중국에서 염라대왕의 위치는 크게 부각된다. 이는 붓다가 불교적인 영향만을 주로 가지고 있다면 염라대왕은 종교를 초월해서 문화적인 관점으로까지 폭넓게 받아들여지는 것을 통해 단적인 인식이 가능하다. 이러한 염라대왕의 중국 적응과 폭넓은 인기에 힘입어 염라대왕은 신속하게 중국문화에서 영향력 있는 존재로 변모하게 된다.

인도의 고대 서사시인 『마하바라타』에 따르면, 인도의 야마는 붉은 옷에 왕관을 착용한 모습으로 양손에 각각 곤봉과 밧줄을 들고 물소를 타고 있는 것으로 되어 있다. 그러던 것이 중국에서는 관복 차림에 면류관을 쓰고 왕의 신분을 나타내는 홀笏이나, 치부책과 붓을 들고 있는 모습으로 변형된다.

이후로도 염라의 중국적인 변형은 계속된다. 이러한 과정 속에서 중국 도교와 습합되면서 당나라 말과 5대10국시대가 되면, 도교식의 도복을 갖춰 입고 각각의 전각을 가진 시왕十王으로 증광이 되기에 이른다. 즉, 염라대왕은 중국에 귀화하여 새로운 국적과 지위를 얻고 있는 것이다. ◉

염라대왕이 인도신화 속에 등장하는 인류의 시조라고 하는데 사실인가요?

우리 문화 속에 들어 있는 인도 문화 전통은 무엇이 있나요?

서울이라는 지명의 유래

『삼국유사』에는 우리나라에 불교가 전해지는 과정에 대해 세 가지 경로가 언급된다.

첫째는 중국을 경유한 것으로 372년 전진의 부견에 의한 고구려로의 불교전래이다. 둘째는 남방의 해로를 통한 것으로 허황옥과 장유화상의 이야기가 전해지고 있다. 마지막 셋째는 중앙아시아 사마르칸트에서 중국을 거치지 않고 고구려로 직접 연결되는 초원의 길과 관련된 것이다. 이는 「요동성육왕탑」조를 통해서 확인해 볼 수 있다.

이상의 불교 전래는 그 방식의 차이만큼이나 다양한 인도문화를 우리나라에 심게 된다. 그 중 대표적인 것으로 서울의 명칭과 관련된 것을 들 수 있다.

붓다 당시 인도의 2대 도시 중 하나인 기원정사가 있던 슈라바스티Śrāvastī가 음역된 것이 실라벌室羅伐과 시라발제尸羅跋提다. 바로 여기에서 고대국가인 '신라'와 '서라벌'의 명칭이 파생하게 된다. 신라의 명칭 유래와 관련해서 최치원은 「가야산해인사결계장기伽倻山海印寺結界場記」에서 이것이 계戒를 나타내는 인도어 '시라尸羅sīla'에서 연유했다고 하고 있다. 역시 불교적인 연원을 말하고 있는 것이다.

서라벌의 수도라는 의미는 이후 '서울'로까지 변화하게 된다. 마치 장안이 당나라의 수도에서 보편화되면서 '장안의 명물'이나 '장안의 으뜸'이라는 표현으로 일반화되는 것과 같이, 서라벌 역시 수도를 대변하는 표현으로 발전하는 것이다.

서울의 명칭 유래와 관련해서는 이 외에도 설울이라는 것이 있다. 내용인즉슨 무학대사와 정도전이 서울의 도성을 쌓을 때 눈이 쌓인 선을 기준으로 도성을 만들었기 때문이라는 것이다. 그래서 눈 울타리라는 '설雪울'이 전화되어 서울이 된 것이라는 내용이다. 그러나 이는 내용의 신이성 만큼이나 신뢰하기 어려운 주장이다.

이렇게 놓고 본다면, 우리의 서울은 부처님과 인연 깊은 인연처에 다름 아니다. 우리 조상들은 나중에 대통령이 된 전 서울시장에 의해 서울이 하나님께 봉헌되기 훨씬 이전에 이미 부처님을 통한 불국토를 서울이라는 명칭을 통해 꿈꾸었던 것이다.

복 달아난다

우리들은 이유가 불분명한 상태에서 아랫사람의 행동을 규제할 때, '복 달아난다'라는 표현을 사용하고는 한다. 복이 달아나는 경우는 우리 주변에 많이 있다. 그래서 다리를 떨거나 밥을 남기는 등 무언가 불경스러운 일이 있으면 '복 달아나게'라는 주의를 듣곤 한다. 그러나 이럴 경우 '왜'라고 반문한다면 답하기가 매우 어렵다.

유교에서는 육체 밖에 독립된 영혼을 인정하지 않는다. 그러므로 육체적인 진중성이 매우 강조된다. 그래서 쉽게 웃거나 우스갯소리를 잘 하는 것을 부정적으로 본다. 이와 같은 문화배경에서는 다리를 떠는 경박한 행동을 좌시할 수 없다. 그래서 다리를 떨면 복 달아난다는 제재가 붙게 되는 것이다.

밥을 남기면 복이 달아난다는 것은, 과거 농경사회에서 곡식이 귀해 곡식을 신성시했기 때문이다. 흔히 쌀 미米자를 파자破字해서 농부의 손이 88번 가야 된다는 등의 말이 생긴 것도 이러한 이유이다. 과거 농촌에서 나락을 작은 항아리에 담아 '세존단지'라고 숭배한 것이나, 노적가리를 신성시한 것도 다 같은 풍습으로 볼 수 있다. 농경문화에서 신성시되는 밥을 남긴다는 것은 있을 수 없는 일이었다. 그래서 밥을 남기면 복이 달아난다고 하며, 이는 오늘날까지도 반찬은 남겨도 되지만 밥은 남기면 안 된다는 관점으로 유전되고 있다.

이러한 복 달아나는 행동 중에는 문턱을 밟지 말라는 것도 있다. 이의 중국 문화적 기원은 『논어』이다. 공자는 출입을 할 때 문턱을 밟지 않았다고 기록되어 있기 때문이다. 이는 중앙이라는 것을 신성시하며 피하는 중국의 집단주의적인 관점과 일치하는 것이다. 이와 같은 측면은 오늘날까지도 우리나라 사람들이 넓은 장소에서 중앙이 아닌 주변을 선호하는 행동으로 남아있다.

그런데 문턱을 밟지 말라는 것이 『논어』에서 기원한 것이라면, 왜 공자에 의지하지 않고 복 달아난다는 애매한 표현을 사용하는 것일까? 주지하다시피 『논어』는 유교의 기본 경전으로 인지도가 매우 높다. 그런데도 굳이 『논어』라는 출전을 밝히지 않고 이러한 가치가 유전되고 있어 의문을 자아내게 한다.

필자는 이것이 『논어』보다도 더 이른 시기에 외연이 넓어진 불교를 타고 들어온 인도문화와 관련된다고 생각한다. 현장의 『대당서역기』에는 인도 전통과 관련하여 집안의 대표적인 신이 문턱에 산다는 내용의 기록이 있다. 그래서 출입을 할 때 문턱을 밟으면 그 신이 노해서 해를 끼치기 때문에 문턱을 밟지 않는 전통이 있다고 한다. 이러한 유풍이 불교를 타고 우리나라에도 퍼졌던 것 같다.

공자는 바르게 자르지 않은 음식은 먹지 않았다. 그래서 조선시대에 골수 사대부들은 가래떡을 어슷하게 썰지 않고 바르게 썰어 동그란 떡으로 떡국을 끓여 먹고는 하였다. 그러나 오늘날까지도 가래떡은 사선으로 잘라서 끓여 먹는 것이 일반적이다. 이는 유교문화 이전에 선점한 불교문화의 결과이다. 조선이라는 유교사회가 있기는 했지만, 유교적인 문화에 앞서는 불교적인 가치는 그 이면에 면면히 흐르고 있는 것이다. 이러한 전통 중 하나가 바로 문턱을 밟으면 복 달아난다는 속설로 남아 있는 것이 아닌가 한다.

가야라는 명칭과 발가락의 때

불교를 타고 우리에게 이식된 인도의 전통 중에는 '가야'와 같은 것도 있다. 가야는 고대국가의 명칭인 동시에 법보종찰 해인사가 위치해 있는 산의 이름이기도 하다.

인도말 가야gayā는 번역하면 상두象頭이다. 인도의 가야 지방이 코끼리 머리와 같은 지형지세를 가졌기 때문에 이러한 명칭이 붙었다고 한다. 바로 이 가야 지방에서 붓다는 6년간의 고행을 한다. 그리고 결국 보리수 아래에서 깨달음을 완성해내기에 이른다. 이를 계기로 붓다가 깨달은 가야 지방을 별도로 붓다의 가야, 즉 부다가야라고 하게 된다. 이렇게 놓고 본다면, 우리의 고대국가가 가야라는 명칭을 사용했다는 것은 허황옥의 이야기와 더불어 불교의 전래를 다시 한 번 생각하게 하는 대목이다.

또 우리의 욕설 가운데 '발가락의 때만도 못한 놈'이라는 표현도 인도적이라는 지적이 있다. 인도의 신분제인 카스트제도에서 노예계급은 브라흐만 신의 발에서 나왔다는 신화가 있다. 그런데 인도 카스트에는 노예인 수드라보다도 더 아래 계급이 있다. 이를 불가촉천민不可觸賤民이라고 한다. 닿기만 해도 오염이 되기 때문에 접촉해서도 안 되는 최하층 천민이라는 의미이다. 이들이 바로 발가락의 때만도 못한 사람이다.

이렇게 놓고 본다면, 불교를 통한 인도와의 많은 문화적 교섭을 확인해 볼 수가 있다. 그리고 그중 일부는 변형되어 그 유래를 찾기가 쉽지 않지만 면면히 계승되고 있다. 바로 이러한 인도문화의 저력 때문에 세종은 한글을 만들 때 불교를 통해 인도의 음운학을 연구한 것이리라. 이는 성현의 『용재총화』 등에서 쉽게 확인해볼 수 있는 대목이기도 하다. _◉

073-1

파사석탑(경남 김해)

한국불교의 남방전래설을 뒷받침하고 있는 유물이다. 원래 크기는 지금의 두 배였을 것으로 추정된다. 『삼국유사』 기록에는 오층으로 되어 있다. 탑의 재료는 한반도에서는 구하기 힘든 재질이다.

우리 문화 속에 들어 있는 인도 문화 전통은 무엇이 있나요?

경주 김씨가
불교와 관련이
있다고 하는데
사실인가요?

074-1
계림(경주)
경주 김씨의 시조가
되었다고 알려졌던
김알지의 탄생설화가
깃든 곳이다.

씨氏와 가家

　　사람들은 흔히 자신의 성씨 뒤에 '씨氏'를 붙이면 낮추는 것이고, '가家'를 붙여야 높이는 것이라고 생각한다. 그러나 실상은 씨는 씨족이라는 큰 의미이며, 가는 대부의 영지를 지칭하는 좁은 의미에 지나지 않는다.

　　봉건제 사회에서 군왕의 영지는 '국國'이라고 했고, 대부의 영지는 가家라고 했다. 오늘날 한국·영국·미국 등의 국이라는 표현은 이러한 군왕의 영지를 가리키는 표현에서 나온 것이다.

　　일반적으로 군왕은 천자, 즉 황제의 종친에게 봉해진다. 그러므로 일반 선비가 노력을 통해서 얻을 수 있는 최고 지위는 군왕 밑의 대부가 된다. 그래서 오늘날까지도 '일가一家를 이루었다'거나 '대가大家가 되었다'는 등의 표현이 사용되는 것이다. 즉, 가문의 완성이라는 의미가 만들어지게 되는 것이다. 이러한 영향에 의해서 성씨 뒤에 '가家'자를 붙이는 문화가 생긴 것이나, 이는 잘못이다. 즉, 김씨를 김가라고 하는 것은 우리나라를 '저희 나라'라고 낮춰서 표현하는 것과 같은 문제를 내포한다고 하겠다.

경주 김씨와 부처님

　　우리나라의 대표 성씨로 김·이·박이 있다면, 중국에도 4대 성씨로 이·왕·장·유가 있다. 그런데 우리와 중국은 인접 국가이면서도 이씨를 제외하고는 겹치는 성씨가 없다. 물론 왕씨와 같은 경우는 고려의 국성國姓이었으므로 우리나라에도 무척 많았다고 할 수 있다. 그러던 것이 조선이 쿠데타를 통해 국가를 수립하면서 왕씨를 절멸시켜 왕씨는 거의 다 사라지게 된다.

　　이중환의 『택리지』에 의하면, 조선 세종시대에 전 왕조인 고려의 제사를 위해서 전국에 왕씨 성을 가진 사람을 수소문했는데, 결국 왕순례 한 사람만을 찾았을 뿐이라는 기록이 있다. 이는 조선이 왕씨를 얼마나 잔인하게 죽였는가를 알 수 있게 해준다. 왕씨를 자꾸 죽이자 왕씨들이 옥玉씨나 전全씨, 또는 마馬씨와 같이 임금 왕자王가 들어간 다른 글자로 성을 바꾸었다고도 한다.

박씨는 박혁거세를 시조로 하며, 박과 같은 알에서 나온 것을 성으로 삼은 것이다. 그러므로 우리나라에 성씨의 기원이 있다. 이렇다 보니 중국에는 박씨가 없는 것이 당연하다.

이렇게 말하면 경주 김씨도 그렇지 않느냐고 할 수 있다. 왜냐하면 우리가 생각하는 경주 김씨는 계림에서 탄생한 김알지를 시조로 하기 때문이다. 그러나 태종무열왕과 더불어 삼국통일을 이끈 군주인 문무왕의 비석이 발견되면서 이 문제가 새로운 전환을 맞이하게 된다.

〈문무왕비문〉이 말하는 경주 김씨의 시조는 김알지가 아니라 중국에서 도래한 사람들로, 시조를 투후秺侯 김일제金日磾로 적고 있다. 김일제는 중앙아시아 흉노족인 휴도왕休屠王의 아들로 한무제의 서역 정벌에 의해 휴도왕은 죽고 김일제는 사로잡히게 된다. 그러나 특유의 영민함과 정확한 일처리로 한무제의 눈에 들어 김이라는 성을 하사받고 투후로 봉해지게 된다. 그런데 김씨 성이 되는 이유가 휴도왕이 금인金人을 숭배했기 때문이라는 것이다.

휴도왕의 휴도는 붓다의 음사인 부도와 통한다. 실제로 중국불교의 전래와 관련해서는 후한 명제 때의 금인강정설金人降庭說과 더불어 전한 무제 때의 휴도왕에 대한 내용이 기록되어 있다.

휴도왕을 불교와 관련지어 볼 수 있는 또 다른 단서가 있다. 휴도왕이 하늘에 제사하는 금인을 모셨다는 기록이 『한서』「곽거병전霍去病傳」에서 확인되기 때문이다. 당시에 불교가 이미 중앙아시아에 전파되었다는 점을 고려한다면, 여기에서의 금인은 불상일 개연성이 높다. 즉, 금인강정설의 금인과 같은 금인으로 추정해 볼 수 있는 것이다. 그런데 이를 통해서 한무제는 김일제에게 김씨라는 성을 하사하고 있다. 그리고 이 후손들이 이후 중국의 전란을 피해서 한반도와 동쪽으로 거의 전부 옮겨오게 된다. 그래서 중국에는 오늘날까지 김씨 성을 가진 사람들이 별로 존재하지 않는다.

그런데 이렇게 놓고 본다면, 경주 김씨는 부처님을 모시는 사람들인 동시에 부처님으로 성을 삼은 사람들이라고 하겠다. 그래서 그런지 경주 김씨가 집권했던 신라와 통일신라, 그리고 강력한 영향력을 미쳤던 고려시대는 모두 불교가 융성했으며 왕조도 오래 지속되었다.

또 경주 김씨와 같은 일족 중 일부는 후일 청나라가 되는 후금後金의 애신각라愛新覺羅씨가 된다. 애신각라는 번역하면 김씨와 다르지 않다. 청나라는 불교가 이데올로기였던 당나라와 더불어 중국 역사상 가장 강력한 왕조를 구축하는 나라이니, 왠지 부처님의 가피가 느껴지는 듯하다.

금인金人과 금선金仙

부처님을 금빛으로 표현하는 것은 붓다의 석가족 나라인 가비라라는 명칭에 황색 또는 금색의 의미가 내포되어 있기 때문이다. 또 붓다는 자금색의 신체를 갖추었고 신체 주변으로 약 3미터의 빛丈光相이 비추었다고 한다. 이것을 토대로 현재 불상에 두광과 신광인 후광을 묘사하게 된다. 이러한 붓다의 특징 때문에 불상의 시원과 관련된 『증일아함경』의 기록에는 파사닉 왕이 불상을 자마금紫磨金으로 제작하였다는 내용이 나오는 것이다. 이는 오늘날까지 불상을 금색으로 만들어 금인의 가치를 가지게 하는 것으로 유전되고 있다.

그런데 붓다에 대한 표현으로는 금인金人 말고도 금인과 유사한 금선金仙이라는 것도 있다. 금선이라는 표현은 매일 새벽예불 끝에 올리는 〈행선축원〉의 "귀의삼보예금선歸依三寶禮金仙"하는 대목을 통해서 단적인 확인이 가능하다.

그러나 금선이라는 표현은 금인과는 달리 올바른 것이 아니다. 왜냐하면 금

074-2

보리사 석불좌상(경주, 통일신라시대, 보물 136호)

붓다는 자금색의 신체를 갖추고 신체
주변으로 약 3미터의 빛이 비추었다고 한다.
이것을 토대로 현재 불상에 두광과 신광인
후광을 묘사하게 된다.

제4장
상식과 착각

선이란 도교에서 붓다를 지칭하는 폄칭이기 때문이다. 마치 무하마드를 폄하하여 마호메트라고 하는 것과 같다고 하겠다.

　북송의 망국 군주에 휘종이라는 인물이 있다. 휘종은 도교에 심취하여 스스로를 교주도군황제教主道君皇帝로 지칭하면서 도교를 높이고 불교를 폄하한다. 이때 붓다에 대한 칭호가 도교적인 관점에서 큰 깨달음을 이룬 금색선인, 즉 대각금선大覺金仙(보살은 仙人大士라 칭해짐)으로 통일되게 된다. 그러므로 금선이라는 폄칭을 불교에서 사용하는 것은 문제가 있다고 하겠다.

　이후 휘종은 남하하는 금나라에 수도인 개봉이 함락되는 과정에서 살기 위해 아들인 흠종에게 양위한다. 그러나 두 황제 모두 잡혀서 어리석고 혼미한 군주라는 의미로 혼덕공昏德公과 중혼후重昏候라는 모욕적인 칭호가 내려졌다가 결국 처형된다. 이러한 과정에서 북송은 멸망하게 되는데, 이것이 정강靖康연간에 벌어진 사건이라고 하여 이를 '정강의 변變'이라고 한다. ◉

075

인도불교의
4대 성지와 8대 성지는
어떻게 결정된
것인가요?

075-1
네팔 룸비니의 아쇼카 석주(기원전 3세기경)
부처님의 탄생지에 아쇼카 왕이 세웠다는 석주이다.
상부에 있던 말의 형상은 일부만 남고 소실되었다.

4대 성지와 8대 성지에 대한 의문

인도불적답사를 다니다 보면 4대 성지와 8대 성지라는 말과 마주치게 된다. 이 중 4대 성지는 붓다의 탄생·성도·첫 설법·열반의 땅이다.(각각 룸비니, 부다가야, 녹야원, 쿠시나가라에 해당한다.) 네 가지 사건 모두 불교적으로 매우 의미가 크다.

그러나 8대 성지와 관련해서는 고개가 갸웃거려질 수밖에 없다. 왜냐하면, 8대 성지는 4대 성지에 왕사성·사위성·상카시아·바이샬리가 들어가기 때문이다. 이들 도시가 모두 붓다와 친연 관계가 높은 곳이라는 점은 부정의 여지가 없다. 그런데 왜 이곳들이 8대 성지가 되어야 하는지에 관해서는 의문의 여지가 있다.

또 4대 성지 역시 왜 하필 이러한 사건들을 추려서 4대 성지로 만든 것인지에 대해서도 의문이 아닐 수 없다. 즉, 중요한 것은 맞지만 그렇게 추려지는 데는 나름의 이유와 목적이 있지 않겠느냐는 말이다.

4대 성지의 성립 시기와 목적

붓다의 일생을 4대 성지와 같이 네 가지로 크게 규정하는 것은 인도의 숫자문화와 관련된다. 사실 사람의 일생이라는 것이 세 가지나 다섯 가지, 또는 열 가지로도 구분해 볼 수 있는 것이기도 하다는 점에서 우리는 4라는 숫자에 주목해야 한다.

붓다 당시 인도의 진법은 4를 기본으로 하는 4진법이 주로 사용되었다. 그래서 4대 성지와 8대 성지라는 개념이 불교 내에 존재할 수 있게 된 것이다.

4대 성지와 관련된 붓다 일생의 전환적인 측면은 후일 간다라의 부조 등에서도 확인되는 보편성을 가진다. 그러나 중국문화권으로 넘어와서는 4라는 숫자

075
인도불교의 4대 성지와 8대 성지는 어떻게 결정된 것인가요?

가 죽을 사死와 발음이 같다는 이유로 회피된다. 그래서 8상 성도와 같은 확장이 일어난다. 그러나 8상 성도와 관련된 장소는 4대 성지에 중요하다고 판단되는 측면들이 관점에 따라서 각기 다르게 설정되면서 중국문화권에서도 일정하지 않은 모습을 보인다. 특히 8대 성지와는 전혀 관련이 없는데, 이는 8대 성지의 논리와는 다른 중국문화의 요청에 의해서 파생된 가치이기 때문이다.

붓다의 열반을 묘사하고 있는 열반계 경전들은 붓다의 유훈으로 4대 성지 순례를 기록하고 있다. 가장 일반적인 『장아함경』의 「유행경」에 따르면, 아난이 붓다의 열반 이후 의지할 곳이 없는 것을 애틋해하자, 붓다는 4대 성지를 순례하며 참배하라는 가르침을 주신다. 이것이 4대 성지에 대한 기원이 된다.

그런데 붓다는 당신에 대한 숭배를 종용하는 분이 아니라는 점에서, 이 기록은 특정 집단에 의한 왜곡으로 판단된다. 전 인도를 최초로 통일하는 마우리아 왕조의 아소카 왕에 의한 인도 전역에 걸친 사리탑 건립은, 부처님께서 직접 교화하신 영역의 특수성을 상당 부분 감소시키게 된다. 즉, 부처님과 각별한 인연처에는 본래 근본팔탑이 건립되어 있었는데, 이러한 종교적인 이점이 아소카 왕의 불교 정책으로 인하여 사라지게 되었다는 말이다.

이 시기 이를 대체하는 가치로 대두된 것이 바로 4대 성지 순례다. 아소카 왕의 인도 전역에 걸친 사리탑 건립으로 인하여 사리탑을 통한 변별점이 약화되자, 이를 성지라는 개념으로 극복하고자 하는 노력이 있었다는 말이다. 그리고 이 시기 확립된 것이 바로 4대 성지와 순례의 개념이라고 추정된다. 즉, 4대 성지라는 측면은 불교의 종교화와 이익집단의 기득권 지키기의 관점에서 파생된 것이다.

그러나 이는 4대 성지가 의미가 없다는 것이 아니다. 그곳들은 분명 매우 중요한 불교의 성지임에 틀림없다. 그렇지만 이를 4대 성지로 묶고 또 순례를 강조하는 것은 분명 붓다적이지 않은 사고이다. 왜냐하면 붓다는 인간 해방자이지 종교 양산자는 아니기 때문이다.

제4장
상식과 착각

8대 성지와 붓다의 신통

8대 성지 역시 4대 성지와 마찬가지로 부처님의 탑과 관련된다. 왜냐하면 8대 성지를 알 수 있게 해주는 문헌이 『팔대영탑명호경八大靈塔名號經』이기 때문이다. 즉, 8대 성지는 여덟 개의 신령한 탑과 관련된 장소인 것이다. 또 이 중 4대 성지를 제외하면, 탑과 함께 붓다의 신묘한 신통과 관련된다는 것을 알 수 있다. 즉, 4대 성지와 같은 강력한 상징성의 부족을 신통이라는 기적과 같은 역사를 통해서 극복하고 있는 것이다.

탑의 자취는 오랜 세월 속에 묻혀 이미 상당 부분 확인할 수 없다. 그러나 8대 성지와 얽힌 기적은 기록을 통해서 분명한 확인이 가능하다.

먼저 8대 성지 중 왕사성은 붓다가 72~73세 때 발생한 취상조복醉象調伏의 기적이 있었던 장소이다. 붓다의 만년 제바달다가 불교 교단을 승계하려는 목적으로 붓다를 시해하려는 과정에서, 검은 색의 거대한 코끼리에 술을 먹여 탁발 나온 붓다를 향해 돌진시킨 사건이 있다. 이때 붓다는 돌진하는 거대한 코끼리를 오른손을 들어 올리는 작은 동작으로 조복시켰다고 한다. 이를 기념해서 오른손을 들어 올리는 불상의 손 모양을 시무외인施無畏印, 즉 두려움을 없애는 수인이라고 한다. 왕사성은 바로 이러한 기적의 땅이다.

다음으로 사위성은 천불화현千佛化現의 기적을 보이신 장소이다. 내용인즉슨 다른 종교사상가들이 붓다에게 도전하자, 붓다는 망고나무를 이용한 신통을 보이고 다시 허공으로 올라가 아라한의 18신통을 보였다고 한다. 이것을 사위성의 대신변大神變이라고 하는데, 후대에는 1,000명의 붓다로 나타났다는 천불화현으로까지 변화된다. 즉, 사위성은 이교도의 거센 반발을 극복한 붓다의 승리를 기념하는 장소를 상징한다.

사위성과 관련한 전설로는 이 외에도 붓다께서 깨달으신 뒤 6년 뒤에 도리천에 계신 어머니를 교화하기 위해서 하늘로 올라가셨다는 것도 있다. 붓다의 어머니인 마야부인은 붓다를 낳은 지 7일 만에 돌아가셨기 때문에 붓다의 가르침을 받을 기회가 없었다. 그래서 부처님께서 어머니를 위해서 친히 도리천의 선법당善法堂으로 가시는 것이다. 그런데 3개월간 어머니를 교화하시고는 신통을 사용하지 않고 도리천에서 계단을 만들어 걸어서 내려오신다. 이렇게 내려오신 장소가 바로 상카시아, 즉 곡녀성曲女城이다.

『대당서역기』에 의하면, 범수梵授왕의 아흔아홉 명 딸들이 수행자의 저주에 의해서 하루아침에 추하고 허리 굽은 노파가 되었기 때문에 곡녀성이라고 했다고 한다. 부처님은 도리천에서 이곳으로 하강하셨는데 이를 기념하는 계단식 유적이 지금도 남아 있다. 그런데 오늘날은 그 유적 위에 힌두교 사원이 건립되어 있어 아쉬움을 자아내게 한다.

끝으로 바이샬리는 광엄성廣嚴城으로, 붓다께서 이곳에서 수명을 정리하시고, 제자들을 모으기 위해 3개월간 수명을 늘리신 곳이다. 때로는 원숭이 왕이 부처님께 꿀을 올렸다는 원왕봉밀猿王奉蜜의 장소가 언급되기도 한다. 이 원왕봉밀의 장소는 흔히 대림중각강당大林重閣講堂의 아난 반신탑 자리로 비정된다.

25년 동안 붓다를 모신 제자이기도 한 아난은 마가다와 바이샬리 사이의 갠지스 강 배위에서 최후의 열반에 든다. 그리고 사리가 강의 양편인 마가다와 바이샬리로 똑같이 나뉘어 떨어졌다고 한다. 이를 가지고 마가다와 바이샬리에서 각기 아난의 탑을 조성했다고 하는데, 바이샬리에 현존하는 탑이 바로 이 아난의 반신 사리탑이다.

이상과 같이 붓다의 위대한 신통과 관련된 네 곳이 추가된 것이 8대 성지이다. 이를 통해서 우리는 붓다의 생애와 관련해서 중요한 탄생·성도·첫 설법·열반의 4대 성지에, 대신통이라는 중요한 사건이 발생한 곳이 합해져 8대 성지가 되었다는 것을 알 수 있게 된다. _◉

포대화상

포대화상은
어떤
분이십니까?

미의식의 변화

불과 한두 세대 전만 하더라도 배가 나온 사람은 호인好人의 이미지로, 그리고 배는 인격으로 통하곤 했다. 그러던 것이 요즘은 비대한 사람은 자기관리조차 못하는 게으른 사람으로 평가받고는 한다. 그만큼 사람들의 판단 기준이 변화한 것이다.

필자가 어린 시절만 하더라도 우량아 선발대회가 있었으며, 아이들에게는 속칭 용든 약(보약)을 먹여 몸을 불리게 하곤 하였다. 그때만 하더라도 살집이 포동포동한 것은 부귀의 상징과도 같았다. 그런데 요즘 기준으로 놓고 보면 이것처럼 부모의 잘못된 선택도 없지 않았나 싶다.

보약은 어린아이의 체질에 변화를 주고, 이렇게 오른 살은 좀처럼 빠지지 않는다. 요즘 표현으로 말한다면 저주받은 몸으로 변하는 것이다. 불과 한두 세대만에 우리의 인식과 미감은 이렇게 극적으로 변했다. 경제성장과 더불어 더 이상 비대한 것이 부귀를 상징하는 가치가 아니게 됐기 때문이다.

포대화상의 약진

당나라의 미감을 대변하는 꽃은 풍성한 모란이다. 불교에서도 위에서 보는 방향으로 묘사될 때는 연밥을 중심으로 하는 동형同形의 연꽃이 사용되지만, 측면과 같은 경우는 주로 모란이 사용된다. 이 정도로 모란의 인기는 동아시아에서 유독 탁월했다.

그런데 1992년 중국과 수교가 이루어지면서 한국 불교계로도 중국문화가 점차 파고들어 오고 있다. 그 중에 포대화상이 가장 눈에 띈다.

중국사찰에 가면 가장 먼저 만나게 되는 것이 포대화상이다. 중국인들은 정초에 대문 앞에 복福자를 거꾸로 해서 붙여 놓고는 한다. 그 이유는 뒤집혀져 있는 복자가 복이 자신의 집으로 들어오는 형상이기 때문이다.

076-1
중국 저장 성 설두사 포대화상

포대화상은 어떤 분이십니까?

한자로는 복과 같은 발음으로 박쥐를 나타내는 복蝠이 있다. 그래서 중국문화권에서는 전통적으로 날아오는 박쥐문양을 장식으로 사용하곤 하였다. 이는 복이 들어온다는 것을 같은 발음을 통해서 표현한 경우라고 할 수 있다.

중국문화권에서 문을 통해 화와 복이 들어온다는 인식은 불교적으로도 수용되어 중국사찰에서는 언제나 좋은 일이 있으라는 의미로 포대화상을 맨 앞에 배치한다. 그리고 포대화상의 뒤쪽에 위태천이 금강저를 들고서 삿됨을 물리치는 상징으로 서 있다. 즉, 중국사찰의 입구에는 복을 들이고 삿됨을 물리치는 기능이 동시에 내포되어 있는 것이다.

포대화상의 풍만한 살집과 편안하게 흐트러진 자세, 그리고 특유의 너그러운 웃음과 툭 튀어나온 배는 중국인들에게 많은 인기가 있다. 그래서 불교 안에서 포대화상은 관세음보살을 능가하는 높은 지지를 얻는다.

중국인들은 기본적으로 사후세계를 인정하지 않는 일원론적인 세계관을 견지한다. 그렇기 때문에 포대화상이라는 복신福神의 이미지와 관세음보살이라는 현세구제적인 측면은, 중국인들의 심성구조에 잘 들어맞는다. 이는 중국인들이 가장 좋아하는 신이 재물신인 관우라는 점과도 일맥상통하는 바이다.

076-2
도선사 입구 포대화상(서울)
포대화상은 중국불교에서
미륵보살의 화신으로 인정되고 있다.
1992년 중국과 수교가 이루어지면서
한국 사찰에도 포대화상을 모시는
경우가 늘고 있다.

제4장
상식과 착각

그런데 재미있는 것은 우리나라는 경제성장으로 인해서 비대한 몸집을 싫어하는 미감으로 기준이 바뀌었음에도 불구하고, 포대화상의 약진이 상당히 두드러진다는 것이다. 이는 요즘 제작되는 불상이 과거의 풍만한 모습에서 훨씬 다이어트를 한, 조금은 샤프한 모습으로 변모되고 있는 것과는 차이가 크다. 불상의 경직성과는 달리 포대화상의 너그러움이 우리들의 마음을 움직이고 있기 때문이 아닌가 한다.

미륵의 화신

포대화상은 당송 교체기의 중국에 실존했던 인물이다. 중국인 사이에는 실존 인물 중 이미지가 강하거나 종교적으로 탁월성을 보이면, 곧 신이나 불보살의 화신으로 인식하는 문화가 있다. 이는 신과 인간이 격절된 것이 아니라, 인간이 죽어서 신이 된다는 중국적 관점에 입각한 것이다.

포대화상은 중국불교에서 미륵보살의 화신으로 인정되고 있다. 미륵보살과 포대화상은 이미지만 놓고 본다면 너무나도 상반된다. 그런데도 중국인들은 포대화상의 임종과 관련된 다음의 게송 때문에 포대화상을 미륵으로 비정하고 있다.

미륵, 참 미륵이여
미륵진미륵彌勒眞彌勒
천백억으로 분신하여
분신천백억分身千百億
때때로 사람들에게 나투지만
시시시시인時時示時人
사람들은 그것을 알지 못하는구나
시인자불식時人自不識

<u>076</u>
포대화상은 어떤 분이십니까?

이러한 게송 하나로 미륵이 된다면, 세상이 너무나 편하고 불교는 참으로 쉬운 것일 것이다. 그런데 중국인들은 이를 근거로 포대화상을 미륵으로 비정해 불교로 수용한다. 이는 중국인들이 포대화상의 덕스러움을 좋아한 것이 반영된 것이라고 하겠다. 즉, 철저히 중국적인 미감이 반영된 결과라는 말이다.

실천하는 복지인

포대화상은 포대를 짊어지고 지팡이를 짚고 다니면서 여러 가지를 구걸해 포대에 넣었다가 어려운 이들이나 어린이들을 보면 포대에서 물건을 꺼내 도와주었다고 한다. 즉, 포대화상은 찾아다니는 구호자인 동시에 아이들의 친구였던 것이다. 중국문화권에서 아이들은 사회적 약자인 동시에 무시되는 존재라는 점을 고려한다면, 포대화상은 대단히 높은 복지 의식을 가진 인물이었다고 하겠다.

중국문화의 현실적인 측면은 복지문화가 상대적으로 약하게 되는 취약성을 파생한다. 이렇게 놓고 본다면, 포대화상이야말로 실천하는 최초의 복지사였다고 할 수 있다. 이 점이 약자인 민중들에게 큰 감동으로 다가갈 수 있었던 측면이 아니었을까?

또 포대화상이 마른날에 나막신을 신고 다니면, 얼마 후에 큰 비가 내리곤 했다는 일화도 있다. 이는 포대화상의 예지력과 관련된 것으로 포대화상이 단순히 복지의 실천가에서 그치는 것이 아니라, 초월적인 능력을 갖춘 비범한 인물이었다는 점을 분명히 해준다. 또 이는 포대화상이 실천과 능력을 공히 겸비하고 있는 인물이라는 것을 의미한다. 이로 볼 때 포대화상은 민중들의 의지처가 되기에 합당한 것이다. 이와 같은 포대화상의 특징과, 존엄성보다는 친근한 이미지가 포대화상의 대중적인 인기를 만들어낸 것이 아닌가 한다.

중국사찰에서 가장 이질적인 포대화상이라는 캐릭터는 바로 이렇게 만들어진다. 그리고 민중적인 지지에 힘입어 사찰의 간판 스타로 맨 앞에 자리 잡기에 이른다. 그리고 한류를 거슬러 이제는 우리나라에까지 영향을 미치고 있다.

전 국민이 건강과 다이어트에 매진하고 있는 이 시기, 포대화상의 풍만하고 너그러운 이미지의 약진은 분명 눈에 띄는 것이다. 이것은 형식을 넘어서는 진실한 내용의 거부할 수 없는 호소력이 아닌가 한다. _◉

076
포대화상은 어떤 분이십니까?

<u>077</u>

불교는 세계종교 중 여성차별이 가장 적은 종교라는데 맞나요?

기독교 문명과 여성

아담과 이브의 이야기는 본래 수메르의 신화에서 시작됐다. 수메르 신화에서 이브는 엔키라는, 신의 갈비뼈를 치료하기 위해 만들어진 또 다른 신격이었다. 그러던 것이 기독교와 결합되는 과정에서 거짓말의 시조로까지 둔갑하기에 이른다.

기독교는 선주민의 문화에서 아담과 이브를 받아들여 이들을 최초의 인간으로 변모시킨다. 그런데 이 중 이브, 즉 여성의 창조는 신의 의지에 의한 것이 아니었다. 여호와는 아담을 만든 뒤 아담이 너무 외로워하자 위로하기 위해 아담의 갈비뼈를 가지고 이브를 만들었다. 이는 지극히 남성 중심적인 가치를 반영한다.

신은 남성을 만들 때 흙이라는 외재적인 질료를 사용하기는 하지만, 그래도 입김이라는, 신과 연결된 가치를 불어 넣고 있다. 그러나 여성은 처음부터 신의 창조 의지가 반영되지 않은 깍두기와 같은 존재로 만들어진 것이다.

깍두기는 배추김치를 담고 남은 양념과 소를 재활용하기 위해서 무를 깍뚝깍뚝 썰어서 만들었다는 데서 유래한다. 그래서 어린 시절 편을 나눠 게임을 할 때 가장 부실한 친구는 깍두기로 넣어주곤 하였다. 즉, 여성은 이러한 깍두기와 같은 일종의 덤으로 파생된 존재였던 것이다.

그렇기 때문에 가톨릭에서는 아직까지도 여성인 수녀에게 사제권을 주지 않는다. 왜냐하면 여성은 독립된 하나의 완전한 인간이 아니기 때문이다. 이러한 관점은 중세에 여성만을 마녀로 몰아서 화형하는 미개문화를 낳기도 한다. 오늘날까지도 기독교 문명에서 여성은 결혼을 하면 자신의 성姓을 잃어버리고 남편의 성을 갖는다. 결국 지금까지도 여성은 남성의 부속물에 지나지 않는 것이다.

미국과 프랑스 같은 선진사회에서도 각각 1928년과 1946년이 되어서야 남성과 동등한 여성참정권이 확립되었을 정도이니, 기독교 여성관은 사회와 현실 사이에 매우 높은 벽을 쌓고 있다고 말할 수 있다. 수메르 신화가 수용된 이브의 전설, 그것은 매우 작은 것 같지만 오늘날까지도 막대한 영향력으로 기독교 문명을 일관하고 있는 것이다.

유교문화와 여성

중국의 유교 역시 여성에 대한 차별이 매우 심했다. 어머니를 제외한 모든 여성은 천박하고 재수 없는 존재일 수 있다는 관점은 유교문화가 우리에게 남긴 유산이다. 그래서 얼마 전까지만 해도 택시기사는 첫 손님으로 여성을 태우는 것을 꺼려했고, 시장에서는 마수걸이로 여성이 오면 소금을 뿌리고는 했으니, 여성 차별의 문제는 비단 과거의 화석만은 아니라고 하겠다.

공자는 여성 자체를 낮추어 보는 남성우월론자였다. 그래서 공자는 『논어』에서 "여자와 소인은 다루기가 어려우니, 가까이하면 불손하고 멀리하면 원망한다(唯女子與小人爲難養也 近之則不孫 遠之則怨)."고 하고 있다. 이 말은 공자의 여성에 대한 입장을 잘 대변해주는 것인 동시에 오늘날은 부메랑이 되어 공자의 발목을 잡고 있는 부분이다.

공자를 필두로 하는 여성에 대한 인식은 공자 집안 삼대 이혼설과, 학통을 계승하는 증자의 부인 소박으로 현실화된다. 그리고 점차 유교문화권의 여성 억압으로 확고한 자리매김을 하기에까지 이른다.

특히 한나라 때 유향이 지은 『열녀전列女傳』은 여성에게 부덕을 강조하여 여성 스스로가 자신을 절제하며 억압하는 구조를 확산한다. 이는 이후 여성이 남성에 순종하며 여성에 의해서 여성이 순종적으로 길러지는 문화로 남게 된다.

유향의 『열녀전』과 같은 방식은 우리나라에도 전해져, 조선 성종의 어머니인 소혜왕후가 『내훈內訓』을 편찬하면서 우리나라에서 여성에 의한 자발적인 양보의 미덕을 완성하게 된다. 그로 인하여 임진·병자 양란 이후에는 정혼한 남자가 죽어도 목을 매서 자결하거나 수절하는 편집광적인 상황으로까지 발전하기에 이른다.

남성은 여성이 죽으면 바로 개가하고, 또 때로는 소실을 들인다. 그러나 여성은 남성이 죽으면 자결을 해야 하고, 소실을 들이거나 바람을 피우는 것을 시기하면 칠거지악으로 쫓겨나게 된다. 유교는 참으로 남성으로 사는 데 편한 가치를 만들었던 것이다. 이는 오늘날까지 전해져 남성의 바람에는 관대한 문화를, 그리고 남성의 여성 편력을 능력과 연결시켜 보는 인식으로 유전되고 있으니 참으로 슬픈 일이다.

인도문화와 불교의 여성관

인도의 여성관 역시 기독교나 유교와 다르지 않다. 불과 얼마 전까지만 해도 힌두교에서는 남성이 죽으면 화장하는 장작더미 속으로 아내가 뛰어들어 죽는 숫티suttee라는 풍습이 있었다. 지금은 법으로 금지되어 있지만 아직까지도 보수적인 시골에서는 간혹 행해지는 경우가 있다고 한다. 현재도 이럴진대, 과거 붓다 당시의 여성 차별은 얼마나 심했겠는가?

인도 최초의 법전인 『마누법전』에는 여성을 죽이는 죄가 물건을 훔친 죄와 동일한 수준이라고 기록되어 있다. 이는 여성에 대한 인도문화의 경시를 단적으로 나타낸다.

이러한 환경 속에서 붓다는 여성을 하나의 독립된 인격으로 대우하고 성직聖職을 부여했다. 붓다는 공자(BC551)보다도 태어난 연대가 빠르다. 세계의 성인들 중 붓다가 가장 이른 존재이다. 그런데도 붓다가 여성에 대해서는 가장 개방적인 사고를 하고 있었던 것이다.

물론 붓다 역시 남성과 여성을 완전히 동등하게 대우한 것은 아니다. 그러나 당시의 시대 상황을 고려한다면, 이러한 한계를 지적하는 것은 오늘날의 관점에서나 가능한 억지 비판이다. 이는 마치 '편지 보내기 어려우면 이메일이나 문자 보내지'라고 탓하는 것과 같다.

조선시대에 여성에게 과거 응시와 재가 권한을 부여하자고 한 유학자가 있었다면 아마도 살아남기 어려웠을 것이다. 그런데 붓다는 바로 이러한 깃발을 들어 올리고 있는 것이다. 이로 인하여 붓다는 외부적으로 인도의 남성문화권적인 비판과, 내부적으로 남성우월론자들의 비판에 동시에 직면하게 된다. 그래서 남자 승려(비구)들이 250계만 가지면 되는 것과 달리 여성 승려(비구니)들은 348계를 받는 불평등을 만들게 된다. 물론 이 중 상당수는 여성의 신체적인 특징이나 당시의 문화적 인식을 감안한 조항들이다. 그러나 이는 차별을 위한 불평등이 아닌 평등을 위한 불평등의 가치라고 할 수 있다. 마치 여성과 남성의 소변 문화가 다르기 때문에 여성에게 보다 많은 화장실 공간을 주어야 한다는 주장처럼 말이다.

붓다는 『육방예경』에서 아내에게는 때때로 장신구를 사주라는 말까지 하고 있다. 이는 여성을 깨달음의 평등 관점에서 출가를 용인한 것과 동시에, 남녀의 특성을 붓다가 잘 알고 있었다는 점을 분명히 해준다.

붓다 여성 인식의 시대 초월성

고대에 문화가 발달한 지역은 모두다 강력한 여성 차별의 문화를 파생하고 있다. 인간의 행복론을 말한 희랍의 아리스토텔레스도 여성의 참정권은 인정하지 않았다. 이러한 측면들을 고려한다면 붓다의 여성에 대한 인식은 매우 각별했다고 할 수 있다.

예수가 하층민으로서 같은 사회적 약자인 여성과 가까웠다면, 붓다는 사회적 강자로서 약자인 여성에게 다가가고 있다. 이는 강자의 관용과 포용력에 의한 것이다. 이 점에서 붓다의 여성에 대한 관점은 그 어떤 성인보다도 뛰어난 것인 동시에, 시대를 초월한 현대적 가치라고 하겠다. ◉

사찰에서
제사를 지내는
이유는 무엇인가요?

제사의 의미

중국문화는 심신일원론을 견지한다. 그래서 육체 밖에 따로 영혼이 존재한다는 것을 인정하지 않는다. 그래서 육체에 장애가 있으면 곧 정신에도 장애가 있는 것이 된다. 그러다 보니 장애인을 폄하하고 비하하는 문화가 존재하였던 것이다.

오늘날은 서양의 심신이원론의 영향에 의해 인식이 많이 바뀌었지만, 불과 한두 세대 전만 해도 장애인은 집안에 가두어 두는 대상이곤 하였다. 이는 심신일원론의 유교문화에 의한 것이다.

또 과거에는 사진을 찍거나 하면 심하게 경직된 좌우동형의 자세를 취하곤 했다. 이 역시 바른 자세가 바른 정신을 나타낸다는 유교문화를 대변하는 것이다. 이러한 가치는 『예기』나 『맹자』 등을 통해서 살펴지는데, '건강한 육체에 건강한 정신이 깃든다'는 말 역시 이런 논리의 연장이라고 하겠다.

육체 밖에 영혼이 따로 존재하지 않는다면 제사의 필연성도 존재할 수 없다. 그래서 전국시대 최대 유학자 중 한 사람인 순자는 「예론禮論」에서 제사를 다음과 같이 정의하기에 이른다. "제사란 추모하는 정이 쌓인 것"일 뿐이며, "제사를 군자는 '사람 된 도리'라 하고, 백성은 이것이 '귀신을 섬기는 것'이라 한다."라고. 또 "(제사란, 제사의 대상은) 형체도 그림자도 없으나 그 격식을 완수하는 것이다."라고도 하고 있다. 제사는 실제로 죽은 조상을 위한 것이 아니라 격식을 통한 문화제전의 요소를 가진 것이다. 그렇기 때문에 현대 중국의 대유학자인 펑유란馮友蘭은 그의 명저 『중국철학사』에서 "제사는 예술이지 종교가 아니다."라고 정의하기에 이른다. 즉, 우리가 일반적으로 생각하는 제사에서 영혼은 존재하지 않는 것이다.

물론 춘추전국시대 이전의 더 고대로 올라가면 제사에 영혼을 모신다는 개념이 존재했었다. 그러나 중국문화의 기틀이 다져지는 춘추전국시대가 되면, 인간 이성의 합리성에 의해서 신체 밖의 영혼에 관한 독립 관점은 중국문화에서 탈각되게 된다. 그러나 이러한 변화는 순자와 같은 합리론자에게는 보다 빠르게 나타나는 반면, 일반인들의 인식 속에서는 느리게 변한다. 그러나 유교의 정론은 순자와 같은 합리론이었다는 점을 기억해야 한다.

천위遷位와 불천위不遷位

육체 밖에 영혼이 존재할 수 있다는 고대의 이원론적인 생각과 이를 수정하는 춘추전국시대의 중국적인 합리성에 의한 일원론은 오랜 시간 서로 혼재되면서 완전히 정리되지 못하였다. 마치 중국문화권에서 천天이 인격천人格天에서 춘추전국시대를 거치면서 의리천義理天, 즉 원리적인 천으로 바뀌게 되지만 그럼에도 인격신적인 요소가 오늘날까지 잔존하고 있는 것처럼 말이다. 그래서 우리는 천리天理나 천도天道라는 표현을 쓰는 동시에 '하늘이 무심타'거나 '하늘이 알아줄 것이다'라는 표현을 사용하는 것이다.

그래서 유교에서도 죽은 귀신은 존재하지 않지만, 후손이 기억하는 동안은 죽은 사람의 영혼이 완전히 흩어지지 않는다는 생각이 존재하게 된다. 이는 죽은 조상을 단번에 끊어버리기 힘든 후손된 자의 마음의 발로일 것이다. 그래서 발생하는 것이 바로 천위遷位이다.

귀신을 세는 단위를 '위位'라고 한다. 그래서 귀신이 사는 집과 같은 공간을 신위神位나 위패位牌라고 하는 것이다. 그런데 이런 위패의 위치는 세월에 따라서 옮겨진다. 그래서 옮겨지는 위패라는 의미로 '천위'라고 하는 것이다.

유교에서는 일반적으로 4대 봉사를 하는데, 이는 『주자가례朱子家禮』에 따른 것이다. 신분제가 분명할 때는 신분에 따라서 제사를 지내는 범위에 차등이 있었다. 그러나 조선후기로 오면서 신분제가 흔들리게 되자 4대 봉사가 일반화된다. 4대는 부모·조부모·증조부모·고조부모까지이며, 그 위로 올라가면 명절 제사와 같은 합동제만 하고 개별 제사는 올리지 않는다. 과거에는 조혼을 했기 때문에 장손은 고조부모를 보는 경우도 있었다. 이를 기준하여 제정된 것이 4대 봉사라고 이해하면 되겠다. 즉, 후손의 기억과 상응할 때만 조상의 기운은 완전히 흩어지지 않고 존재하는 것이다.

그런데 일반적인 4대 봉사와는 다른 예외도 있다. 각 집안에는 그 집안과 관련해서 중요한 업적을 남기신 분들이 계시기 마련이다. 이분들은 위패를 옮기지 않는다. 한시적으로 제사를 지내는 것이 아니라 영구히 제사를 모신다. 이런 위패를 옮겨지지 않는 위패라고 해서 '불천위不遷位'라고 한다.

예를 들어 왕실에서는 국왕의 상징성에 의해서 모든 왕들을 불천위로 모신다. 덕분에 왕조가 오래 갈수록 모시는 위패 수가 증가하게 된다. 또한 동급의 왕들에 선후의 차등을 둘 수도 없다. 그 결과 종묘와 같이 평행으로 긴 건물이 세워지게 되는 것이다. 즉, 종묘는 동아시아 제례문화의 특수성에서 기인하는 건물이며, 그로 인하여 가장 긴 건물로 유네스코 세계문화유산으로 등재되기에 이른다.

078-1
단성향교 대성전의 위패(경남 산청)

제4장
상식과 착각

078-2

종묘에서 제례를 지내는 모습(서울)

동급의 왕들에 대해서는
선후의 차등이 있을 수 없다.
그 결과 종묘와 같이 평행으로
긴 건물이 세워지게 된다.

078
사찰에서 제사를 지내는 이유는 무엇인가요?

윤회봉사와 분할봉사

임진·병자의 양란 이전만 하더라도 불교적인 유풍이 많이 남아 있었기 때문에 남녀의 성별과 관계없이 자식들은 균분상속을 했다. 그러다 보니 특정 후손만이 제사를 지내는 것은 불합리했다. 즉, 조선 후기와 같이 적장자상속제嫡長子相續制가 일반화되어 적자이자 장남에게 거의 모든 재산이 상속되고, 그와 더불어 제사권이 넘어가는 경우와는 다른 상황이 존재했던 것이다.

그래서 발생하는 문화가 바로 윤회봉사輪回奉祀이다. 윤회봉사는 자녀들이 서로 순서에 따라서 돌아가며 제사의 비용을 대는 것을 말한다. 즉, 순번에 따라서 제사를 받든다고 생각하면 되겠다. 이럴 경우 혹자는 그러면 연도별로 제사를 받는 위패가 옮겨 다니냐고 묻고는 한다. 그러나 이때는 사찰에 영구위패를 모셔놓았다. 그러므로 자녀들이 돌아가면서 제사 비용만 부담하고, 기일에 맞춰서 사찰에 와서 제사를 지내면 되는 것이다.

오늘날 자녀의 균분상속이 법제화되면서 제사는 계륵鷄肋과 같은 천덕꾸러기 신세가 되었다. 더구나 핵가족화로 작은 집에 살 경우, 제사처럼 손님을 치르는 것은 여간 번거로운 일이 아니다. 이럴 때 과거와 같은 윤회봉사의 전통을 생각해 보면 어떨까 한다.

또 과거에는 윤회봉사 말고도 분할봉사分割奉祀라는 것도 있었다. 분할봉사는 특별하게 더 가까웠던 조상님의 제사만 따로 떼어내서 한 사람이 독점해서 지내는 것을 의미한다. 예컨대 율곡이 외할머니로부터 서울 수진방의 기와집을 물려받고서 외가의 제사를 지낸 것 등이 여기에 해당한다. 이는 분할봉사인 동시에 외손봉사였다.

제삿날과 헛제사

제사와 관련해서 현재 가장 문제가 되는 것은 제삿날을 못 맞춘다는 것이다. 원래 제사는 돌아가신 날의 첫 시간을 기준으로 지낸다.

과거에는 지금과 같은 24시를 사용한 것이 아니라, 십이지에 따른 12시를 사용했었다. 이로 인하여 지금은 24시를 기점으로 날짜가 변경되지만, 과거에는 자시, 즉 23시를 기점으로 날이 바뀌게 된다. 이는 조금만 생각하면 이치적으로 금방 납득할 수 있는 부분이다. 그런데 이러한 날짜 경계시의 1시간 차이가 제사에 엄청난 문제를 초래하게 된다.

제사는 날짜가 변경되는 자시의 모두冒頭인 23시에서 24시 사이에 지내는 것을 원칙으로 한다. 그런데 현대의 시간개념으로 하면, 이 시각은 돌아가시기 전날이 되어버리고 만다. 즉, 제삿날이 하루 당겨지게 되는 것이다.

여기에 박정희 군부독재시절 통금문화로 인해 한밤에 친척들이 모여서 제사를 지내면 집으로 돌아갈 수 없게 되었다. 그래서 제사가 저녁식사 때 정도로 당겨지기에 이른다. 즉, 제사를 지내고 난 후 저녁을 함께 먹고 헤어지는 문화가 생긴 것이다. 이렇게 되니, 제삿날은 온전히 하루가 빨라지게 되었다.

거기에 절에서 지내는 제사는 일반적으로 오전 9시에서 11시 무렵의 사시불공과 연결된다. 이러다 보니 오전 제사가 되는데, 이때에도 제삿날을 전날 오전으로하곤 한다. 그러면서 스님과 제주가 서로 내용을 잘 몰라 '제사는 살아계신 마지막 날을 기준으로 한다'는 등의 말들을 하고는 한다. 참으로 답답한 일이다.

제사는 불교의 고유 의례가 아니다. 정확하게 말한다면, 중국문화적 전통의 유교적인 가치를 불교가 위탁받은 의례가 바로 사찰의 제사이다. 그러므로 스님들이라고 해도 제사에 대해서 잘 알지 못하는 것은 어찌 보면 당연하다.

또 제주들 역시 다분히 형식적으로 임할 뿐이다. 그러다 보니 제사를 지내면서도 헛제사를 올리는 웃지 못할 일이 발생하는 것이다.

안동에 가면 헛제사밥이라는 것이 있다. 이는 유생들이 야식을 위해 제례를 핑계로 헛제사를 올리고서 젯밥을 먹은 것에서 유래한다. 그런데 작금의 제사는 여러 문화적인 질곡으로 인하여 모두가 헛제사가 되고 있으니, 왠지 숙연해지는 느낌이 들고는 한다. ◉

078
사찰에서 제사를 지내는 이유는 무엇인가요?

사찰에서는
왜 산신을
모시나요?

도시가람과 산지가람

한국인들은 외국에 나가게 되면, 왠지 모르는 공허함을 느낀다. 그러나 그것이 산이 없기 때문이라는 것을 느끼는 이는 제법 눈썰미가 있는 사람뿐이다. 그만큼 우리는 산과 가까이 있으면서, 동시에 산을 의식하지 못하고 살고 있다.

사찰의 입지 조건은 본래 산이 아니다. 붓다께서 제정하신 절의 위치는 마을과 멀지도 가깝지도 않은 곳이었다. 이는 걸식과 탁발을 통해서 민중과 교류하는 초기 인도불교의 특징이라고 할 수가 있다.

불교가 중국으로 유입되면서 사찰이 안착한 곳 역시 도시이다. 불교를 후원하는 귀족들은 사찰이 도시 안에 위치하도록 하기도 했고, 사찰 역시 도시에 있어야 많은 사람들과 접하고 새로운 기운을 펼쳐내기에 좋은 환경이기 때문이다. 이로 인하여 교학과 학문이 발전하는 도시가람의 시대가 전개된다.

불교의 성공적인 중국 안착과 더불어 불교가 안정기로 들어서면서, 개인에 대한 탐구가 강조되며 수행문화가 대두된다. 수행처로서의 입지조건은 아무래

079-1
도갑사 산신각 내부(전남 영암)

도 도시보다는 호젓한 산이 좋다. 또한 중국불교에는 걸식과 탁발문화가 수용되지 않았기 때문에 자급자족을 위한 노동이 강조된다. 즉, 도시가람과 산지가람의 이중 시대가 전개되는 것이다.

산악숭배와 산신각

이중환은 『택리지』「복거총론」에서 우리나라의 지형이 산이 많고 넓은 벌판이 없어서 큰 인물이 나지 않아 중국을 정복해 보지 못했다고 언급하였다. 중국을 정복한 주변 민족들이 중국문화에 편입되어 사라졌다는 점을 생각한다면, 정복하지 못한 게 비단 안타까운 문제만은 아닌 것 같다.

이중환의 말처럼 우리나라에는 산이 많다. 이러한 조건 속에서 산악숭배와 관련된 산신신앙은 중요한 위치를 점하게 된다. 이는 『삼국사기』「제사지祭祀志」의 신라의 삼산(나력·혈례·골화)과 오악(東-토함·西-계룡·南-지리·北-태백·中央-팔공) 숭배를 통해서 단적인 확인이 가능하다.

우리나라 불교 역시 본래 주류는 도시가람이었다. 그러다 조선의 숭유억불 시기를 거치면서 도시가람은 차례로 사라지고, 산지가람이 주로 남게 된다.

사찰이 산으로 들어가면서 산신과 조우하는 것은 우리 문화 속에서는 피할 수 없는 당연함이었다. 실제로 산지가람에는 산신각山神閣, 산령각山靈閣과 같이 산신을 섬기는 독립된 건물이 있는가 하면, 산신이 삼성각에 모셔지기도 한다. 또 어떤 경우에는 한 사찰 안의 산신각과 삼성각 속에서 산신이 공히 발견되는 경우도 있다. 이는 산신이 차지하는 우리 문화 속에서의 위치를 잘 대변해준다.

079-2
공양 준비 전에
부엌의 조왕신에게
예를 올리는 모습

제4장
상식과 착각

불교와 산신

불교에서 신은 수단이지 목적은 아니다. 또한 불교는 인도문화를 바탕으로 하고 있기 때문에 우리의 산신이 가람배치 속에 받아들여졌다는 것은 그리 단순한 문제만은 아니다. 실제로 도시가람에서 산신과 관련된 숭배 양상은 전혀 발견되지 않는다. 그러나 산지가람에서는 관점에 따라서 산신이 주인이요 사찰이 객일 수가 있다는 점에 주목할 필요가 있다.

또한 종교는 민중과 유리되어서는 안 된다. 그러므로 민중의 바람 중 하나인 산신을 수용하는 것은 비불교적인 동시에 불교적일 수 있다. 이는 불교가 신을 목적으로 받아들이지 않고 수단으로 인식하는 관점을 취하고 있기 때문에 가능한 것이기도 하다. 즉, 불교와 산신은 '전통문화에 대한 민중의 요청'과 '방편적인 수용'이라는 관점 속에서 한데 어우러질 수 있는 것이다.

불교의식문의 「신중청神衆請」을 보면 "내호조왕內護竈王 외호산신外護山神"이라 하여, 집 안에서는 조왕신을, 밖에서는 산신을 최고로 치고 있다. 여기에서의 조왕과 산신은 공히 비불교적이다. 그러나 이를 통해서 불교는 민중을 품에 안으려 했고, 이것은 오늘날까지도 사찰 공양간의 조왕단과 산신각으로 유전되고 있다. 그러나 그 유형적인 형식은 남아 있으나, 바로 그러한 정신은 산일된 것같아 문득 아쉬움이 스치고는 한다. _◉

080

〈산신도〉 안의
산신은
도대체 누구인가요?

080-1
용문사 〈산신도〉
부분(경북 예천)

여성 산신과 남성 산신

산신은 의당 남성이라고 생각하기 쉽지만, 최초의 산신은 여타의 오래된 신들과 더불어 여성으로 등장한다. 박혁거세의 어머니로 언급되기도 하는, 경주 선도산의 선도성모仙桃聖母나 지리산의 신모神母 등은 여성 산신의 대표적인 존재들이다.

산신이 남성화되는 것은 부계씨족제의 확립과 무관하지 않으며, 이를 반영한 최초의 남성 산신이 바로 단군이다. 주지하다시피, 단군신화 속에서 단군은 최후로 아사달의 산신이 된다. 그런데 사찰 내에 모셔져 있는 산신도를 보면, 일반적으로 호랑이를 동반한 남성으로 나타난다. 단군신화 속에도 호랑이가 등장한다는 점을 생각한다면, 산신도의 인물은 결국 단군을 상징하는 것으로 해석된다.

단군신화의 대두와 단군

흔히 단군신화는 우리 민족과 함께한 최초의 신화라고 생각하기 쉽다. 그러나 기실 단군신화는 고려의 대몽항쟁기에 우리 민족을 하나로 결집해서 효율적으로 국난을 극복하기 위해 부각된 고대신화 중 대표적인 하나일 뿐이다. 팔만대장경이 불교적인 관점에서 고려의 정신을 결집하기 위한 것이라면, 단군신화는 민족적인 관점에서 제기된 통일책이었던 것이다. 그렇기 때문에 단군신화는 『삼국유사』와 『제왕운기』라는 여몽항쟁기의 사료에만 등장한다.

단군신화는 환인과 환웅이라는 신적인 숭배대상과 단군이라는 제단의 군장, 즉 제사장이라는 이중 구조로 되어 있다. 환인이란 환한 것의 원인으로 태양을 의미하며, 환웅이란 태양의 양적인 동태(雄)로 태양에서 빛이 발하는 것을 나타낸다. 즉, 전체적으로 태양숭배를 상징한다. 우리 민족과 관련된 '배달민족'·'백의민족'·'박달나무'·'태백산'·'백악산'·'조선' 등도 공히 태양과 관계된 '밝다'의 의미를 취한 것이다.

태양숭배를 관장하는 제사장의 명칭이 단군檀君이다. 그러므로 단군은 직위를 나타내는 대명사이지 특정 사람을 나타내는 고유명사가 아니다. 그래서 '단군 한배검'이나 '단군 왕검'과 같은 별도의 명칭이 존재하는 것이다. 단군을 본래의 의미인 제사장으로 이해할 때, 단군이 1,500년 동안 나라를 다스리다가 1,508세에 산신이 되었다는 것도 납득할 수 있다. 즉, 이는 특정한 제사장의 문화가 유전된 기간을 의미한다고 해석될 수 있는 것이다.

단군신화와 삼세판

단군신화에는 3이라는 숫자가 무척 많이 등장한다. 예컨대, 환인·환웅·단군의 3신성神聖 구조에서부터 시작하여, 환웅이 3위태백을 내려다보다가 천·부·인 세 가지를 가지고서, 3,000의 무리를 대동하고 내려와 풍백·우사·운사의 3신과 더불어 360가지 일들을 주관하다가, 곰과 호랑이를 만나 100일을 재계(齋)하게 했는데, 3·7일 만에 결과가 나게 된다는 것 등이 그것이다. 이는 우리 민족 고대의 진법체계와 관련된 것으로, 이러한 3수의 전통은 오늘날까지도 한국인이 가장 좋아하는 숫자가 '3'이라는 것과 '삼세판'의 문화를 통해서 유전되고 있다.

단군과 신선

산신도의 산신은 신선의 모습으로 등장하는 것이 일반적이다. 신선 하면 언뜻 중국의 도교를 생각하기 쉬우나, 도교와 신선사상은 그 기원이 다르다. 도교가 후한 말 사천에서 시작된 것이라면, 신선은 선진시대에서부터 기원하는 산동과 발해만 부근의 문화이다. 즉, 도교와 신선사상은 중국의 서쪽과 동쪽으로 완전히 분리되어 있는 두 가지 문화인 것이다.

신선은 기실 우리 고대문화와 관련된다. 이는 신선이 산다는 봉래·방장·영주의 삼신산이 발해만 쪽과 우리나라로 비정되는 것이나, 고구려의 조의선인皂衣仙人 제도, 신라에서 화랑을 국선國仙으로도 칭하는 것 등을 통해서 단적인 인식이 가능하다.

실제로 '선仙'이라는 글자는 사람(人)이 산에 기대어 있는 형상이다. 이는 산신과 통하는 가치로 그 기원은 단군과 무관하지 않다. 화랑들이 산천을 유람하는 것을 수행으로 삼은 것도 이러한 문화 기원과 관련된 것이다.

얼마 전까지만 해도 우리는 동양삼교를 유·불·도가 아닌 유·불·선으로 칭하고는 하였다. 이러한 배경에도 우리의 전통 관념이 자리 잡고 있었던 것이다.

산신은 비단 산악숭배에서 그치는 것이 아니다. 그것은 우리의 민족적 기원과 문화배경을 온축하고 있는 것이다. 이를 불교는 수용하고 받아들여 잘 보존하고 있다. 이러한 점이야말로 외래문화와 자생문화의 화해와 공존이 꽃피워낸 창조적 가치가 아닌가 한다. ◉

080
〈산신도〉 안의 산신은 도대체 누구인가요?

081

〈산신도〉 속의
호랑이는
왜 익살스러운
표정을 하고 있나요?

인류 최초의 불평등계약

단군신화에서 신과의 연결 고리를 담당하는 존재는 곰과 호랑이다. 곰과 호랑이는 환웅에게서 인간이 되기 위해 동굴에서 쑥과 마늘을 먹으며 햇빛을 피하라는 지시를 받는다. 보편적인 신화 구조 속에서 동굴은 재생과 변화의 공간으로 등장한다. 그러나 호랑이는 약속을 지키지 못하고, 곰만 여자로 변신한다.

단군신화를 접하며 우리는 곰의 온유한 인욕을 칭찬함과 더불어 호랑이의 급한 성격을 매도하고는 한다. 그러나 가만히 생각해 보면, 곰과 호랑이는 결코 같은 조건 속에 있지 않았다. 곰은 잡식동물이기 때문에 쑥과 마늘만 먹고 사는 것도 불가능한 것이 아니다. 그러나 호랑이는 육식동물이기 때문에 쑥과 마늘은 아예 처음부터 먹을 수가 없었다. 즉, 호랑이는 환웅의 불평등계약에 어설프게 서명했다가 굶주림에 겨워 결국 동굴 밖으로 뛰쳐나갔던 것이다.

호랑이는 자신이 속았다는 것을 인지했을 때 곰을 잡아먹었을 수도 있었다. 그러나 자신의 실수를 인정하면서 가만히 동굴을 떠난다. 즉, 단군신화의 호랑이는 호탕하고 성격 좋은 호랑이였던 것이다.

081-1

〈산신도〉(조선시대) ⓒ국립중앙박물관
산신 곁에 있는 호랑이의 모습이
무척 익살스럽다.

081
〈산신도〉 속의 호랑이는 왜 익살스러운 표정을 하고 있나요?

하늘에서 땅으로

환웅의 하늘에서 지상으로의 하강은, 흔히 북방의 선
진문화를 가진 민족이 남방으로 이동한 것으로 해석된다. 단군신화에서 환웅은
서자庶子로 등장하는데, 이는 후대의 『홍길동전』에서와 같은 서얼의 뜻이 아니
고, 장남이 아닌 다른 여타의 형제를 나타내는 것으로 사용된 것이다.

환웅족은 이동 과정에서 한반도의 원주민인 곰과 호랑이를 토템으로 하는
종족과 만나게 되고, 이 중 곰족은 복속되고 호랑이족과는 충돌했다는 것이 단
군신화의 일반적인 해석이다. 실제로 곰족의 복속은 곰이 사람이 되기를 바라고,
결국 수용적인 여성이 되어 남성인 환웅을 받아들인다는 점에서 설득력이 있다.
그리고 이러한 두 문화에 의한 조우로 인한 비약적 승화가 다름 아닌 단군이다.
그런데 재생의 과정에서 견디지 못하고 뛰쳐나간 호랑이는 어떻게 됐을까? 그
호랑이가 바로 산신도 속에서 단군 곁에 있는 그 놈이다.

081-2
김용사 〈산신도〉 부분(경북 문경)

제4장
상식과 착각

성격 좋은 호랑이

단군은 환웅과 곰의 결합 산물이다. 이러한 결합은 신성한 환웅 쪽이 주가 되었기 때문에 이로 인하여 단군 역시 신선과 같은 성화聖化를 입게 된다.

결국 훗날의 일이기는 하지만, 단군 세력은 결국 호랑이족을 복속한다. 이로 인하여 호랑이는 단군 세력의 영향력 안으로 들어오게 된다. 바로 이러한 양태가 산신도 속에 묘사되어 있는 단군과 호랑이의 그림이다. 그러나 호랑이는 주체적으로 동화된 것이 아니라 복속된 것이기 때문에 단군이 신선으로 묘사되는 것과는 달리 계속 호랑이로 남게 된다. 즉, 그것은 문명에 상응하는 야만인 것이다.

그런데 산신도의 호랑이 그림을 보면 한결같이 위풍당당한 면은 없고, 아양 섞인 고양이의 모습을 취하고 있다. 이는 복속된 종족의 비극적인 슬픔이라고 할 수 있다. 그러나 이는 동시에 성격 좋은 호랑이의 긍정적인 성격의 표출이라고도 할 것이다.

오늘날 한국인들은 온유한 인욕의 곰보다는, 다소 급하지만 긍정적인 호랑이를 더 닮아 있다. 이는 신화 속의 패자인 호랑이가 문화 속에서는 승자로 존재하는 것 같아 왠지 정겨운 생각이 든다.

또 하나의 호랑이 그림, 작호도鵲虎圖

흔히 '까치호랑이' 그림으로 알려져 있는 작호도는 우리나라 민화를 대표하는 그림이다. 그런데 이런 경우의 호랑이는 산신도의 호랑이와는 조금 다른 양상을 띄게 된다.

산신도의 호랑이가 단군과 호랑이족의 결합을 나타낸다면, 작호도는 삿된 것을 물리치는 벽사辟邪의 의미를 가진다.

작호도에는 까치와 호랑이, 그리고 소나무가 등장한다. 호랑이는 주지하다

081
〈산신도〉 속의 호랑이는 왜 익살스러운 표정을 하고 있나요?

시피, 우리 주변에서 볼 수 있는 가장 강력한 동물이다. 『주역』에서는 "운종용 풍종호雲從龍 風從虎"라 하여 구름은 용을 따르고, 바람은 호랑이를 따른다는 말이 있다. 이는 용호를 상대적으로는 보는 것인 동시에 신성화한 측면이다.

그러나 호랑이는 숲에 매복하여 덮치는 습성상 시야가 넓지 않다. 이를 보완해주는 것이 다름 아닌 까치이다. 까치는 경계심이 강한 동물로 주변이 훤히 내려다보이는 한적한 곳에 둥지를 튼다. 거기에 머리가 좋아서 주변의 지형과 사람들을 모두 기억한다. 속설에 까치가 울면 손님이 온다는 것은, 까치가 둥지를 마을 어귀에 틀고서 처음 보는 사람을 보면 경계의 신호로 크게 울기 때문이다.

이러한 경계심이 강하고 멀리 볼 수 있는 까치와, 근접전에서 강력한 능력을 발휘하는 호랑이가 결합한다면 명실상부한 천하무적이 된다. 즉, 호랑이라는 강력함에 까치라는 고성능 레이더가 장착되는 것이다. 여기에 소나무라는 사시사철 푸르른 기상이 더해지면, 24시간 일 년 내내 삿된 것을 경계하고 물리친다는 의미가 된다. 그래서 까치호랑이 그림을 해가 바뀌면 대문이나 집에 붙여두고는 하였던 것이다. 이러한 그림을 세화歲畫 혹은 벽사화辟邪畫라고 하는데, 삿된 것은 물러나고 복된 것은 깃들라는 의미이다. 작호도는 이러한 의미 때문에 널리 유행했으며, 그로 인하여 우리의 대표적인 민화로까지 자리매김하게 된다. 같은 호랑이 그림도 산신도의 호랑이와 작호도의 호랑이는 이렇게 다르다.

산신도의 호랑이가 다소 아양 섞인 모습이라면, 작호도의 호랑이는 무섭거나 기괴한 양태를 보인다. 이는 두 그림의 논리적 층차가 서로 다르다는 점을 분명히 보여주고 있다. ◉

081-3
통도사 명부전 벽화
부분(경남 양산)
산신도의 호랑이가 다소
야양 섞인 모습이라면,
작호도의 호랑이는
무섭거나 기괴한 양태를
보인다.

081
〈산신도〉 속의 호랑이는 왜 익살스러운 표정을 하고 있나요?

제5장

불교의례

남향과 어칸

왜 법당의 중간 문으로는 출입을 못하게 하나요?

인도의 동향문화

우리나라 사람들은 남향집을 선호한다. 과거 난방이 어려워 햇빛을 많이 받아야 하는 조건에서, 남향은 분명 필수적인 조건 중 하나였다. 그러나 오늘날과 같이 냉난방이 비교적 잘 되는 상황에서도 우리는 남향을 선호한다. 이는 비단 남향이 햇빛을 많이 받는다는 사실을 넘어 삿된 것을 물리치고, 사는 사람의 존귀함을 확보해준다고 믿기 때문이다.

고건축 중 가장 중요하고 규모가 큰 건물은 왕궁과 사찰이다. 이런 건물들은 모두다 남향으로 되어 있다. 그런데 중국의 사찰들과 달리 인도의 사찰들은 남향이 아닌 동향을 취한다.

인도는 매우 무더운 곳이다. 그렇기 때문에 따가운 햇볕이 부담되는 남향을 피한다. 그 대신 농경과 관련되어 생산을 상징하는 동향을 숭배한다. 이는 인도의 사원들이 동향을 취하는 근본 원인이 된다. 붓다께서 성도하신 부다가야에 위치한 탑과 절의 결합체인 마하보디대탑사와 같은 경우도 동향을 취하고 있다.

우리나라에는 동향 건물이 거의 없다. 그런데 석굴암이 동향을 하고 있어 마

제5장
불교의례

인도 부다가야 마하보디사와
금강보좌의 보리수(기원전 3세기)

201

082-2

석굴암 불상(통일신라시대)
우리나라에는 동향 건물이 거의
없다. 그런데 석굴암이 동향을 하고
있어 마하보디사와의 연관성이
검토되고는 한다.

제5장
불교의례

하보디대탑사와의 연관성이 검토되고는 한다. 이는 석굴암 불상과 마하보디대
탑사의 과거에 모셔졌던 불상의 크기 및 손모양이 동일하다는 것과 연관되어 주
목되었다. 또한 인도의 동향 건물은 붓다의 출가 방향 및 성도방향과도 일치한
다. 이는 인도문화권의 동향숭배를 잘 나타내준다.

인도에서 이집트까지는 동쪽을 생명의 방향으로, 서쪽을 죽음의 방향으로
이해한다. 이는 이들이 더운 기후와 농경을 위주로 하는 문화 때문에 태양을 중
심으로 하는 사고방식을 가지고 있기 때문이다. 인도인들에게 해가 뜨는 동쪽이
길하고 해가 지는 서쪽은 흉한 것이다.

붓다 역시 열반에 즈음하여, 머리를 북으로 하고 오른팔을 베고 오른쪽으로
누우셨다고 되어 있으니, 서쪽을 향했다는 것을 알 수 있다. 이는 출가와 열반이
정반대인 동과 서를 통해서 이루어졌다는 것을 의미한다.

082-3
석굴암에서 바라본 동해

082
왜 법당의 중간 문으로는 출입을 못하게 하나요?

중국의 남향문화

기후환경이 인간문화에 영향을 미치는 것은, 자연을 효율적으로 통제할 수 없었던 고대에 있어서는 어쩔 수 없는 당연함이었다. 다소 추운 기후에 속하는 중국의 관중지역이나 우리나라는 취사열을 난방에 재활용하려고 한다. 그래서 집안에서 부엌을 낮춰 조리를 하거나 취사할 때 발생하는 열이 온돌을 통해서 방으로 들어가게 했다.

그러나 인도와 같이 더운 기후에서 난방열의 재활용은 필요 없다. 그래서 인도에서는 마당의 화덕에서 음식을 조리한다. 자칫 집안에서 조리를 했다가 열이 빠지지 않으면 사람이 생활하기 불편하기 때문이다. 이와 같이 기후환경은 문화의 형성과 발달에 막대한 영향을 미치게 된다.

중국의 관중지역은 우리나라와 위도가 비슷하기 때문에 난방이 없이는 춥다. 그 결과 기본적으로 햇빛이 많이 드는 남향을 선호한다. 남향 선호는 밝은 햇빛이 어둠을 물리친다는 상징성을 갖게 했으며, 양명함을 선호하는 문화를 낳게 된다. 그래서 군주에게도 남면지술南面之術이라는 것이 요청되었다. 즉, 군주는 남쪽의 양명한 기운을 받으면서 앉아야 삿된 것이 저절로 물러나 바르게 정치가 된다는 것이다. 물론 이는 다분히 상징적이다. 그러나 이를 통해서 군주는 남면南面하고 신하는 북면北面하는 상하의 위계가 갖추어지게 된다.

군주가 남면하며 정사政事를 살피는 장소를 명당明堂이라고 한다. 이것이 중국 명당의 시원인데, 여기에서의 명당은 양택陽宅을 의미한다. 이는 후일 묏자리의 음택陰宅이 더해져 명당론을 완성하게 된다. 즉, 본래 명당이란 군주가 정치를 하는, 우리식으로 말하면 경복궁의 근정전이나 창덕궁의 인정전과 같은 장소인 것이다. 그러다가 이러한 의미가 차용되어 다층의 제례 등과 관련된 신성한 건물을 명당이라고 칭하였다. 그리고 이러한 명당 건물들은 모두다 남향이다. 즉, 중국에서 왕궁과 신성한 종교건축물들은 모두 남향을 취하는 것이다.

동향문화의 불교는 중앙아시아까지 그대로 전해진다. 이는 중앙아시아가

인도보다도 더 무더운 사막 기후이기 때문이다. 그러나 중국으로 불교가 전래되면서 상황이 바뀌게 된다. 이는 중국 전통의 신성관념인 남향을 따를 것인가, 또는 인도불교의 정통성을 유지할 것이냐의 문제와 관련된다. 마치 번역에서 의역할 것이냐, 음역을 할 것이냐의 문제와도 같다고 하겠다.

이 중 불교는 선행문화를 존중해서 중국의 남향문화를 수용한다. 의미적인 존숭의 관점이 일치되면 된다는 것이다. 즉, 음역보다는 의역을 택했다고 하겠다. 이는 기독교문화가 자기의 것만을 강조하여, 선행문화를 배타적으로 파괴하는 것과는 완전히 다른 관점이라고 하겠다.

불교는 중국에 들어와 선행문화를 존중해 사찰은 남향을 취하게 된다. 물론 여기에는 관청 건물로 남향이었던, 홍로시紅爐寺가 백마사로 바뀌는 중국불교의 시작도 한 몫을 했을 것이다. 그러나 이후 중국불교는 인도와 직접 교류를 통해 인도문화를 정확하게 이해할 기회가 있었음에도 불구하고, 단 한 번도 동향으로의 구조변화를 시도하지 않는다. 이는 불교가 중국인을 위해서 존재하는 것이지, 중국인이 불교를 위해서 존재하는 것이 아님을 분명히 해준다.

양명한 기운이 오는 어칸

사찰에는 어칸御間(면적을 나타낼 때는 칸으로 발음하고, 길이와 관련될 때는 간으로 발음함)을 피하는 문화가 있다. 어칸이란 전각의 중앙으로 불보살의 시선이 나가는 남향을 의미한다.

어칸이라는 한자를 통해서도 알 수 있듯이, 이는 군주와 관련된다. 군주가 남향하는 것은 앞서 언급한 것과 같이 양명한 기운을 받기 위해서이다. 그러므로 이 기운이 통과하는 곳을 가려서는 안 된다. 이것이 어칸의 시원이다. 어칸이라는 표현이 군주나 왕궁과 관련되므로, 사찰에서는 어칸 대신 정칸正間이라고 칭하기도 한다.

082-4
사시예불을 위해 전각의 우측
문으로 이동하고 있는 스님
특별한 경우가 아니고는
어칸(정면)으로는 출입하지
않는다.

제5장
불교의례

오늘날도 중국불교에서는 불상의 앞쪽에 등을 밝히며, 우리나라에서도 예불 시에 조명을 이용해서 붓다의 미간백호眉間白毫를 밝히고는 한다. 군주가 바라보는 곳에 아랫사람이 서거나 이곳을 지나다니는 것은 군주권에 대한 도전이자 모욕이다. 그래서 그 앞을 함부로 지나서는 안 된다. 이는 오늘날까지 어른 앞을 함부로 지나가지 못하는, 동양의 예의범절로 남아 있다.

붓다와 같은 성인은 중국문화권에서는 군주와 동격이 된다. 그래서 오늘날 사찰에서는 중앙의 어칸 출입을 제한한다. 또한 법당이 가득차도 중앙의 어칸은 비워 놓도록 하고 있다. 또 피치 못하게 어칸을 지나칠 경우에는 불전 안이나 밖에서, 공히 죄송한 마음으로 합장을 하도록 한다. 이는 성인의 앞을 부득이하게 지나는 사람으로서, 이해를 구하는 최소한의 예의라고 하겠다. 또한 주불전의 뒤로 통로가 있어 불전 안에서는 뒤로 지나갈 수 있게 해 놓았다. 물론 요즘은 공간 활용을 위해서 불상 뒤의 공간을 없애는 경우도 다반사이다. 그러나 오래된 건물에는 이러한 공간을 언제나 발견할 수 있다. 즉, 중국문화권에는 양명함의 숭배와 이를 통한 삿된 기운을 떨치는 상징성이 존재하고 있는 것이다. 이를 우리는 사찰의 남향과 어칸문화를 통해서 확인해 볼 수 있다. _◉

합장과 절의
유래는
어떻게 되나요?

합장의 의미와 함정

사찰에서 합장반배合掌半拜와 합장저두合掌低頭라는 용어는 아직까지도 혼재되어 사용된다. 둘은 모두 합장을 한 채로 우리식의 인사를 하는 것을 가리킨다. 이를 반절이라는 의미의 반배라고도 하고, 또 반절이라는 표현은 존재할 수 없다는 주장에서 저두, 즉 머리를 낮춘다고도 한다. 그러나 저두 역시 어색하기는 매한가지다. 어차피 그럴 바에야 차라리 입에 익은 것이 낫다는 생각도 든다.

이러한 혼란은 합장이 전통예법이 아니라 불교를 타고 전해진 인도 예법이기 때문이다. 그러다 보니 우리는 우리식의 인사와 합장을 겹쳐서 하게 된다. 이는 악수를 할 때도 그대로 살펴진다.

악수란 서로 손만 맞잡으면 되는 인사이다. 그러나 공손함을 표하기 위해서 허리를 숙이거나, 또는 여기에서 한 걸음 더 나아가 두 손으로 하기도 한다. 즉, 악수반배와 악수저두도 존재하는 것이다. 그러나 악수와 관련해서는 이런 용어의 혼란은 존재하지 않는다. 다만 불교라는 종교적인 관점에서 이를 보다 예법으로 체계를 갖추어 정리하려다 보니, 다소 멋쩍은 일이 발생하고 있는 것이다.

합장의 의미와 관련된 풀이는 '정신과 마음을 하나로 모은다'는 설과 '아직 피지 않은 연꽃 봉우리를 상징한다'는 두 가지가 가장 일반적이다. 연꽃 봉우리를 상징한다고 말하는 이유는 불·보살과 같은 경우는 연꽃이 핀 연화좌에 앉기 때문에, 우리는 그 가능성만을 가진, 아직 피지 않은 연꽃의 존재일 뿐이라는 것을 의미한다. 그러나 언뜻 합리적으로 들리는 이러한 설명은 사실은 다 무가치한 것이다. 이는 악수의 유례가 서로 무기가 없는 것을 보여주려고 했다는 설명만큼 이나 터무니없다.

예법과 같은 경우는 특수한 측면이 아니고는 그 내용을 파악하기 어렵다. 다만 그 전승 과정에서 상징성이 덧입혀지며 의미가 부여되고는 하는데, 합장에 대한 불교의 설명도 그와 같다고 하겠다.

중국문화권이었던 우리는 모두 허리를 굽혀서 인사한다. 그러나 그 이유가 무엇이냐, 또 누가 언제 시작했느냐고 묻는다면, 이를 답할 수 있는 사람은 아무도 없다. 즉, 예법은 관습의 속성이 강하지, 의미적인 설득의 산물이 아닌 것이다.

우리는 어린 시절 허리를 굽혀서 인사하라고 배운다. 그리고 죽을 때까지 그렇게 실천하면서 산다. 이것이 다름 아닌 관습인 것이다. 그 누구도 왜 그래야 하냐고 하면서 항거하지 않는다. 단지 그렇게 하는 행동 자체에 존중의 의미가 있다고 생각할 뿐이다. 즉, 존중하는 형식으로 만들어진 것이 아니라, 만들어진 관습에 존중의 의미가 내포되는 것이다.

이는 거수경례나 국기에 대한 맹세를 통해서도 단적인 확인이 가능하다. 그러한 행동이 존중의 표현방식은 아니다. 다만 그러한 표현을 만들고서, 그것이 존중이 된다고 사회적 약속을 통한 의미를 부여하고 있는 것이다. 그렇기 때문에 그 문화권 밖의 사람이 볼 경우 특정 예법은 우스꽝스럽게 비춰질 수도 있다. 마치 에스키모가 코를 비비면서 인사하는 것을 보면, 이해가 되는 동시에 웃음이

유발되는 것처럼 말이다.

　유사한 가치의 예법이라도 문화권을 벗어나게 되면 우리는 의문을 제기하게 된다. 왜냐하면 특정 관습으로부터 자유롭게 되기 때문이다. 그 결과 동양의 관습을 잘 모르는 서양인은 왜 허리 굽혀서 인사하냐는 질문을 하고는 한다. 이럴 경우 우리의 대답은 상대를 존중하기 때문에 머리를 낮춘다는, 둘러대는 답변을 하는 정도이다. 그렇다면 인사성의 가벼운 키스는 상대방의 입에 독침이 없다는 것을 확인하는 것인가? 그렇지 않다.

　물론 과거에 인사가 발생하던 처음에 이것은 그 자체로도 의미가 있었을 수도 있다. 그러나 대다수는 의미가 없이 어떤 제도적인 틀에 의해서 시작된다. 마치 거수경례나 국기에 대한 맹세와 같이 말이다. 하지만 합장에 별도의 고차원적인 의미가 없다고 말한다고 해서 실망할 필요는 없다. 어차피 우리의 인사도 그런 것이며, 동시에 이것이 예의의 한 특징이기 때문이다.

083-1
저녁 예불 때 부처님께
절을 올리는 모습

절의 연원과 변화

연원이 오래된 예법에는 고차원적인 의미가 없거나 있었더라도 이미 찾을 수 없다. 그러나 후대에 만들어진 예법에는 처음부터 의미적인 기초 위에서 만들어지는 경우도 있다. 가장 대표적인 경우가 절이다.

절은 불교의 전래 이전까지 중국에 없었던 예법이다. 절은 인도의 오체투지五體投地에서 유래한 것으로, 신체의 다섯 곳을 땅에 대서 스스로를 낮추어 상대에 대한 존경을 표시하는 것이다. 이는 합장과는 달리 처음부터 자신의 가장 높은 머리를 상대의 가장 낮은 발에 갖다 댐으로써 위계를 분명히 표현한 예법이다.

여기에서의 오체란 두 손과 두 무릎 그리고 정수리를 의미한다. 두 손과 두 무릎을 땅에 대는 방식은 우리의 절에서도 오늘날까지 유지된다. 그러나 정수리는 현재 이마로 바뀌어 있고, 우리의 유교식 절은 손을 교차해서 이마를 손 위에 대기 때문에 두 손과 이마를 대는 부분도 수정되었다. 그러나 절이란 인도의 오체투지에서 유래한 것이기 때문에 유교에서 손을 교차하는 식의 변형은 성립할 수 없다. 또한 불교식 절과 유교식 절 사이에서 혼란을 느끼는 경우도 있는데, 이것이 인도에서 불교를 타고 전래된 예법이라는 점을 고려한다면 유교식 절을 해야 할 이유는 없다고 하겠다.

중국에서는 오늘날도 오체투지의 본래 의미와 같이 정수리가 바닥에 닿는, 목이 꺾이는 듯한 절을 한다. 이럴 경우 엉덩이는 상대적으로 들리게 된다. 이슬람에서 메카의 카바신전을 향해 하루에 다섯 번 예배를 볼 때도, 유사한 모습의 절 모양을 확인할 수 있다. 우리의 절이 변형된 것이다.

물론 우리의 절은 티베트의 일자로 엎드리는 방식에 비해서는 변형이 적다. 티베트의 절 방식은 공자식 어법을 쓴다면 "과공비례過恭非禮", 즉 지나친 공손은 예가 아니라는 비판을 면하기 어려울 것이다. 이는 마치 설날 세배 시에 절을 두 번하는 경우와 같다고 하겠다.

083-2
미얀마의 로카찬다 사원 내부
인도에서와 마찬가지로
남방의 사찰에는 신발을 벗고
들어가야 한다.

우리나라의 절이 중국식 절과 유사한 방식에서 변형되었다는 것은, 고구려 장천1호분의 예불도를 통해서 단적인 파악이 가능하다. 그렇다면 왜 중국의 절은 원형에 가깝게 유전되고 있는데, 우리의 절 방식은 변형된 것인가? 이는 중국과 우리의 주거 환경에서 비롯되었다.

중국은 실내에서도 신발을 신는다. 이는 사찰에서도 예외가 아니다. 즉, 불전 안에서도 신발을 신는 문화인 것이다. 그렇다 보니 바닥에 완전히 납작 엎드리는 절이 아닌, 다소 구부정한 상태에서 머리만 조아리는 절을 하게 된다. 우리 역시 과거에는 실내에서도 신발을 신는 문화였다. 그래서 오래된 불전의 바닥에는 보도블럭과 같은 전돌이 깔려 있는 것이 발견된다. 그러던 것이 온돌이 보편화 되면서 우리는 신발을 벗는 문화로 바뀐다. 그로 인해 납작 엎드리는 절이 만들어지게 된 것이다.

또 절이란 상대의 가장 낮은 발에 나의 가장 높은 정수리를 대는 것인데, 상대가 서 있거나 의자와 같은 곳에 앉아 있을 경우 정수리와 이마는 상대의 발에 동시에 닿게 된다. 그래서 이마로의 변형 역시 큰 문제는 없다고 하겠다.

사찰에서 하는 절 동작에는 손을 뒤집어 올리는 것이 있다. 이를 사람들은 붓다를 받들어 올린다거나, 또는 연꽃이 핀다는 의미로 받아들이곤 한다. 그러나 이의 정확한 명칭은, 접불족례接佛足禮로 붓다의 발을 만지는 예에 다름 아니다. 즉, 머리를 발에 대고 그 발을 손으로 만지는 것이다. 이는 붓다는 우리가 아는 불상과 같이 항상 결가부좌로 앉지만은 않았다는 것을 의미한다. 실제로 아잔타나 엘로라 석굴 등에서 살펴지는 불상은 의자에 앉아 있는 상이 많다. 이는 접불족례가 어떻게 시행될 수 있었는지에 대한 의문을 해소해준다.

그러나 접불족례라는 정확한 의미 파악이 가능한 명칭이 있음에도 결가부좌한 불상만을 보다 보니 이에 대한 이해는 부정확했다. 그래서 그 이해에 다소의 혼란이 존재하게 되는 것이다. 그러나 인도는 좌식과 입식이 겸비된 문화로, 우리와 같이 완전한 좌식문화는 아니었다는 점을 상기할 필요가 있겠다. _◉

083-3
엘로라 석굴(6세기경)
의자에 앉아 있는 형태의 불상이다.
접불족례接佛足禮, 즉 붓다의 발을
만지는 예가 어떻게 형성되었는지
짐작케 한다.

합장과 절의 유래는 어떻게 되나요?

084

불상은 왜
금빛으로
되어 있나요?

불상과 보살상의 차이

불상과 보살상을 구분하는 법은 간단하다. 불상은 일체의 장신구를 하지 않는다. 다만 가사袈裟, 즉 최소한의 의복만을 걸치고 있을 뿐이다. 그런데 이럴 경우 자칫 너무 밋밋해지기 쉬우므로, 가사의 옷 주름을 다소 복잡하게 연출하여 화려함을 표현했다. 즉, 단일 의복에서 오는 단순함을 화려한 옷 주름을 통해서 보완하고 있는 것이 불상이다.

물론 개중에는 승기지僧祇支라는, 신체의 노출을 줄이려는 속옷을 착용한 것으로 묘사되는 경우도 있다. 그러나 그렇다고 해도 이 또한 결국 의복적인 가치일 뿐, 장신구와 같은 것은 아니다. 그러므로 일체의 장신구를 착용하는 보살상과는 차이가 있다.

인도는 기후가 덥고 아리안 족의 유목문화적인 풍토 때문에 신체의 노출이 심하다. 그러므로 자신의 재력과 권력을 장신구로 표현하는 문화가 있다. 이는 인도에 비해 다소 추운 기후와 농경문화를 지녀 신체를 풍만하게 표현하고 의복으로 감싸 드러나지 않게 하는 중국문화와는 많이 다르다. 중국문화권은 장신구보다는 의복의 질료 자체로 신분이 표현되고는 하였다. 인도가 장신구로 자신을

084-1
불상과 보살상
가운데 불상은 일체의 장식이 없고
좌우의 보살은 화려한 보관 및
장신구와 지물을 갖고 있다.

표현하는 문화라면, 중국은 고급소재의 의복으로 자신을 과시하는 문화인 것이다. 이는 보살상이 화려한 장신구로 표현되는 이유가 된다.

보살은 부유하고 명석한 재가在家의 남성이다. 그러므로 이를 나타내기 위해서 보관寶冠과 영락瓔珞 같은 일체의 화려한 장신구들을 몸에 지니게 된다. 그러나 붓다는 무소유를 제창하는 수행자이다. 그러므로 몸에는 둘러서 입는 권의형卷衣形(drapery)의 의복만을 착용할 뿐이다.

불상과 같은 경우는 상투의 양식이 변한, 소라고동과 같은 나발螺髮을 하고 있다. 이는 붓다의 신성함에 대한 상징 중 하나이다. 그러므로 이러한 양식은 붓다가 삭발했다는 사실과는 거리가 있다. 다만 붓다의 범상치 않은 위대성을 형상

084
불상은 왜 금빛으로 되어 있나요?

으로 나타내고 있을 뿐이다.

보살은 화려한 보관을 쓴다. 보살이 재가의 재력가라고 하더라도 화려한 보관을 착용하지는 않았다. 이 역시도 보살의 능력에 대한 종교적인 과장이다. 불상의 나발이 깨달음에 대한 상징을 내포한다면, 보살의 화려한 보관은 물질적인 능력을 과시하고 있는 것이다. 이는 붓다와 보살의 역할을 잘 분절해서 대변해주고 있다.

불·보살상의 금빛과 차이

불·보살상의 공통점을 말한다면, 눈을 반쯤 감고 있다는 것과 전체가 금빛이라는 것이다.

눈을 반쯤 감고 있는 것을 반안반개半眼半開라고 하는데, 이는 명상의 자세이다. 명상할 때 눈을 완전히 감게 되면 내부적인 망상에 휩쓸리기 쉽다. 또 너무 뜨게 되면 외부적인 경계에 마음을 빼앗기게 된다. 그래서 발을 늘어트린 것처럼 해서, 안팎의 양단으로부터 떠나 정신적인 균형과 안정을 성취하려는 것이다. 이러한 표현이 바로 반안반개로 나타나게 된다.

또 다른 부분인 전체가 금빛인 것은 일차적으로는 존귀함을 나타낸다. 금빛과 같은 명황색은 과거에는 황제만이 사용할 수 있는 지존의 색이었다. 다만 중국문화권에서 성인은 황제와 같은 위계를 가지기 때문에 성인도 명황색의 표현이 가능했다. 그 결과 불·보살이 성인이라는 의미에서 금빛으로 표현되게 된다. 그러나 조금 더 생각해 보면, 보살은 여러 장신구들을 하고 있기 때문에 단일한 금빛으로 표현될 수 없다. 보석에 따라 다른 색들로 표현되어야 할 부분들마저도 성인이라는 상징성에 의해서, 금빛으로 단일화되어 표현되고 있는 것이다.

그런데 불상의 표현은 경우가 조금 다르다. 석가모니가 탄생한 가비라국迦毘羅國의 가비라Kapila에는 황색黃色이라는 의미가 포함되어 있다. 이는 석가모니가 황인이라는 주장의 가장 큰 배경 중 하나가 된다. 하지만 이를 몸뚱이가 아니라 머리색黃頭으로 추정하는 경우도 있다. 노란색 머리는 황인에게는 없는, 백인들의 특징이다.

아무튼 석가모니에게는 황색의 가치가 배경으로 존재한다. 또 붓다의 32상에는 금색상金色相이라고 하여, 신체가 금빛이라는 부분도 있다. 물론 32상은 인도의 이상적인 인간상이 후대에 집취되어 완성된 가치이다. 그러나 붓다의 열반과 관련된 기록에는 붓다가 이모가 공양한 금색가사金色袈裟를 입으셨을 때, 몸에서 더 밝은 금빛이 발산되어 가사의 색을 무색케 했다는 기록이 있다. 이 빛은 멀지 않은 열반을 나타내는 붓다의 빛이었다.

이런 기록들이 32상에 금색상이 포함되게 되는 이유라고 할 수 있다. 이렇게 놓고 본다면, 붓다에게는 상징을 넘어선 금색의 가치가 실제로 존재한다고 하겠다. 이러한 금빛은 붓다의 완전한 깨달음에 입각한 가치이다. 즉, 보살상의 금빛이 다분히 상징적이라면, 불상의 금빛에는 사실에 대한 반영이 존재하고 있는 것이다.

불상의 전신이 금빛인 이유

불상은 신체 이외에 가사도 금색으로 되어 있다. 그렇다면 붓다는 금색의 가사, 즉 금란가사金襴袈裟만을 착용한 것일까? 물론 그렇지 않다.

붓다는 금빛가사를 간혹 입기도 하였으나, 대개는 황토로 염색한 일반가사를 착용했다. 이는 인도에서의 가사는 의식복이 아닌 일상복이라는 점에서 분명해진다. 실제로 고려불화 등에서 살펴지는 붓다의 가사는 붉은색이다. 이는 남방불교가 황색가사로 유전되고, 북방이 붉은색 가사로 유전되는 것과 일치한다. 그렇다면 왜 가사가 지금과 같이 금색으로 표현되는 것인가?

과거 전각에 모신 불상에는 별도로 천으로 된 가사를 입혔었다. 이때 사용된 가사는 비단으로 된 붉은색이었다. 그런데 천으로 된 가사를 입힌다고 해서, 그

084-2
청허당 휴정대사(1520~1604) 진영
(조선시대) ⓒ국립중앙박물관
안에는 푸른 색의 장삼을 겉에는
붉은색의 가사를 입고 있다.

안의 불상을 알몸으로 조성할 수는 없었다. 그래서 불상 자체에도 가사에 대한 표현을 했는데, 이 경우 신체와 같은 금색을 사용했다. 즉, 불상은 금색 가사를 입은 상으로 제작되고, 그 위에 붉은 비단의 천으로 된 가사를 착용하게 했던 것이다.

그런데 조선의 숭유억불 시기를 거치면서 불상에서 비단으로 된 가사가 사라지게 된다. 그 이유는 사찰의 경제 환경 변화와 연관된 것으로 이해된다. 비단 가사를 주기적으로 바꾸어주는 것은 재정이 열악한 소규모 사찰에서는 부담이 가는 일이었을 것이다. 그 결과 소규모 사찰에서 불상에 입힌 실물 가사가 사라지게 된다.

제5장
불교의례

그런데 실물 가사를 입히지 않아도 금색의 가사가 본래 있었기 때문에 큰 문제가 없었으며, 또 금빛의 명황색은 황제를 나타낸다는 점에서 제후의 상징인 붉은색보다도 더 우월해 보였다. 그로 인하여 실물 가사의 소멸은 폭넓은 문화적 외연을 형성하면서, 재정규모가 큰 사찰들에까지 파급되어 신속히 사라지게 된다. 이는 오늘날과 같이 불상이 금란가사를 입은 것과 같은 양태로 유전되는 결과를 초래한다. 즉, 우리 불상의 금빛은 본래 그랬던 것이라기보다는 조선조라는 질곡의 세월을 거치면서 정착된 결과라고 하겠다.

이 시기 단청의 기둥에 칠하는 머리초도 발생한다. 본래 불전의 기둥머리 부분에는 천으로 화려하게 장식된 레이스를 달았다. 그런데 과거에는 직물이 상대적으로 고가였기 때문에 결국 단청이라는 색칠로 바뀌게 된다. 그러나 그 문양에는 아직까지도 레이스 장식을 형상화한 측면이 고스란히 남아 있어 질곡의 역사를 증언해 주고 있다. 불상이 가사를 벗게 될 때, 불전의 장식에서도 기둥의 머리 부분을 비롯한 천으로 된 장엄물의 상당수가 축소되면서 사라졌던 것이다. _◉

084-3
월정사 적광전 단청의 머리초(강원 평창)
본래 옛 불전의 기둥머리 부분에는 천으로 화려하게 장식된 레이스를 달았다. 하지만 경제적인 이유로 레이스를 형상화한 머리초를 그려 넣는다.

스님들이
가사와 장삼을
두르는 이유는
무엇인가요?

장삼의 유래

현재 한국불교의 승려들이 입는 의식용 복장에는 인도불교에 기원을 두고 있는 가사가 있다. 그리고 그 아래에는 소매의 품이 큰 장삼長衫을 받쳐 입게 되어 있다. 그런데 장삼은 본래 중국 도교의 의식복이었다. 현재의 복장은 도교의 종교 복장 위에 불교의 의식복을 입고 있는 형태인 것이다.

장삼은 전체적으로 매우 품이 큰 옷으로, 일반 두루마기의 거의 두 배 정도의 천이 사용된다. 이렇게 품이 큰 옷은 농경문화를 반영한다. 농경민과 유목민의 의복 문화 차이 중에 신체가 중심이 되냐 의복이 중심이 되냐는 것이 있다. 즉, 옷을 입고도 몸의 선이 노출되면 유목민의 복장이고, 옷의 선만이 보일 경우 이는 농경민의 복장인 것이다.

유목민과 같은 경우 천을 구하기도 힘들뿐더러 말을 타야 할 경우 품이 큰 옷은 장애가 많다. 그 결과 몸에 딱 붙는 옷을 입게 된다. 오늘날 현대인이 입고 있는 옷은 유럽과 미국을 거친 유목문화의 의복이다.

그러나 농경민과 같은 경우는 품을 크게 해서, 몸의 선이 보이지 않게 한다.

085-1
장삼을 입고 의식에 참여한 스님들
오늘날 장삼은 불교 안에서 가사와 더불어
의식복의 기능을 한다. 그러나 일제 강점기
무렵까지도 장삼은 사찰 내에서 입어야
하는 일상복이었다.

특히 중국문화권과 같은 경우 속살을 보인다는 것은 굉장히 수치스럽고 천박하게 인식되었기 때문에, 여러 벌의 품이 큰 옷으로 몸을 층층이 감싸고는 하였다. 장삼은 이러한 농경민의 옷 중에서도 격식을 차릴 때 입는 의식복에 해당하는, 가장 품이 큰 옷이다.

장삼은 학창의鶴氅衣와 연관된 옷으로, 유생儒生들의 도포道袍와도 통하는 중국 복장이다. 이 옷은 품이 컸기 때문에 허리에는 끈으로 된 띠를 매었는데, 이를 신紳이라고 한다. 신사紳士라는 표현은 '신을 맨 옷을 입은 선비'라는 의미로, 신을 매는 옷을 입을 정도의 어느 정도 지위를 가진 사람을 의미한다.

또한 과거 한복에는 주머니가 없었기 때문에 긴 소매에 물건을 넣고는 했다. 이는 소매가 더 길어 보이는 효과를 내는데 한몫했다. 참고로 오늘날과 같은 호주머니는 프랑스에서 발명되어 동양에 전파된 것이다. 그래서 오랑캐의 주머니라는 의미의 '호胡'주머니라는 표현을 사용하는 것이다.

085
스님들이 가사와 장삼을 두르는 이유는 무엇인가요?

085-2
선암사 호암당에 있는 체정
스님의 진영(전남 순천, 조선시대)
체정 스님은 조선 후기
대표적인 강백 중 한 분이다.
푸른색 장삼에 붉은색 가사를
입고 있다.

도교 위의 불교

학창의는 학을 상징하므로 백색이 많다. 『삼국지』에
나오는 제갈량의 복장이 학창의에 백우선白羽扇이므로 이를 생각해 보면 될 것
이다.

그러나 도교의 학에는 푸른 학이라는 것이 있다. 푸른 학은 신선들이 사는
이상향에 사는 학이다. 그래서 우리나라에도 푸른 학이 사는 이상세계와 관련된
『청학집靑鶴集』이라는 문헌이 있다. 이와 연관되어 이상향으로 언급되는 곳이 바

로 청학동青鶴洞이다. 우리나라에 청학동이라는 지명을 가진 곳은 수십 군데가 넘는다. 이는 청학동이 특정 지역에 대한 명칭이 아니라 도교의 이상향으로, 이러한 이상향의 명칭을 여러 지역에서 취하여 썼기 때문이다. 즉, 명칭이 먼저 있고 그것이 구체적인 지명이 되는 과정에서, 여러 장소가 청학동으로 불리게 된 것이다.

청학의 이상적인 존재는 학창의가 푸른색으로도 표현될 수 있도록 한다. 불교의 장삼은 바로 이러한 푸른색의 학창의에서 유래한다. 오늘날은 장삼이 전부 회색이어서 회색이 장삼색이려니 하지만, 조선시대 고승들의 진영을 보게 되면 장삼은 모두 푸른색 계통이었다. 각각의 색깔 표현에 따라 녹색이나 쪽색 또는 파란색 등의 차이는 있지만, 전체적으로 푸른색으로 이해하면 된다. 실제로 조선 시대의 〈의식문〉에는 "녹라의상홍가사綠羅衣上紅袈裟"라고 하여, 녹색 장삼 위에 붉은 가사를 착용하는 양상이 잘 나타나 있다.

청색의 학창의는 도교와 관련된다. 중국불교는 이러한 도교적인 바탕을 딛고서 성립한다. 그 결과 승려는 서역에서 들어온 도사와 같이 이해되었고, 도관의 도사보다 우월한 존재로 받아들여진다. 그래서 도교적인 푸른 학창의 위에 붉은 가사를 착용하는 문화가 중국불교에 파생하게 되는 것이다.

오늘날 장삼은 불교 안에서 가사와 더불어 의식복의 기능을 한다. 그러나 일제 강점기 무렵까지도 장삼은 사찰 내에서 입어야 하는 일상복이었다. 중국불교와 같은 경우 아직도 장삼은 사찰 생활의 기본 복장이다. 물론 중국의 장삼은 우리와 같은 품이 큰 모습을 완전히 상실한 변형된 것이다. 이는 청나라의 유목문화와 관련되어 있다. 실제로 우리가 한복의 외출용 옷으로 입는 두루마기는 대원군이 들여온 청나라의 복식이다. 즉, 호복胡服인 것이다. 그렇기 때문에 이 역시 장삼과 같이 품이 큰 농경민의 문화보다는, 유목민에 의해 변형된 간략화된 의복 구조를 반영한다고 하겠다.

085-3
가사와 장삼을 착용하고 이동 중인
조계종 스님
승가대학(강원)에서 공부하는 스님들의 모습이다.
조계종의 경우 승가대학에 다니는 학인
스님들의 경우 아직비구계를 받지 않았다는
뜻으로 목란색 띠를 넣는다.

제5장
불교의례

인도 가사의 연원과 불교복제의 정립

가사는 인도전통의 수행문화와 관련된 복장이다. 본래는 시체를 쌌던 천이나, 사당 같은 곳에서 의식용으로 사용되고 버려진 천들을 기워서 입은 것(糞掃衣)에서 유래했다.

그러나 여러 천들을 기워 입다 보니, 색깔이 알록달록하므로 이를 황토와 같은 것으로 염색해서 특정 색을 무너트리는 작업이 요청되게 된다. 이를 괴색壞色이라고 하는데, 가사kaṣāya라는 의미는 사실 이러한 괴색을 뜻하는 것이다. 즉, 가사는 특정 복장을 지칭하는 것이 아니라 수행자들의 복장색을 가리키는 것이다.

불교도 처음에 이러한 가사 전통을 수용한다. 그러나 불교교단이 안정되면서 불교는 비정형의 누더기를 버리고, 천을 재단해서 조각보와 같은 형태로 만들어 물들인 할절의割截衣를 입게 된다.

일반천의 통천을 조각조각으로 재단하여 이어 붙이는 것은, 천에 내재한 화폐가치를 무력화시키기 위한 것이다. 또 황토와 같은 염료로 염색하는 것에도 화폐가치를 떨어트리려는 의도가 내포된다. 이는 천에 화폐가치가 내재할 경우 강도의 침탈이 발생하고, 스스로도 아끼고 애착하는 마음이 생기기 때문이다. 이것이 인도전통의 가사문화와 변별되는 불교 복식의 기원이라고 하겠다.

물론 이렇게 훨씬 깨끗하고 정형화된 불교복제가 제정되었음에도 전통적인 수행방식을 원하는 이들은 버려진 천을 깁은 누더기를 입어도 무방했다. 즉, 신구의 복제가 함께 사용된 것이다. 그러나 두 가지가 자유선택에 의해서 결정될 경우 아무래도 깨끗하고 편한 가치가 우위를 점하게 된다. 그래서 불교교단에서는 누더기보다는 할절의가 보다 보편성을 확보하게 된다.

일반적으로 불교승단은 인도 전통의 누더기를 오랫동안 입었다고 인식되지만 실제로 복제개혁은 생각보다 빠르게 일어났다. 그로 인하여 붓다 당시 늦게 출가한 비구니 승단에서 누더기는 선택영역이었을 뿐 필수로 강요된 적이 없다.

가사의 전개

불교복제의 정립은 불교를 인도의 다른 수행자 집단과 변별되도록 해준다. 이는 후일 인도불교 안에서 여러 학파가 발생할 때 가사색을 서로 달리해 자신들의 소속을 구분했던 것으로까지 연결된다.

인도의 황토 염색 전통은 관점에 따라 붉은색과 황색으로 서로 달리 이해될 수 있다. 황토라는 것이 질료적인 차이에 의해, 좀 더 붉게도 또 누렇게도 염색될 수 있기 때문이다.

이 중 붉은색은 북방불교로 전해져 중국불교의 가사색이 된다. 중국문화권은 특히나 붉은색이 벽사의 의미를 가진다고 선호했기 때문에, 붉은색 가사는 문화권적으로도 충분한 타당성을 가진다. 남방불교는 황색의 전통을 확보하면서 오늘날까지 그 복색을 유지하고 있다.

우리나라의 조계종에서는 이승만 집권 시절 붉은색을 적갈색으로 변화시켰다. 이는 괴색의 의미를 강조한 것이자 황토와도 연관된다는 점에서, 크게 무리 없는 변화였다고 판단된다. _◉

085-4
태고종 스님들의 예불 모습
가사가 붉은색이고 장식이
있어 조계종과는 다르다.

<u>085</u>
스님들이 가사와 장삼을 두르는 이유는 무엇인가요?

086

스님들은 왜 삭발을 하나요?

머리카락의 유형과 삭발

머리카락은 외부 온도의 변화로부터 뇌를 보호하기 위한 것이다. 그래서 추운 기후에 사는 사람들의 머리카락은 직모다. 머리카락이 머리에 잘 부착되도록 되어 있어 체온의 손실을 막는다. 아프리카와 같이 더운 기후는 공기층을 통해 직접적인 열을 차단하는 뽀글뽀글한 곱슬머리를 만든다. 즉, 머리카락의 유형은 인간의 기후환경적인 진화와 관련된 것이다.

이 외에도 추운 기후의 사람들은 손발이 짧은데, 이는 긴 사지를 통해서 체열이 소모되는 것을 막기 위한 것이다. 또 채식을 주로 하는 사람은 내장기관 내의 소화 시간이 길기 때문에, 내장의 길이가 길고 몸통이 길쭉해지는 문제가 발생한다. 그래서 옛날부터 중국문화권에서는 사지가 짧고 앉은키가 큰 사람이 귀한 상으로 인식되었다. 반면 사지가 긴 사람들은 회화 등에서 노복으로 등장한다. 이는 오늘날의 가치와는 완전히 다른 기준이 과거에 존재했다는 것을 의미한다.

머리카락에 대한 이해는 고대 여러 문화권의 인식이 비교적 일치된다. 그것은 머리카락이 외부의 신神과 통한다는 것이다. 머리카락이 신과 통하는 가치로 안테나와 같은 역할을 했다는 인식은 삼손이 머리카락을 잘리니 힘을 잃었다는

086-1
미얀마 바간의 아난다
사원에 있는 부처님의
삭발상(바간왕조시대)
부처님은 출가한 후
바이샬리로 가서,
가지고 있던 보검으로
머리카락을 잘라
다시는 왕궁으로
돌아가지 않겠다는
굳은 의지를 표명한다.

086
스님들은 왜 삭발을 하나요?

것이나, 제갈량이 적벽대전에서 동남풍을 불게 하기 위해서 머리를 풀어헤쳤다는 부분에서 살펴진다. 물론 이러한 이야기들이 진실을 반영한 것은 아니다. 그러나 우리는 이를 통해서 고대인들의 관점을 확인해 볼 수 있다.

이렇게 머리카락이 신과 연결된다는 인식은 머리를 깎지 않는 문화를 낳게 된다. 이런 인식은 인도와 중국에서 공히 발견된다. 때문에 불교가 중국에 처음 전래되었을 때, 승려의 삭발한 머리는 중국인들에게 거대한 문화적 충격으로 다가왔다.

지금이야 젊은이들이 여러 가지 헤어스타일과 염색을 통해서 다양한 머리를 연출하기 때문에 특이한 머리모양에 대한 반감이 없다. 그러나 불과 한 세대 전만 하더라도 사람들의 헤어스타일은 상당히 일률적이었다. 영화 〈왕과 나〉의 율 브리너나 프로레슬러 김일은 그 머리 모양 때문에 더욱 강렬한 인식을 우리에게 심어주기도 했다.

불과 몇십 년 전의 인식이 이러했을진대, 불교가 전래되던 2,000년 전의 중국에서 승려들의 삭발한 머리를 보는 문화적 충격은 어떠했겠는가. 특히 중국문화권의 여성은 다른 사람의 머리카락까지 구입해서 가채를 하는 상황이었다는 점을 고려한다면, 당시의 문화적 충격은 충분히 이해가 가능하다.

불교의 삭발 시작과 내포 의미

사람들은 생각이 크게 바뀌거나 결심을 다잡으려 할 때, 머리 모양을 바꾸거나 머리를 짧게 깎고는 한다. 이는 머리카락의 변화를 통해 과거와 단절하려는 의지의 표현이라고 하겠다. 이러한 변화를 꾀하는 것은 머리카락에 과거와의 연결이라는 의미가 포함되어 있기 때문이다. 즉, 머리카락이 신과 통한다는 인식 이외에도 우리는 과거와 연결된다는 관점을 파악해 볼 수가 있다.

머리카락을 잘라서 과거와 단절하고 결연한 의지를 보이는 것은, 붓다의 출가 장면에서도 발견된다. 붓다는 출가한 후 바이샬리로 가서, 가지고 있던 보검으로 머리카락을 잘라 다시는 왕궁으로 돌아가지 않겠다는 굳은 의지를 표명한다. 그러나 이후 붓다의 머리는 수행생활 과정에서 다시금 장발이 된다. 그런데 붓다는 깨달음을 성취한 뒤 삭발을 교단의 규율로 정한다.

불교에서 삭발이 규정된 것은 신과 연결된다는 의미를 역으로 대입한 측면이 있다. 머리카락이 신과 통하는 가치라는 인식은, 인본주의와 인간의 이성에 강하게 의지하는 불교와는 맞지 않는다. 그러므로 이러한 외부적인 가치와 타협하지 않고, 스스로의 내면을 관조하기 위해서 삭발을 하게 되는 것이다. 즉, 삭발을 통해서 외부적인 신 따위의 타력적인 가치에 의지하지 않고, 내면적인 자신에 의지하는 명상의 기풍을 제창하고 있다는 말이다. 또 삭발은 단체생활을 하는 불교 수행자 집단의 특성에서 초래되는 청결 문제와도 관련되어 있다.

삭목일과 4일

승가와 같은 단체생활에서 누구는 너무 깨끗하게 머리를 깎고, 누구는 스포츠머리를 하고 있는 것은 바람직하지 않다. 왜냐하면, 차이와 차별은 결국 인간에게 감정의 동요를 촉발시키기 때문이다.

또 오늘날과 달라서 혼자서 삭발을 한다는 것이 과거에는 불가능했다. 그래서 '중이 제 머리 못 깎는다'는 속담이 있는 것이다. 그리고 타인이 도와준다고 하더라도, 칼이 좋지 않던 시절의 삭발이란 결코 용이한 것이 아니었다.

율장에 기록되어 있는 붓다 당시의 삭발 규정은 보름에 한 번 하라는 것이다. 목욕 규정도 보름이었다는 점을 감안하면, 삭발과 목욕은 같이 이루어졌음을 알 수 있다. 즉, 삭목일削沐日이라는 개념은 인도에서부터 존재하고 있었던 것이다.

삭목일 문화는 중국불교를 넘어 우리나라로까지 전해진다. 물론 이러한 규정은 기후조건과 생활환경에 따라서 가변적으로 유지되었다. 그런데 중국문화

086-2
행자교육 중인
예비 승려

제5장
불교의례

권과 같은 경우 삭목일이 4일·14일·24일과 같이 4자가 들어간 날로 변경된다.

　　비교적 물이 풍부하고 더위로 인하여 목욕 문화가 발달한 인도도 보름에 한 번 하도록 되어 있는데, 중국으로 넘어와 열흘 간격으로 단축된다는 것은 재미있다. 중국은 물 부족으로 인하여 씻는 문화가 발달하지 못했다는 점을 감안한다면, 열흘에 한 번이라는 의미보다는 '4' 자가 들어간 날 중 어느 날을 택해서 집단으로 하라는 의미로 이해된다.

　　4자는 '죽을 사死' 자와 발음이 같기 때문에, 중국문화권에서는 의도적으로 기피되는 숫자이다. 이는 병원의 층수나 아파트 호수 등에서 4자가 빠지는 경우를 통해서 오늘날도 유전된다. 그래서 발우도 우리나라에서는 전통적으로 네 개가 아닌 다섯 개를 사용했고, 사홍서원을 할 때에도 예를 표하는 것은 세 번으로 축약했다. 즉, 의도적으로 4를 피하여 5와 3의 가치로 전환한 것이다. 그런데 삭목削沐과 같이 우리 몸의 일부분을 잘라내고, 탈각해야 하는 부분에 있어서는 4자가 들어가는 날을 의도적으로 취하고 있다. 이는 중국문화권적인 관점에 의한 변형이라고 하겠다.　◉

참회의 의미

불교에서 참회란
어떤 의미이며
어떻게 하는 건가요?

참회와 신神의 문제점

참회懺悔라고 하면 잘못한 일에 대해서 사찰에 와서 붓다에게 절을 하며 반성하는 것을 의미한다고 생각하기 쉽다. 그러나 불교의 참회란 이런 것이 아니다.

기독교가 아메리카를 발견한 뒤 대량살상을 자행하면서도 멈추지 않고 끊임없이 잔인한 행동을 반복할 수 있었던 것은, 잘못은 원주민에게 하고 신에게 뉘우치면서 정당성을 부여받는 이중구조 때문이었다. 즉, 잘못하는 대상과 용서해주는 주체가 서로 다른 것이다. 이는 잘못의 악순환만을 낳게 된다. 불교에는 잘못을 일방적인 잣대로 용서해 줄 신이 없다. 그러므로 불교의 참회는 잘못한 대상에 대한 참회이며, 그러한 행동을 한 자신의 마음을 바로 잡는 참회가 된다.

남편이 자식 앞에서 부인을 모독했을 때, 먼저 남편은 스스로를 반성하고 부인에게 두 번 사과해야 한다. 먼저 반성하는 것은 스스로의 과오에 대한 내면적인 반성이다. 그리고 외부적으로 먼저 부인과 둘이 있을 때 사과하고, 다음으로 자식과 함께 있을 때 또 해야 한다. 만일 이렇지 않을 경우 이는 적합하지도 유효하지도 않은 반성이다. 그 결과는 또 다른 방식의 변형된 악순환으로 연결된다.

불교의 참회 역시 마찬가지이다. 가장 중요한 것은 과오를 저지른 자신의 문제에 대한 반성이다. 이는 내면적으로 혼자 반성할 수도 있고, 또 절을 찾아서 불전에서 참회의 기도를 통해서 다짐을 세울 수도 있다. 그러나 그와 함께 반드시 관련된 타인에게 용서를 구해야 한다. 이것은 타인에 대한 존중인 동시에, 나 자신의 문제에 대한 보다 분명한 인식을 수립하게 한다.

불교의 참회는 잘못에 대한 명확한 인식과 이를 통한 자아비판을 통해서 시작된다. 즉, 죄의 고백에서 시작되는 것이다. 그리고 죄의 경중에 따라서 같이 사는 승가공동체 안의 여러 승려에게 자신의 잘못을 참회한다. 그렇게 해서 용서가 구해졌을 때 그 사람은 다시금 청정한 승려의 지위를 회복하게 된다.

불교에서의 청정함이란 죄를 짓지 않는 게 아니다. 인간이란 누구나 죄를 지을 수가 있다. 다만 그러한 허물에 대해서 어떻게 조처해서 본래의 문제가 없는 상태로 되돌릴 수 있느냐가 관건이다. 『논어』에서 '과즉물탄개過則勿憚改', 즉 허물이 있음에 고치기를 꺼리지 않는다고 한 것도 이와 마찬가지의 의미라고 하겠다.

유교 역시 이러한 가치를 내세우는 이유는 유교에도 대신 죄를 사해줄 수 있는 신이 존재하지 않기 때문이다. 그렇다 보니 유교 역시 윤리를 강조하게 되는 것이다. 향교나 서원에서 가르침을 전하는 곳이 인륜을 밝히는 명륜당明倫堂이라는 점은 이를 단적으로 드러낸다.

그런데 일부 사람들은 잘못은 타인에게 하고서, 참회는 절에 와서 한다. 그러나 이는 자신을 바로 세우는 데 있어서만 유효하다는 점을 잊어서는 안 된다. 이러한 참회로 끝난다는 생각은 있을 수도 없고 있어서도 안 된다. 이 점이 바로 기독교와 불교의 가장 큰 차이라고 하겠다. 왜냐하면, 불교는 인간의 '인人'을 이야기하고, 인간의 이성적인 가치 안에서 문제를 해결하는 인본주의적인 종교이기 때문이다.

참회의 이유

참회라는 단어는 전참前懺과 후회後悔의 결합으로 되어 있다. 참회란 과거의 잘못은 뉘우치고 미래의 문제는 반복해서 되풀이하지 않겠다는 의미인 것이다. 그리고 이러한 참회의 목적은 바로 나 자신의 청정함을 유지하기 위한 것이다.

불교에서는 화를 내는 것을 금기시한다. 그러나 그 이유는 상대에게 피해를 주기 때문이라는 제한된 부분에만 그치는 것이 아니다. 그보다는 화를 내게 될 때, 나 자신의 평정과 고요가 깨지기 때문이다. 이는 살생하지 말라 등의 계율에서도 그대로 적용되는 가치이다. 즉, 상대를 위해서 죽이지 않는 것임과 동시에, 나를 위해서 죽이지 않는 것이다.

참회의 목적도 청정회복이라는 나의 문제와 보다 깊게 관련된다. 이러한 불교의 관점은 매우 중요하다. 이는 인도의 개인주의적인 문화에 기초를 두고 있다. 그러나 불교가 중국의 집단주의 문화로 전해지면서, 개인주의는 곧 이기주의라는 등식이 성립하게 된다. 그래서 불교는 자신만을 생각한다는 비판에 직면하기에 이른다. 그러나 자신의 결박을 끊지 않고서 타인을 자유롭게 해 줄 수 없는 것처럼, 자신이 먼저 청정하지 못하다면 타인을 청정하게 해 줄 수도 없는 것이다.

참회의 정신은 자신의 청정에 일차적인 초점이 맞추어져 있다. 그리고 이렇게 모든 사람이 청정해진다면, 이 사회는 스스로 오염으로부터 벗어나게 된다. 물론 개중에는 스스로 청정해지기에 한계가 있는 사람들도 있다. 이는 먼저 청정해진 사람이 계몽해야 할 부분이다.

불교가 본래 말하는 참회의 의미는 바로 이것이다. 그리고 수행자는 이러한 청정함을 통해서 떳떳함이라는, 그 무엇보다도 강력한 힘을 가지게 된다.

이참과 사참의 조화

적절한 참회를 한다고 해도, 잘못을 되풀이하지 않는다는 것은 여간 어려운 일이 아니다. 그래서 때로는 의지를 다지기 위한 방법이 사용되기도 한다. 그것이 부처님 앞에서 행해지는 사참事懺이다.

사참은 절 등을 하면서 자신의 잘못을 반성하고, 그 의지를 충실하게 하는 것을 일컫는다. 그러나 이렇게만 할 경우 도리어 잘못이 무의식에 깊숙이 새겨지면서, 또 다른 유사한 가치의 잘못을 이끌어 올리는 문제가 발생할 개연성이 있다. 마치 부모의 단점을 보면서 나는 저렇게 하지 말아야지 하지만, 어느결에 자신도 그렇게 닮아 있는 경우처럼 말이다. 그래서 잘못을 반성하기는 하지만, 그 잘못 자체에 집착해서는 안 된다. 이러한 집착을 끊어버리는 것이 바로 이참理懺이다. 이는 이치적으로 따져서 본성本性에서는 잘못이라는 개념이 존재할 수도, 존재해서도 안 된다는 것을 올바로 자각하는 것이다.

46억 년이라는 지구의 시간에서 본다면, 일순간도 안 되는 인류의 역사와 개인의 삶에서 발생하는 잘못은 아무런 의미가 되지 못한다. 이렇게 잘못을 해체해 버리는 것이 바로 이참인 것이다. 그러나 또한 동시에 그러한 행위는 엄연한 사실로 존재한다. 그러므로 반성해야 할 필요가 있는 것이다. 인간의 죽음이라는 관점에서 본다면, 좋은 음식을 먹는 것은 무가치하다. 그러나 그와 동시에 그것은 분명 가치 있는 일인 것처럼 말이다.

사참의 문제는 이참이 해결한다. 그러나 이참이 너무 앞서면 사람은 반성이 없는 뻔뻔한 인간이 될 수 있다. 그래서 이러한 두 가지 참회는 서로가 서로를 제어하고, 서로가 서로를 북돋우며 병진해 나가야 할 가치인 것이다. ⊙

<u>088</u>

제사와
절에서 하는 재는
뭐가 다른가요?

재일의 보편성

절에는 실로 많은 재일齋日과 재齋가 있다. 예컨대, 붓다가 깨달으신 성도재일이나 관세음보살과 지장보살에게 기도하는 관음재일이나 지장재일 등이 그것이다. 실제로 재일과 관련해서는 근본불교부터 육재일이라고 하여, 매달 8·14·15·23·29·30일에 종교적인 경건함과 자기정화를 실천할 것이 설해져 있다. 이러한 백월白月(만월)과 흑월黑月(신월), 즉 보름과 그믐의 전승이 오늘날까지도 유전되어 초하루와 보름의 기도 의식으로 자리 잡고 있는 것이다.

인도에서는 더운 기후 때문에 불교 발생 이전부터 밤에 종교집회를 갖고는 했다. 그로 인하여 14일과 15일, 29일과 30일은 철야를 통한 하나의 연결된 재일이었다. 이것이 우리나라에서는 오전 사시巳時(9~11시)로 바뀌게 되면서, 자연스럽게 전야의 개념은 사라지게 된다. 이렇게 놓고 본다면, 오늘날 사찰에서 흔히 하는 종교집회인 초하루와 보름 역시도 재일의 의식이라고 하겠다.

재일은 부정한 것을 멀리하고, 자신을 정화하는 종교적인 날이다. 그러므로 이는 모든 사람에게 공통되는 가치라고 할 수 있다.

재의 특수성

재일 외에 불교에는 사십구재와 천도재 등이 있다. 이는 재일이 정해져 있는 것이 아니라, 상황에 따라 재를 지내면서 재일을 만드는 것이다. 이러한 의식들은 공히 먼저 돌아가신 분의 복덕을 북돋아 주고, 재의 공덕을 회향해서 좋은 과보를 성취케 하는 것이 주된 목적이다.

이상을 통해서 우리는 재일은 보편적이며, 재에는 개인의 특수성이 가미된다는 것을 알 수 있다. 이러한 양자가 결합된 중간적 가치로 우란분재(백중)와 예수재와 같은 것들도 있다. 이는 각각 죽은 조상을 천도하는 의식과 산 사람이 죽은 뒤에 닥칠 액난을 미리 막는 의식이다.

이렇게 놓고 본다면, 불교에서 하는 모든 종교의식은 다름 아닌 재이며, 이러한 재를 베푸는 날이 바로 재일이 된다는 것을 알 수 있다.

제祭와 제사祭祀

불교에 재가 있는 것처럼, 유교에는 제가 있다. 재와 제는 완전히 다른 글자이다. 그러나 우리 발음으로는 잘 구분되지 않는다. 그래서 사람들은 양자를 자주 혼동하고는 한다. 실제로 일부 사찰에서는 '우란분제'나 '예수제'처럼 맞춤법을 틀리는 일도 종종 있다. 그러나 그 내용의 차이를 알게 되면, 이는 결코 틀려서는 안 되는 글자이다.

유교의 제는 돌아가신 영가에게 음식을 올리는 것이 주된 목적이다. 그래서 제라는 글자의 윗부분은, 고기 육肉자가 부수로 변한 '육달 월月'에 '또 우又'를 써서 고기를 많이 진설해 놓은 것을 나타낸다. 그리고 아래의 보일 시示 자는 영가가 강림하여 흠향하는 것을 의미한다. 즉, 제라는 글자는 제사의 의미를 그대로 나타내고 있는 것이다.

유교의 영혼관은 기론氣論을 바탕으로 한다. 그래서 영혼은 존재하지 않는다. 다만 뭉쳐있던 기운이 흐트러질 때까지 한시적인 기간이 존재하는데, 그것이 바로 망자의 존속 기간이 된다. 유교는 바로 여기에 제사하는 것이다. 예컨대 달리는 열차가 멈추더라도 얼마간은 관성에 의해 달려가는 것과 같은 것이라고 하겠다.

불교의 재와 유교의 제

유교의 제는 돌아가신 분에게 음식을 공급하여 흠향케 하고, 이를 직계 후손들이 나누어 음복하는 것이 주된 목적이다. 이는 돌아가신 분을 기리고, 남은 후손들이 대가족제도 안에서 서열을 분명하게 확립하자는 의미이다.

그러나 불교의 재는 재계가 목적이다. 몸과 마음가짐을 깨끗이 하여, 삿된 것을 물리치고 복된 것이 깃들게 하자는 것이다. 그래서 개인적인 노력이 중요하게 요청된다. 물론 사십구재나 천도재와 같이 후손이 대신 해줄 수 있는 부분도 있다. 그러나 그 내용을 자세히 보면, 돌아가신 영가에게 먼저 기갈을 해소해 주는 음식을 대접하고, 다음으로 부처님의 가르침을 전해 영가가 스스로 재계하여 공덕을 쌓도록 한다. 그래서 이러한 의식에서는 언제나 『금강경』과 같은 공덕을 산출할 수 있는 경전을 읽게 되는 것이다.

혼란은 그만

재는 불교적인 것이며, 제는 유교적인 것이다. 하지만 유교의 제사를 후일 불교가 위탁받게 되면서 재와 제가 더욱더 혼란스럽게 되었다. 여기에 하안거 결제結制와 해제解制에서와 같이, 기간을 분절할 때 사용하는 '제制'라는 글자까지 발음상 구분이 안 되어 더욱더 복잡한 양상을 파생하게 된다. 이것은 어찌 보면 한글세대의 혼란이다. 유교의 제는 본래 '줴'의 발음이 났으나, 오늘날은 양자를 구분할 수 없다. 그러므로 지금의 상황에서는 내용적인 구분을 염두에 두지 않으면, 이를 분별하기 어려운 상황이다.

끝으로 정리해보자면, 불교와 관련된 것은 모두 재齋, 즉 재계로 이는 자신의 심신정화와 관련된 것이고, 유교와 관련된 것은 제祭, 즉 제사로 신神이나 영가와 관련된 것이다. 그리고 축제祝祭와 농경제農耕祭 등은 본래 신을 섬기는 희생제犧牲祭에서 파생된 것이기 때문에 제祭가 된다. 또 불교적인 결제結制와 해제解制는 기간과 관련되어 사용되는 것이고, 입재入齋는 회향과 짝이 되는 대구對句적인 표현이다. _◉

088-1
사찰에서 재를 지내는 모습

사십구재를 지내는 이유는 무엇인가요?

중국의 조상 숭배문화

중국문화에서 가장 중요한 종교적 측면은 조상숭배다. 황하문명은 은허殷墟에서 시작된다. 은허는 중국 고대왕조인 상商나라의 수도로 상나라는 수도 명칭을 따서 은殷나라로도 불린다.

주나라에 의한 상나라의 정벌과 멸망으로 인해 상나라 사람들은 유민이 되어 떠돌게 된다. 이때 발생하는 것이 떠돌던 상나라 사람들에 의한 장사문화이다. 오늘날까지 장사의 주체를 상인商人(상나라 사람)이라고 하고, 장사를 상거래商去來라고 하는 것 등은 모두 여기에서 기인하는 것이다.

상나라의 수도를 은허로 천도한 것은 19대 군주인 반경盤庚이다. 반경은 이와 더불어 종래의 제帝라는 하느님 숭배에서 조상신 숭배로 종교관에 일대변화를 준다. 당시 반경의 시도는 그리 성공적이지 않았지만, 이후 중국문화는 점차 강한 조상 숭배로 발전하게 된다. 그래서 우리가 흔히 아는 삼우제·졸곡제·백일제·기년제·3년제·기제사·시제 등과 같은 일련의 구조들이 차츰 완성된다. 또 3년 상과 같은 경우는 중국의 보편론에 근거하여 공자가 확립한 것으로, 이는 유교문화의 한 준칙으로 자리 잡는다.

불교의 성공적인 중국문화권 정착과 관련해서 주목할 수 있는 부분이 바로 조상 숭배의 수용이다. 이는 후일 조상 숭배를 거부한 기독교가 중국문화권에 정착하지 못하는 이유가 되기도 한다. 불교의 조상 숭배 수용은 우란분절을 필두로 사십구재와 천도재, 수륙재와 삼장단의 건립, 기제사의 위탁과 같은 측면에서 고르게 살펴진다. 사실 엄밀하게 말한다면 오늘날 불교의 주 수입원은 불교적이라기보다는 조상 숭배와 관련된 유교적인 가치에 의한 것이라고 할 수 있을 정도이다.

중유中有와 49일

사십구재는 인도 서북쪽에 위치한 설일체유부라는 불교학파의 사유설四有說에 의한 것이다. 사유설은 인간의 존재를 사유死有·중유中有·생유生有·본유本有의 네 단계로 구분한다. 이 중 사유와 생유는 각각 죽음과 삶을 의미하며, 본유는 생 이후의 죽음에 이르는 노병에 의한 존재 단계를 의미한다. 그리고 중유는 죽음에서 새로운 생에 이르는 중간 단계를 나타낸다. 즉, 사유란 생노병사의 순환주기를 나타낸다고 하겠다.

이 중 금생이 끝나고 다음 생이 시작되는 중유는 윤회에 있어서 매우 중요하다. 이와 관련해서 집중적으로 다룬 책이 파드마 삼바바의 『티베트 사자의 서』다.

중유의 기간을 이 세계의 시간 기준으로 49일로 비정하는데, 이때는 외부적인 영향에 따라 변화가 무척 크다고 한다. 태교를 생각하면 될 것이다. 그런데 중음 기간에는 잉태되어 있을 때보다도 훨씬 더 유연한 입각점을 가지기 때문에 태교와 비교할 수 없는 큰 변동 폭을 보인다. 그래서 이때 행해지는 불교의식은 매우 중요하다. 그것이 바로 사십구재이다.

중음의 기간이 49일로 비정되는 것은, 서북인도 쪽에 7진법 체계가 강한 영향력을 발휘했기 때문이다. 이는 극락정토를 설하는 경전에서 7이라는 숫자가

반복적으로 등장하는 것을 통해서 분명해진다. 경전에 따르면 극락국토는 전체
가 칠보로 되어 있고, 그 위에 다시금 칠보수七寶樹·칠보화七寶華·칠보지七寶池·
칠보응기七寶應器·칠보강당七寶講堂·칠보궁전七寶宮殿이 펼쳐진다. 또 극락의 건
물들은 칠보로 이중장엄二重莊嚴되어 있고, 칠중난간七重欄干·칠중나망七重羅網·
칠중행수七重行樹·칠중실내七重室內의 구조로 되어 있으며, 칠 일 동안의 견고한
수행을 통해서 가는 세계이다. 이러한 7수에 입각한 문화는 7×7이 완전수라는
의미를 파생한다. 이는 10진법 체계에서 100에 온전하다는 의미(온백)가 있으며,
다시 100×100에 만물·만사와 같이 '모든'의 관점이 내포되는 것과 같은 것이다.
그래서 49란 하나의 완전한 시간, 혹은 주기의 완성을 나타낸다.

089-1
백중 천도재 중 바라춤을 추는 모습

제5장
불교의례

사십구재와 천도재의 차이

사십구재는 중유의 기간에 행해지는 불교의식이다. 중유 기간은 재판으로 말하면 아직 형이 확정되지 않은 미결수와 같은 상태라고 할 수 있다. 그래서 사십구재를 통해 신속하게 공덕을 쌓게 하고 이와 아울러 집착을 버리게 해서 중유 기간의 영혼이 보다 좋은 환경으로 나아갈 수 있도록 하는 것이다.

여기에서 중요한 것은, 사십구재는 기독교에서의 신에 의한 구원과는 달리 죽은 영혼이 빠르게 공덕을 성취하고 집착을 여읠 수 있는 구조로 되어 있다는 점이다. 자작자수自作自受의 인과율에 의한 것이지 불·보살에 의한 타력적인 구제가 아니라는 말이다. 이 부분을 사람들은 많이 착각한다. 그러나 이 점이야말로 불교와 기독교가 분기되는 가장 중요한 지점이라고 하겠다.

사십구재는 형이 확정되기 전의 미결수에게 시행되는 것이기 때문에, 죽은 지 49일이 지나서 형이 확정된 기결수에게는 효과를 줄 수 없다. 그래서 형이 확정된 뒤에 진행되는 것은 사십구재가 아닌 재심청구, 즉 천도재이다. 그러므로 사십구재와 천도재는 완전히 다른 관점의 접근이라고 할 수 있다. 또 우란분재와 같은 경우는 요즘으로 치면 광복절특사와 같은 특별사면에 해당한다. 즉, 이들 의식들은 서로 유사한 것 같지만 그 기능과 쓰임에는 엄연한 차이가 존재하는 것이다.

이를 정리하면 죽은 지 49일 안의 유동적일 때 행하는 것이 사십구재이고, 49일 이상 지나게 되면 그 이후로는 천도재가 된다는 말이다. 그리고 1년에 한 번씩 특별하게 천도될 수 있는 때가 바로 우란분절이다. 그런데 요즘 들어서는 우란분절에 사십구재를 하는 진풍경이 연출된다. 더욱 심한 경우는 사십구재를 마흔아홉 번이나하는 경우도 있다는 것이다. 이는 전혀 불가능한 일을 하는 것에 지나지 않는다. 49일이라는 의미가 중유와만 관련된다는 점에서, 우란분절과 관련해서는 사십구재가 아니라 천도재를 일곱 번 한다고 해야 이치적으로 타당하다.

조상 숭배의 틈새시장

불교의 재와 유교의 제는 다르다. 그러나 양자는 유사한 발음만큼이나 신속하게 서로가 접근한다. 제사상에서의 분향과 절, 그리고 차례라는 명칭 등은 불교문화의 유교적 유입이다. 이와 마찬가지로 불교의 재에서 망자에게 음식을 주는 의식이 핵심인 것처럼 중요해지는 것은 유교문화의 영향이라고 하겠다. 즉, 양자는 서로가 서로를 닮아간 것이다.

불교의 사십구재나 천도재 등은 모두 조상 숭배와 관련된 틈새시장을 공략하고 있다. 유교에서도 장례 이후 100일 안에는 추모가 크게 강조된다. 이때 불교는 사십구재를 통해서 죽은 자를 위로하고 남은 후손들이 효도를 극진히 하여 미진한 불효에 대한 죄책감을 일소할 수 있도록 해준다. 이러한 구조는 유교의 구조를 보다 강조하는 것으로 불교적 타당성에 대한 한 변증이 된다.

유교에서는 적장자상속제와 4대봉사 구조로 인하여 직계의 4대까지만 제사를 지낸다. 그런데 천도재는 이러한 경직성을 탈피하여 외가나 직계가 아닌 방계까지도 자신과 친밀했던 이들에 대해서 모두를 천도의 대상으로 삼는다. 이는 유교에는 없는 것인 동시에 관점에 따라서는 유교에 요청되는 가치이다.

그 결과 불교는 유교와의 문화적인 마찰 없이도 영향력을 확대할 수 있는 문화구조를 파생하게 된다. 이는 조선시대와 같은 숭유억불 상황 속에서도 불교가 살아남을 수 있었던 이유라고 하겠다. 즉, 불교의 조상 숭배 수용은 동북아에서의 효율적인 불교 안착과 유교의 공격으로부터 불교를 지켜낼 수 있었던 첨병의 역할을 했던 것이다. _◉

089-2
보광사 감로탱화(경기 파주,
대한제국시대(1898년))

감로탱화에는 업과 인연의
굴레에서 고통받는 중생과
망자의 구제를 묘사한 그림이다.
유교의 효사상이 불교에 수용된
문화적 융합의 한 단면이다.

<u>089</u>
사십구재를 지내는 이유는 무엇인가요?

예불과 사시기도

예불을 올리는
의미는
무엇인가요?

예불의 시작과 중국문화

사찰하면 떠오르는 이미지 중 하나는 산사의 새벽예불이다. 예불에는 새벽예불과 저녁예불 두 가지가 있다. 새벽예불은 주불전에서부터 시작하여 마치면, 그 다음으로 군소전각으로 전개되는 하향식 구조로 진행된다. 저녁예불이 상향식으로 전개되는 것과는 반대가 된다. 이는 중국문화권에서 집안의 어른에 대한 문안인사를 하는 것과 같은 관점과 형식이다.

붓다 당시 인도에는 당연히 예불이 없었다. 그러나 불교가 종교화되면서 모종의 의례적인 부분이 발생한 것은 당연하다. 특히 불상이 발생하는 기원 전후부터는 붓다에 대한 상징이 존재하게 되면서 예불과 같은 종교의식이 행해졌을 것으로 추정된다. 이는 아잔타나 엘로라 석굴 등의 사원구조를 통해서 짐작해 볼 수 있다. 왜냐하면, 이들 사원에는 단순 집회공간이 아닌 종교의례적인 공간이 존재하기 때문이다.

또한 단체생활에 있어서 예불과 같이 전체가 움직이는 활동은 화합과 관리의 양 차원에서도 공히 필연성이 있다. 즉, 예불은 단순히 신앙적인 차원을 넘어서 조직의 유지관리라는 점에서도 중요한 의미를 확보하는 것이다.

제5장
불교의례

090-1
도량석을 돌고 있는 스님(경남 양산 통도사)

이와 같은 종교문화는 불교의 중국 전래와 함께 중국으로 전해지며, 이후 우리나라에까지 영향을 미치게 된다. 그리고 이러한 과정에서 유교적인 문안 인사의 방식과 결합하여 하나의 특징적인 의식으로 완성된다.

예불의 구조

새벽예불은 도량석으로 시작된다. 도량석이란 주변을 깨우고 밤기운을 물리쳐 맑게 정화하는 의식이다. 기능적으로는 과거에 시계가 없었기 때문에 도량석을 통해서 기상을 알리는 것이었으며, 산사에서는 소리를 통해서 산짐승들을 쫓는 역할을 한다.

도량석 이후에 불전사물을 울리고, 끝으로 주불전 안에서 소종을 치면서 내리는 것으로 예불의 도입부는 끝이 난다. 그 뒤에 주불전 안에서의 본격적인 예불이 전개된다. 조계종을 기준으로 보면 요즘 예불은 일곱 번 절을 하는 칠정례를 하고, 본사급에서는 구정례를 하는데, 전체적으로 상당히 간소하다. 그러나 과거에는 향수해례香水海禮나 사성례四聖禮 등을 했기 때문에 예불시간이 길었다.

090-2
새벽예불 모습(경남 양산 통도사)

　오늘날의 칠정례는 이승만 정권 때 불교가 정화개혁을 완성한 이후, 1955년 월운 스님이 완성한 것이다. 그러므로 칠정례의 유례는 그리 오래된 것이 아니다. 구정례는 이러한 칠정례에 본사의 개산조에 대한 의례 등이 첨가된 것으로, 변형된 칠정례로 이해하면 되겠다.

　칠정례의 구조는 석가모니와 불법승 삼보에 대한 예를 합하여 네 번이고, 나머지 세 번은 대승보살과 불제자들, 그리고 선종의 조사에 대한 예로 되어 있다. 즉, 교조와 이상 인격에 대한 예의 표현이라고 하겠다. 이러한 본존에 대한 예불이 끝나면 신중단을 보고 『반야심경』을 독송하는 것으로 전체가 마무리된다. 얼마 전까지만 해도 신중단에도 예불을 올리고 『반야심경』을 독송했는데, 성철 스

제5장
불교의례

님이 '승려가 신중단에 절을 하는 것은 옳지 않다'고 하여 절을 하는 의식이 간소화됐다. 이는 신들은 깨달은 존재가 아니니 『반야심경』의 가르침을 듣고 진리를 자각하라는 의미이다. 그러나 이를 통해서 신도들도 절을 하지 않고 신들을 가르치는 구조가 되었으니, 이렇게 되면 굳이 신중단을 만들어 이들을 신앙대상으로 삼는 의미 자체가 없다고 하겠다. 즉, 가르치는 대상에게 기원을 말하고 무언가의 바람을 이루어주기를 바란다는 것 자체가 논리적인 모순구조를 형성한다는 말이다.

저녁예불은 아침예불에 비해 도량석 등이 없으므로 좀 더 단순하다. 그러나 전체적인 구조는 같다. 새벽예불이 밤새 안녕히 주무셨는지에 대한 문안이라면, 저녁예불은 안녕히 주무시라는 의미이다. 이렇게 놓고 본다면 요즘 일부 사찰에서 저녁예불 이후 주불전에서 철야기도를 하는 것은 형식에 어긋난다.

물론 상황에 따라서는 철야기도를 해야 할 때도 있다. 대표적인 경우가 붓다가 깨달으신 성도재일의 철야이다. 이는 붓다가 각고의 노력 끝에 새벽녘 깨달음을 얻은 것을 상징하고, 이러한 깨달음에 동참해 보고자 하는 노력이다. 그러나 그 이외에 주불전에서 철야하는 것은 맞지 않다. 예전에도 만일萬日과 같이 30년 결사를 하고 여러 사람들이 이어서 주야로 염불하는 방식이 있었다. 그러나 이런 경우는 주불전에서 하지 않고 따로 염불당에서 하고는 했다. 이러한 염불당의 이름도 만일이라고 불리는 게 일반적이다. 이는 그곳에서 하는 행위가 그곳의 명칭을 파생한 경우이다.

주불전에서 철야하지 않는 것은 불전의 주인은 붓다이고, 붓다를 중심으로 아랫사람이 맞추는 것이 예의 기본이기 때문이다. 그런데 요즘은 너무 산 사람 중심이다. 이는 제사와 같은 의례에서도 목도되는 현상이다. 그러나 예란 윗사람을 기준으로 하는 것이다. 이 점을 놓치는 것은 근본을 모르는 것이니 근본이 서지 않고서 어떻게 지말이 바르게 될 수 있는 것인지 의문이다.

사시기도의 의미

　사찰의 주요 의례 중 예불과 더불어 가장 중요한 것이 사시기도이다. 사시는 오전 9~11시까지를 가리킨다. 인도의 수행자들은 12시 이전의 오전에 한 끼만 먹는다. 이때가 대략 10시~12시 사이에 해당한다. 그러나 과거 중국문화권에서는 시간을 2시간씩 나누었기 때문에 오시(오전11~오후1시)에는 12시가 넘는 부분이 있다. 그러므로 사시에 의식을 행했다. 즉, 사시란 붓다의 공양시간이며, 이를 기념하는 불교의식이 바로 사시기도인 것이다.

　사시기도의 구조를 보면, 먼저 법회의 연유를 알리는 것을 시작으로 삼보를 청해 모신 뒤에 공양을 올린다. 그리고 정근기도를 한 이후 축원을 해서 기원이 이루어지도록 간청한다. 전체적으로 제사에서 신을 청하고(청신請神) 음식을 접대(오신娛神·희신戲神)한 후 신을 보낸 뒤(송신送神) 음복하는 구조와 유사하다. 이는 중국적인 관점에 의해 사시기도 의례가 영향을 받았다는 것을 의미한다.

　붓다에게 올리는 공양을 마지摩旨라고 하는데, 이는 손으로 만져서 지었다는 의미다. 과거에 임금과 같이 존귀한 분들께 올리는 밥은, 쌀을 일일이 손으로 골라서 불순물과 깨진 쌀 등이 없게 하여 지었다. 이를 만져서 지은 밥이라는 의미로 마지라고 한다.

　또 오늘날은 밥만 올리지만 과거에는 발우에 반찬도 담아서 올렸다. 그런데 조선시대를 거치면서 반찬을 올리는 풍습이 사라졌다. 사원경제력의 쇠퇴 등에 의해서 간소화된 것이다. 이 부분은 오늘날 다시 복구해도 될 것인데, 그런 노력은 현재 보이지 않는다.

　이와 더불어 생각해 볼 수 있는 부분으로 물을 올리는 의식이 있다. 과거에는 물이 아닌 차를 올렸다. 그러나 이 역시 사원경제가 어려워지면서 그냥 물을 올리고, 차처럼 받아 주십사 하는 것(아금청정수我今淸淨水 변위감로다變爲甘露茶)으로 변모된다. 물을 올리면서 하는 게송인 다게茶偈는 이러한 변모를 잘 나타내준다. 그런데 오늘날은 차를 올릴 수 있는 경제력이 되는 사원이 많음에도 계속해서 물을 올린다. 이 부분 역시 반드시 시정되어야 할 측면이 아닌가 한다.

사시기도에서 가장 중요한 것은 음식을 공양 올리는 것과 공양이 끝난 뒤에 정근을 올리는 것이다. 정근은 본래 공양을 마친 뒤 축원 전에 하는 것이다. 그런데 밥을 직접 해서 올리다 보니, 그 시간이 약간씩 들쭉날쭉해지게 된다. 그래서 마지를 올리기 전에 정근을 해서 시간의 여유를 주는 관습이 생겼다. 그런데 이것이 일반화되면서 요즘은 마지 전에 정근을 하는 것이 법칙과 같이 되었다.

그러나 어른에게 밥을 올리고 나서 공양을 빨리 못하게 하는 것은, 불교를 차치하고라도 기본적인 예에 맞는 것이 아니다. 더구나 어떤 이들은 절을 하면서 먼지를 날린다. 밥상 앞에 두고 절하지 않는 것은 상식이다. 그런데 이러한 윗사람에 대한 불경함이 오늘날 우리나라의 사찰에서는 비일비재하게 발생한다. 참으로 개탄을 금치 못하게 하는 대목이다.

모든 예의는 상식에 기초하는 것이니, 자신의 기원이 이루어지기를 바라기 이전에 제발 상식으로 돌아왔으면 한다. _◉

090-3
저 멀리 사시마지를 올리러 가는 사미 스님의 모습이 보인다. (전남 순천 송광사)

253

091

범종을 치는
이유는 무엇이고
몇 번을 쳐야 하나요?

091-1
저녁예불 때 범종을 치는
모습(강원 평창 월정사)

28의 의미

　　범종은 조·석예불 전에 울리는 것으로 법고와 더불어 가장 중요한 의례용 악기이다. 그런데 범종과 관련해서 절마다 치는 횟수가 조금씩 다르다.

　　범종의 타종 횟수는 크게 세 가지가 유행하고 있다. 첫째는 새벽에 28번, 저녁에 36번 치는 경우. 둘째는 새벽에 28번, 저녁에 33번 치는 경우. 마지막 셋째는 새벽에 33번, 저녁에 28번 치는 경우이다. 이렇게 놓고 본다면, 차이가 그리 크지는 않다. 특히 28번은 새벽과 저녁의 차이는 있지만 공통으로 들어간다는 것을 알 수 있다.

　　28번의 의미와 관련해서는 두 가지가 살펴진다. 그 하나는 하늘의 별자리인 28수宿라는 것이다. 28수는 우리가 흔히 좌청룡·우백호·남주작·북현무라고 부르는 사신四神으로 총 161개의 별로 이루어진 28개의 별자리를 나타낸다. 고구려 고분벽화로 유명한 사신도도 사실은 상상의 동물에 대한 묘사가 아닌 천문도를 나타내는 것으로 이는 죽은 사람의 영혼이 하늘로 올라가는 것을 의미한다. 이러한 별을 상징하는 범종 타종 횟수가 바로 28이다.

　　두 번째는 『주역』의 〈하도〉와 오행에 근거한 해석이다. 28과 관련해서 백파 긍선의 『작법귀감作法龜鑑』에는 “3·8목거동三八木居東 3·8이십사三八二十四 이겸사유개벽고而兼四維開闢故”라고 언급되어 있다. 이는 〈하도河圖〉의 동방東方 3·8은 오행五行으로는 목木이며, 목은 동東이므로 24가 되고, 여기에 사유사방四維四方의 개벽開闢의 의미를 더하여 총 28이 된다는 것이다. 그러나 이는 24에 사방을 더한다는, 억지로 28에 짜 맞춘 색채가 강하다. 그러므로 처음의 설이 보다 타당성이 높다. 그러므로 두 번째 경우를 배제하면, 28과 관련해서 남은 문제는 이를 새벽으로 보아야 하느냐, 저녁으로 보아야 하느냐이다.

28수는 붓다의 가르침이 우주의 전 공간에 전해지라는 의미이다. 28이 별자리를 의미하는 것이라면 당연히 저녁의 타종 횟수가 되어야 하지 않겠느냐고 할 수 있다. 그러나 사찰에서는 새벽예불이 3시부터 이루어지고, 저녁예불은 6시에 시작되기 때문에 실제 별은 새벽에 있다. 즉, 이치적으로는 저녁이 옳으나 현상적으로는 새벽에 별이 있기 때문에 이러한 혼란이 파생하는 것이다. 그러나 과거 성문을 열고 닫을 때도 종을 쳐서 알렸는데, 이때 28추는 저녁의 타종 횟수였다. 그러므로 28번은 저녁에 해당하는 것이 더 타당하다고 하겠다.

36과 33의 의미

28을 제외하고 타종과 관련해서 남는 숫자는 36과 33번이다. 이 중 36은 『주역』의 〈하도〉와 5행에 근거하는 것이다. 36번의 횟수와 관련하여 백파 긍선의 『작법귀감』은 "4·9금거서四九金居西"라는 설을 제시하고 있다. 이는 〈하도〉의 서방西方 4·9는 오행으로는 금金이며, 금은 서西이므로 36이 된다는 의미이다. 백파 긍선은 한결같이 〈하도〉와 오행의 설을 취하고 있는 것이다. 이를 통해서 우리는 조선조 유교문화의 재해석을 거친 불교의 면모를 알 수 있다. 그러나 백파 긍선의 설은 28과 같은 측면에서 이미 타당성을 상실한다. 그러므로 36의 경우도 신뢰할 수 없다. 또한 36은 33에 비해서 보편성이 약하다. 그러므로 우리는 33과 관련된 이해에 보다 주목해야 할 것이다.

33과 관련된 이해는 두 가지로 해석해 볼 수 있다. 그 하나는 육도로 이해하는 것이다. 육도란 지옥·아귀·축생·인간·아수라·천(신)인데, 이 중 천은 다시금 28종류로 나뉜다. 그러므로 전 5도와 28천을 더하면 총 33이 된다. 이는 28수가 수평적으로 퍼지는 붓다의 가르침을 상징한다는 점에서, 이와 호응하는 수직적인 붓다의 가르침이 전개되는 것을 상징할 수 있다는 점에서 주목된다. 그러나 이 설은 28천의 개수가 전승에 따라서 차이가 있다는 점에서 문제가 있다.

두 번째는 33이 제석천이 주신으로 있는 도리천을 상징한다는 것이다. 붓다

를 모시는 법식은 도리천 제석천의 정전正殿인 묘승전妙勝殿이라는 점에서 이는
정합성이 높다. 불국사의 범종각은 수미범종각須彌梵鐘閣으로 불리는데, 이는 그
것이 수미산을 의미하기 때문이다. 그러므로 33은 도리천의 붓다를 상징한다고
보는 것이 옳다.

이럴 경우 새벽의 범종은 도리천의 붓다라는 존엄성을 나타내고, 저녁의 범
종은 그러한 붓다의 가르침이 온 우주로 퍼져나가는 것을 상징한다고 하겠다. 또
한 과거 성문을 열 때도 종을 33번 울렸다. 이는 불교적인 전통이 유교적 가치에
수용된 것이다.

● 4신 28수 161성

동방창룡東方蒼龍 칠숙七宿(총 30星) : 각角·항亢·저氐·방房·심心·미尾·기箕
북방현무北方玄武 칠숙七宿(총 25星) : 두斗·우牛·여女·허虛·위危·실室·벽壁
서방백호西方白虎 칠숙七宿(총 47星) : 규奎·루婁·위胃·묘昴·필畢·자觜·삼參
남방주작南方朱雀 칠숙七宿(총 59星) : 정井·귀鬼·류柳·성星·장張·익翼·진軫

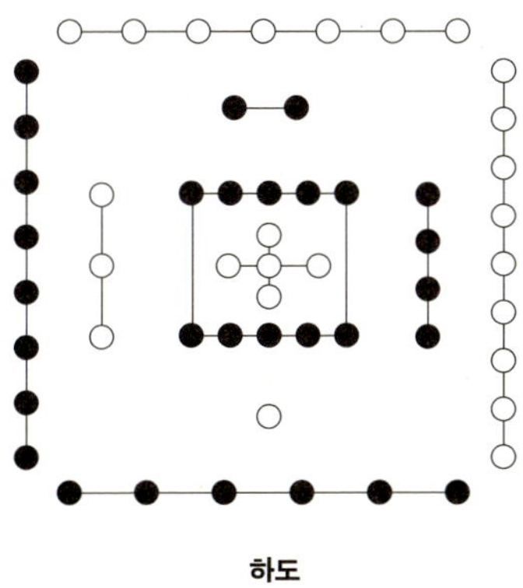

하도

091
범종을 치는 이유는 무엇이고 몇 번을 쳐야 하나요?

091-2
서울의 보신각

091-3
옛 보신각종
(조선시대, 보물 2호)

원래 원각사
종으로 현재는
국립중앙박물관에
보관 중이다.

제5장
불교의례

보신각과 재야의 종

보신각이라는 명칭은 동쪽의 홍인지문과 남쪽의 숭례문, 그리고 서쪽의 돈의문과 북쪽의 숙정(知)문의 구조를 완성하기 위해서 1895년에 고종이 명명한 것이다. 서울의 종각은 성문의 개폐와 관련되므로 천도 직후부터 존재했다. 그러나 보신각이라는 명칭이 붙은 것은 고종에 와서이다. 보신각을 통해서 동방-인仁·남방-예禮·서방-의義·북방-지知(智)·중앙-신信이라는 오상五常이 완전히 갖추어지게 된다.

보신각에 걸었던 종은 지금은 탑골공원으로 불리는 원각사에 있었던 종이다. 인사동의 명칭 또한 한성부 중부의 관인방寬仁坊과 원각사를 가리키는 대사동大寺洞 중 '인仁'과 '사寺'가 붙어서 형성된 것이다.

원각사의 종을 보신각에 두고 계속 치다가 재야의 종 타종과 관련하여 보물 제2호인 원각사종(정식 명칭은 '옛 보신각 동종'임)을 보호해야 한다는 명분과, 사찰의 종을 친다는 기독교계의 반발로 인하여 1986년 새로운 종을 만들게 되었다. 이 종은 겉모양은 한국종(학명으로 사용한 것임)과 유사하지만 문양 등에서 불교적인 색깔을 제거한 현대적인 창안품이다. 그런데 재미있는 것은 그 종치는 횟수는 그대로라는 것이다.

오늘날도 12월 31일 자정에 재야의 종을 울린다. 그런데 그 종의 타종 횟수는 계속해서 33번이다. 즉, 우리의 새로운 한해는 언제나 붓다를 도리천에 모시는 법식으로 시작되는 것이다. _◉

범종을 치는 이유는 무엇이고 몇 번을 쳐야 하나요?

복전함과 육사공양

복전함, 불전함, 시주함
어떤 말이 맞나요?

복전함의 의미

사찰의 불전에는 복전함福田函이 놓여 있다. 때로 복전함은 불전함佛錢函으로도 표기되어 있는데, 붓다에게 올리는 금전이라는 의미이다. 그런데 이러한 표현은 복전함에 비하면 대단히 비속하다.

복전이란 '복의 밭'을 의미한다. 밭이라는 전田자는 고대에는 사냥터라는 의미였다. 전자가 만들어질 당시에는 밭농사가 아직 일반화되어 있지 않았기 때문이다. 그러던 것이 밭농사가 일반화되자 의미가 변화하여 밭을 가리키게 된다. 이러한 변화는 전田자가 생계를 지칭하는 글자라는 점을 명백히 해준다.

우리나라에서는 밭농사에서 논농사로 또다시 이행하게 되는데, 중국의 관중지역은 강우량이 적기 때문에 논농사로의 전환이 이루어지지 못한다. 그래서 중국에서는 전田자가 더 이상 논의 의미로는 전환되지 않는다. 그러나 우리나라는 논을 수전水田이라는 의미로 사용하여 '논 답畓'자를 만들어 사용하게 된다.

전田에는 생계와 소출의 의미가 내포된다. 그러므로 복전이란 복을 심어 소출을 거둘 수 있다는 의미이다. 여기에서의 복이란 공덕功德과 복덕福德 양자를 모두 의미한다.

092-1
수타사 대적광전
(강원 홍천, 통일신라시대)
비로자나부처님
앞쪽으로 복전함이
보인다.

공덕이란 깨달음에 다가가는 것과 같은 정신적인 측면이며, 복덕이란 물질적인 풍요를 확보할 수 있는 유형적인 조건이다. 인간이란 정신적인 면과 물질적인 환경의 두 가지를 모두 만족해야 행복할 수 있다. 복전함의 복에는 바로 이러한 두 가지 의미가 고르게 내포되어 있는 것이다.

공덕과 복덕을 심는 밭, 그래서 많은 소출을 낼 수 있는 곳이 바로 복전함이다. 왜냐하면 복전함을 통해서 우리는 붓다와 연결되기 때문이다. 세상에 성인이라는 사람들이 여럿 있지만, 태어나면서부터 호화로움을 입으며 당대에서부터 확고한 대우를 받으면서 오늘에 이르는 인물은 석가모니 이외에는 없다. 흔히 붓다와 더불어 4대 성인으로 일컬어지는 공자나 소크라테스, 그리고 예수는 모두 고난의 일생을 산 분들이다. 또 그 가르침이 전해지는 것 역시 순탄치 못했으며,

092
복전함, 불전함, 시주함 어떤 말이 맞나요?

그로 인하여 많은 부침이 있었다.

붓다가 다른 성인들에 비해서 태생적으로나 출가해서나 좋은 환경을 누릴 수 있었던 것은 전생의 수행자 시절에 쌓았던 복덕의 과보이다. 이러한 복덕은 오늘날까지도 다 소진되지 않았기 때문에 붓다에게는 오늘도 수많은 사원에서 공양이 올라간다. 붓다를 제외한 그 어떠한 성인이나 현인도 붓다와 같은 복덕을 갖추어 많은 공양을 확보한 존재는 없다. 이는 붓다가 아주 많은 복덕을 성취하고 있다는 것을 의미하다.

또한 붓다는 최상의 깨달음을 얻으신 분이다. 그러므로 공덕 역시 매우 수승하다. 그렇기 때문에 붓다에게 올리는 것은 그것이 비록 작은 것이라도 뛰어난 과보를 산출해 낸다. 마치 기름진 밭이 적은 종자에도 많은 수확을 주는 것처럼 말이다. 메소포타미아 문명의 기록에는 좋은 밭에서 67배의 소출을 올렸다는 내용이 있다. 이것이 바로 메소포타미아 문명을 구축한 원동력이었던 것이다. 그런데 붓다는 이러한 소출과는 비교도 되지 않는 만 배의 결과를 맺어준다. 그래서 불국사와 관련된 연기설화에서 점개漸開는 하나를 보시하면 만 배를 얻는다고 한 것이다. 이러한 만 배의 의미가 바로 복전함에 깃들어 있다. 다시 생각해 본다면, 만이 다시금 또 다른 결실로 맺어진다면 어찌 만에서 그치겠는가! 그것은 결국 무상도라는 깨달음으로 완결되고 말 것이다.

복전과 승려

과거에는 복전이라는 명칭이 승려를 지칭하는 표현이기도 했다. 왜냐하면 청정한 승려에게 올리는 공양도 많은 소출을 줄 수 있기 때문이다.

승려라는 명칭은 상가sanga를 음역한 승가에서 유래한다. 승가는 가나나 길드와 같은 단체, 즉 집단을 의미한다. 이것을 중국인들이 승이라고 축약했다. 그러나 음역을 축약하다 보니 그 본뜻이 모호해지게 된다. 그래서 여럿이 함께 한다는 의미의 려侶라는 말을 붙여 승려라는 표현을 만들어낸 것이다. 즉, 승려라는 한자에서 승은 음역이고, 려는 번역어라고 하겠다.

또 '무리'라는 의미를 써서 중衆이라고 번역하기도 했는데 이 표현은 우리나라에 와서 속화되어 사용된다. 그에 비해서 승이라는 표현에는 존칭어 '님'이 붙으면서 승님이 된다. 승님이 전화된 말이 바로 스승님이다.

승님이 스승님이 될 수 있었던 것은, 과거 당나라 유학 등을 통해 승려집단이 선진 지식을 확보하고 있었기 때문이다. 유학은 형편이 좋은 귀족들도 갈 수 있었지만, 중국까지 간다는 게 과거에는 쉽지 않았기 때문에 굳이 귀족이 목숨을 걸고 유학을 할 필요는 없었다. 그러나 승려들은 불교의 가르침을 보다 정확하고 폭넓게 알기 위해 종교심으로 유학을 감행하게 된다. 그 결과 승려들의 유학이 더 많았던 것이다.

또 과거에는 사찰에 학교와 같은 교육시설이 겸비되어 있었다. 오늘날은 종교시설이 종교와 관련된 역할만 하지만, 예전에는 학교나 시장과 같은 기능도 겸하고 있었다. 오늘날 종종 목격되는 바자회는 이슬람 사원 앞에서 열리는 시장인 바쟈르에서 연유한 것이다. 즉, 과거에는 모든 종교가 다양한 역할들을 하고 있었고, 그러한 기능 중의 하나가 바로 학교였다. 그래서 승려가 스승님의 어원이 될 수 있었던 것이다.

육사공양

불전에 올리는 공양물은 예불과 관련된 ①물(차)과 ②향, 그리고 ③촛불(등불)과 사시에 올리는 ④마지 외에도 ⑤꽃과 ⑥과일이 더 있다. 이를 육사공양六事供養 혹은 육법공양六法供養이라고 한다. 이러한 여섯 가지는 불전에 올리는 중요한 공양물로 오늘날까지 불교의례에서 종종 쓰이고 있다.

육사공양의 순서와 의미 해석과 관련해서는 두 가지가 전해진다. 첫째는 향·등·꽃·과일·차·쌀(혹 떡)의 차례로 하여, 이를 각각 해탈향解脫香·반야등般若

092-2
육법공양을 올리고 있는 모습

燈·만행화萬行花·보리과菩提果·감로다甘露茶·선열미禪悅米로 해석하는 것이다. 이는 오늘날 시행되고 있는 육사공양의 보편적인 형식이다.

둘째는 차·향·꽃·쌀·과일·등의 순서로, 이를 보시·지계·인욕·정진·선정·지혜의 육바라밀에 맞추는 것이다. 육바라밀은 대승불교의 실천수행 덕목이다. 이를 육법공양에 맞추어 물의 두루한 성질은 보시로, 향의 청정한 정화력은 지계로, 겨울을 견디고 피어나는 꽃은 인욕으로, 계속해서 먹어야 하는 밥은 정진으로, 결실을 나타내는 과일은 선정으로, 주변을 두루 밝혀주는 등은 지혜로 해석한다. 둘째 형식은 첫째에 비해서 일반적이지는 않다. 그러나 대승불교의 의미론에서 본다면, 더 타당한 가치를 내포한다.

복전과 공양은 서로 유리되는 가치가 아니다. 우리는 공양하려는 그 마음에서 곧 복을 보게 된다. 그리고 이러한 복의 실천자이자 완성자는 곧 붓다이다. 붓다는 눈이 먼 제자 아나율이 가사를 깁지 못해서, "누가 나를 위해서 가사를 기워 복을 쌓겠는가"라고 했을 때 서슴없이 나섰던 분이다. 이는 복이 부족해서가 아니라 복을 짓는 것이 습관이 되어 있기 때문이다. 부족은 욕심에서 오고 남음은 양보 속에 깃드는 것이다. 그러나 복과 관련해서는 욕심은 깨달음을 불러오고, 양보는 슬픔을 잉태하는 가치라고 하겠다. _◉

부처님 오신 날에 연등을 밝히는 이유는 무엇인가요?

탄생과 열반

일반적으로 우리가 쓰는 연도의 기준은 예수의 탄생 연도에 대한 추정에 근거한다. 그러나 연도의 기준이 언제나 탄생을 기점으로 하는 것은 아니다.

우리가 흔히 서기에 2333년을 더해서 계산하는 단기는 단군 왕검의 즉위년을 기점으로 한다. 또 불교에서 사용하는 불기는 붓다가 돌아가신(열반한) 연도가 기점이 된다. 이와 같은 기준의 차이는 어떤 시점을 가장 중요하게 볼 것인가 하는 입장 차이를 내포하고 있다.

예수는 신의 아들이라고 주장되기 때문에 탄생에서부터 완전하다. 그러므로 탄생을 기준으로 잡는 것이다. 단기는 우리나라의 건국과 관련되므로 군왕이 된 시점이 의미를 가지게 된다. 불교는 붓다가 열반할 때 비로소 완전한 깨달음을 얻는다고 보기 때문에 열반의 시점을 기준으로 잡는 것이다.

그러므로 불교에서는 탄생과 관련된 4월 8일보다는 열반의 때인 2월 15일이 더 중요한 것이다. 그러나 여기에는 닭이 먼저냐, 알이 먼저냐와 같은 해묵은 논쟁이 뒤따른다. 즉, 깨닫고 열반하기 위해서는 먼저 태어나야 하는 것 아니냐

093-1
인도 쿠시나가라에 모셔져
있는 열반상

는 것이다. 이는 존재에 의미를 부여하느냐, 자각에 의미를 부여하느냐의 문제
이다.

이 중 중국문화권은 탄생에 손을 들어준다. 왜냐하면 열반은 죽음을 상기시
키는데, 중국문화권에서 죽음은 터부시되는 관념이기 때문이다. 중국문화권에
서 죽음이 터부시되는 것은 불교가 들어오기 전까지 사후세계라는 개념이 중국
에 없었기 때문이다. 이는 윤회론이 발달한 인도에서 죽음을 예비하는 풍조가 있
는 것과는 다른 것이다. 이로 인하여 남방불교권에서 흔히 발견되는 열반상은 중
국문화권에서는 거의 조성되지 않는다.

부처님 오신 날에 연등을 밝히는 이유는 무엇인가요?

093-2
부처님 오신 날을 앞두고
연등이 걸려 있는 사찰 풍경

제5장
불교의례

4월 8일의 상징성

예수의 탄생일로 정해진 12월 25일은 로마의 동지였다. 또한 이날은 그리스의 신인 디오니소스의 탄생일로 규정된 날이기도 하다. 예수와 관련해서는 탄생은 고사하고 그 존재를 증명할 수 있는 역사적인 기록이 전무하다. 그래서 기독교가 공인된 이후 당시 축제일이었던 동지를 예수의 탄생일로 비정한 것이다.

고대에는 태양숭배가 가장 보편적인 신앙이었다. 그러므로 태양이 다시 살아나는 동지는 전 세계적인 경축일이었다. 오늘날 우리가 동지에 팥죽을 먹으면서 작은 명절[亞歲]로 기리는 것도 그런 문화의 흔적이다.

그렇다면 붓다의 탄생일은 기록되어 있을까? 붓다는 왕자라는 높은 신분에 있었고 당대에 이미 여러 국왕들의 열렬한 지지를 받았던 인물이다. 이는 붓다의 탄생일이 기록으로 남을 개연성이 되기에 충분하다. 그러나 인도문화는 이 세상을 꿈과 같은 허상으로 파악하기 때문에 역사 기록을 남기지 않는다. 그래서 인도를 흔히 '역사가 없는 나라'라고 하는 것이다. 이 말은 붓다의 탄생일 역시 기록에 남아 있지 않다는 의미이다.

그렇다면 우리가 현재 알고 있는 4월 8일이란 어떤 근거에서 도출된 날짜일까? 사실 이것은 상징적인 숫자이다.

붓다 당시 불교가 유행하던 지역에서 가장 많이 사용된 진법체계는 4를 기준으로 하는 4진법이다. 그래서 4와 4의 배수에는 완전하다는 의미가 내포된다. 그러다 보니 불교는 4와 4의 배수로 교리체계를 맞추고 있다. 예컨대 붓다의 가장 중요한 가르침은 사성제·팔정도·십이연기이며, 이를 필두로 해서 8만 4천 법문을 설하시게 된다.

이러한 4진법 체계는 붓다의 일생과 관련된 기술에서도 그대로 확인된다. 붓다는 4월 8일에 32상80종호를 가지고 태어나셔서, 당시 16대국으로 갈라져 있던 인도 지역에 가르침을 펴시다가 80세를 일기로 8섬 4말의 사리를 남기고

부처님 오신 날에 연등을 밝히는 이유는 무엇인가요?

돌아가신다. 그러자 여덟 나라의 국왕들이 근본팔탑을 만들고, 이후 아소카왕이 이를 나눠 8만 4천 탑을 조성하게 된다. 이 외에도 붓다의 치아가 40개라거나, 키가 1장 6척이라는 등의 신체 묘사도 있다. 언뜻 보아도 매우 규칙적이고 상징적이라는 것을 알 수 있다. 즉, 붓다와 관련되어 나타나는 4와 4의 배수들은 모두 완전함이라는 종교적인 상징의 의미를 강하게 내포하는 것이다.

그래서 붓다의 탄생일인 4월 8일이나, 핵심교설인 사성제 팔정도는 공히 완전성을 의미하는 가치에 다름 아니다. 즉, 붓다는 가장 좋은 날에 완전하게 태어났다는 것이 4월 8일에 내포된 본의라고 하겠다.

천상천하 유아독존의 의미

붓다는 탄생하자마자 오른손으로 하늘을 가리키고 왼손으로 땅을 가리킨 채 "천상천하天上天下 유아독존唯我獨尊"을 외쳤다고 한다. 관련 경전들에 따르면 "천상천하 유아위존唯我爲尊"이 더 보편적이지만, 의미상 큰 차이는 없다. 이 구절과 관련해서 호사가들은 '인간의 존엄성을 천명한 것'이라고 하지만, 전혀 그렇지 않다.

이 말과 관련해서는 시대배경을 아는 것이 중요하다. 불교는 인도의 신을 중심으로 하는 종교들과 경쟁하며 발전한다. 이런 상황에서 태어나면서부터 신으로 완전하게 왔다는 존재들을 상대하기에 깨달아서 붓다가 됐다는 주장은 일반인들에게 강렬한 느낌을 주기에 부족하다.

불교적인 주장은 논리적 타당성을 통해서 이해되는 것을 전제한다. 그러므로 단순한 주장만으로는 강렬함이 떨어지게 되는 것이다. 이는 오늘날도 예수가 신의 외아들로 왔다는 주장과 불교에서 본래는 인간인데 오랜 노력 끝에 극기를 통해서 깨달음을 얻었다는 주장을 비교해 보면 단적인 판단이 가능하다.

이러한 문제가 반복되자, 불교에서도 아예 태어날 때부터 완전성을 가졌다는 논리가 대두된다. 그 결과가 바로 천상천하 유아독존, 즉 신(천상)과 인간들(천

하) 중에서 붓다만이 유일하게 존귀하다라는 언명인 것이다. 이 말은 너희는 신을 주장하지만, 붓다는 태어날 때부터 너희가 주장하는 신들보다 훨씬 강한 존재이며, 그 강함은 비교할 대상을 가지지 않는다는 뜻질이다. 이는 기독교에서 예수가 독생자라고 주장하는 것과 유사하다.

완전한 신에게 자식이 있다는 것도 재미있는 주장이지만, 자식이 있다면 다른 자식이 있다는 것도 충분히 가능하다. 그런데 독생자라 했으니 기독교인들은 예수만을 높이기 위해 신을 거세해 버린 것이다.

관욕의 의미

붓다는 탄생 직후 물로 씻겨진다. 전승에는 이때 아홉 마리의 용이 나타나 붓다의 머리에 물을 뿌려준 것으로 되어 있다. 이것을 계승한 의식이 4월 8일에 하는 관욕灌浴이다. 관욕이란 욕불浴佛이라고도 하는데, 새로 태어난 붓다를 목욕시키는 의식이다.

093-3
연등법회에서 관욕을 하고 있는 스님들

부처님 오신 날에 연등을 밝히는 이유는 무엇인가요?

　　인도에는 왕이 되는 과정에 관정灌頂이라는 의식이 있다. 관정은 동·서·남·북 네 바다의 물을 왕이 될 사람의 머리에 뿌려 사해의 주인이라는 것을 선포하는 것이다. 관욕에는 바로 이러한 관정의 의미가 포함되어 있다. 그래서 사해를 넘어 '모든'을 상징하는 아홉 마리 용의 관욕을 통해, 붓다는 이 세상에서 가장 존귀한 최상의 가치라는 의미를 획득하게 된다. 불교에서는 관욕 의식을 통해 이러한 붓다의 존귀성에 대해서 다시금 인식하며, 이를 기리는 것이다.

093-4
연등회 모습

제5장
불교의례

연등

4월 8일에는 연등을 밝힌다. 이는 붓다가 인류의 빛으로 오신 것을 기념한다는 의미이다.

그러나 연등회는 본래 1월 15일에 있었던 풍습이다. 1월 보름은 정월 대보름이라고 하는 것과 같이 보름 명절 중에서 가장 큰 명절이다. 8월 한가위가 추수감사절의 의미를 가진다면, 정월 대보름은 삿된 것을 물리치는 벽사와 관련된 중요 명절이다. 과거에는 질병 등의 모든 액난들을 삿된 기운이 침노하기 때문으로 파악했다. 그래서 벽사는 그 무엇보다 중요한 의미를 가진다. 그래서 한가위보다 대보름이 더 중요한 의미를 가지는 것이다.

삿된 기운을 물리치는 방법으로는 큰 소리나 불과 같은 것들이 있다. 그래서 농악을 하며 지신밟기를 하고 부럼을 깨며, 쥐불놀이나 잣불 등을 밝히는 것이다. 화약이 발달한 중국에서는 폭죽이 사용되는데 이는 오늘날까지도 유전되는 전통이다.

연등회는 정월 대보름 밤에 등불을 밝히고 사는 곳의 주변을 돌아 삿된 기운을 물리치는 의식이다. 이를 통해서 1년간의 액난은 모두 물리칠 수 있다고 생각했다. 이런 풍습이 고려시대 최충헌의 부친인 최이(최우)에 의해서 변동을 보이게 되고, 다시금 조선조 숭유억불정책으로 축소되면서 초파일과 묶여버렸다. 정리하면 초파일과 연등은 본래 별개의 가치로 다른 의미를 나타내는 것이나 조선시대를 거치면서 완전히 합해져 결국 연등에 내포된 벽사의 의미는 붓다의 자비광명으로 전환되어 이해되기에 이른 것이다. ◉

093
부처님 오신 날에 연등을 밝히는 이유는 무엇인가요?

성도재일에
철야 수행을 하는
이유는 무엇인가요?

성도 중심의 관점

붓다의 생애와 관련해서는 열반과 탄생에 의미를 두는 경우도 있지만, 남방의 『빨리율』에서와 같이 성도를 중심으로 이해하는 경우도 있다. 열반을 중심이라고 이해하는 관점에서는 이러한 깨달음은 육체적인 구속을 완전히 벗어버리지 못한 미진한 깨달음(유여열반有餘涅槃)이며, 열반에 도달해서야 육체로부터 벗어난 완전한 깨달음(무여열반無餘涅槃)을 성취했다고 생각한다.

실제로 붓다의 일생 중 가장 중요한 네 가지 사건은 탄생과 성도, 그리고 첫 설법과 열반이다. 이 사건이 일어났던 장소들은 오늘날까지 사대 성지로 인식되며, 이러한 네 가지 모습은 간다라의 초기 불전도에서부터 꾸준히 묘사되는 핵심 중의 핵심이다.

이 중 첫 설법이 붓다와 타자의 관계에서 발생하는 사건이라면, 나머지 세 가지는 개인적인 성향이 강하다. 오늘날 우리나라 불교에서 기리는 붓다의 생애와 관련된 기념일은 탄생 4월 8일·출가 2월 8일·성도 12월 8일·열반 2월 15일이다. 이렇게 놓고 본다면, 첫 설법은 상대적으로 의미가 축소되고 있다는 것을 알 수 있다. 이는 중국문화권의 불교에서 초전법륜상이나 설법상이 만들어지지 않는 것을 통해 알 수 있다.

인도불교에서 설법상이 많이 만들어지는 것은 붓다가 붓다일 수 있는 이유를 깨달음보다도 타인을 계몽한 가르침에 있다고 보기 때문이다. 그러나 중국문화권은 깨달음 그 자체에 집중하는 경향이 강하다. 그래서 석가모니는 거의 모두가 항마촉지인을 하고 있는 것으로 묘사된다. 즉, 탄생과 성도, 그리고 열반 중에서 중국문화권은 성도를 선택하고 있는 것이다.

중국문화권에서 성도가 주로 선택되는 이유는 죽음을 터부시하는 관념과 나이 어린 것을 경시하는 문화 때문이다. 또 붓다의 육체적인 탄생은 엄밀하게 말한다면 아직 붓다가 된 상태는 아니다. 그래서 붓다의 생애를 논하는 경전들에서는 이때를 보살이라고 표현한다. 즉, 보살이라는 표현은 붓다가 되기 전의 상태를 의미하는 것이다. 이런 상태에서 탄생의 붓다를 숭배대상으로 삼기에는 어려움이 있다. 그것은 존중되는 가치이기는 하지만 숭배의 대상이 되기는 어려운 것이다. 그러므로 붓다에 대한 초점은 자연스럽게 성도로 맞춰지게 된다.

094-1
풀방석(길상초) 위에 앉아 깨달음을
얻은 부처님(페샤와르 박물관, 파키스탄)

094
성도재일에 철야 수행을 하는 이유는 무엇인가요?

나이에 대한 존중과 정각의 표현

중국문화에서는 나이로 서열을 정한다. 이는 농경사회가 경륜을 중시하기 때문에 생긴 풍토이다. 그래서 선생先生은 먼저 난 사람을 의미하며, 노인老人이라는 단어에는 지혜롭다는 의미가 내포된다.

그런데 유목문화에서는 젊은 사람을 우대한다. 풀을 따라서 새로운 목초지를 찾아가는 과정에는 역동적인 젊은이가 유리하다. 그래서 젊은이를 우대하는 문화가 발생한 것이다. 현재 우리사회는 중국 전통의 노인 존중과 미국을 통해서 들어온 젊음을 높이는 문화가 공존하고 있다.

과거 중국문화권에서 젊음은 미숙하고 경박한 가치였다. 그래서 탄생불은 초파일에만 볼 수 있었다. 그렇다 보니 붓다와 관련된 이미지는 정각을 이뤘을 때의 조금 연만한 모습이 선택된다. 또 고난을 극복한 극기의 정각은 중국인의 심성구조에 잘 맞았다. 그래서 석가모니를 표현할 때 항마촉지인을 한 정각의 모습이 선택되는 것이다.

유미죽과 납팔죽

붓다의 성도는 고행을 포기한 뒤 니련선하에서 목욕하고 목장주의 딸인 수자타에게 쌀과 우유를 혼합한 유미죽乳米粥 공양을 받은 후에 일어난다. 당시 수자타는 목축이 잘 되라는 의미에서, 우리식으로 말하면 당산堂山나무에 유미죽을 끓여서 올리려고 왔던 것이다. 그러나 우연히 붓다를 만나 붓다에게 유미죽을 주게 된다. 수자타의 공양은 전혀 의도되지 않은 우연의 결과인 것이다. 때론 계획적인 가치보다 우연이 만들어 낸 상황에 더 깊은 아름다움이 서릴 때도 있다. 바로 이런 경우가 여기에 해당하는 것이 아닌가 한다.

수자타는 선생善生이라고 번역되는데, 의미에 비춰 볼 때 사람 이름이라기보다는 그 사람의 행위가 의인화된 것이 아닌가 한다. 사실 붓다는 당시 고행을 포기하기는 했지만 달리 대안을 수립하지 못한 매우 난감한 상황이었다. 그러므

제5장
불교의례

로 공양자의 이름을 궁금해하거나 할 수 있는 처지가 아니었다. 이런 이름들은 후대의 전승 과정과 관련해서 붙여지는 경우가 일반적이다.

수자타의 유미죽 공양으로 얼마간의 체력을 회복한 붓다는 전정각산前正覺山을 거쳐, 부다가야의 핍발라(Pippala)수 아래에서 금성이 떠오르는 새벽녘에 결국 정각을 성취하게 된다. 즉, 수자타의 유미죽이 정각에 이르는 마지막 공양이었던 셈이다. 이를 기념하기 위해서 불교에서는 성도재일에 철야정진을 하고는 했다. 그리고 이때 불전에 찹쌀에 밤이나 땅콩과 같은 견과류를 넣은 영양죽을 끓여 올리고, 철야하는 신도들과 나누어 먹었다. 즉, 붓다의 성도와 관련된 행위를 함께하며 자신의 수행을 다지는 것이다.

이때의 죽을 붓다의 죽이라는 의미에서 불죽佛粥이라고 하고, 깨달음을 낳는 영양죽이라는 의미에서 칠보죽七寶粥이나 오미죽五味粥으로 불렀다. 또 날짜와 관련해서 12월이 납월이므로 납월 8일에 먹는 죽이라고 해서 납팔죽臘八粥이라고 한다.

불교가 국교로 번성했던 시기에 납팔죽 문화는 일반으로까지 퍼져, 동지 팥죽과 같이 선조에게도 올리고 주변에도 고루 나누어 먹는 풍속으로 자리 잡게 된다. 그러나 동북아시아에서 불교가 쇠퇴하면서 이런 풍속 역시 사라지고 만다.

문화의 시대에 납팔죽 풍속은 다시금 요청되는 가치이다. 연등회와 더불어 유등과 풍등의 가치를 살리는 것 역시 중요하나 납팔죽과 같은 불교의 민속 문화를 재조명하고 복구하는 것 또한 다음 세대를 풍요롭게 만드는 우리의 역할이 아닌가 한다. _◉

동지와 벽사

동지에 절에서
달력을 나눠주는
이유는 무엇인가요?

벽사의 도구와 의미

유목문화는 태양력을 사용하지만, 농경문화는 태음력에 의지하게 된다. 우리는 현재 서구의 가치에 입각한 양력을 사용한다. 그러나 주지하다시피, 우리의 전통명절은 모두 음력으로 되어 있다. 그로 인하여 명절은 매년 날짜가 바뀌게 되고, 그래서 우리는 새로운 달력을 받으면 설이나 추석 날짜를 확인하곤 한다. 그러나 우리의 전통명절 중 동지와 입춘 같은 경우는 양력 명절이다. 그래서 동지는 12월 22·23일 중에 들고 입춘은 2월 4·5일 중에 들게 된다.

동지는 태양이 가장 약해질 때, 즉 낮이 가장 짧을 때이다. 이때는 음기가 치성하므로 사람들은 삿된 기운을 물리치고 양기를 북돋고자 하는데 그러한 상징물이 바로 팥죽이다. 팥이라는 질료 자체에 벽사의 기운이 있는 게 아니라, 팥의 붉은색이 태양과 불을 상징하기 때문에 삿된 것을 물리친다는 것이다. 이는 고사상의 시루떡을 통해서도 파악해 볼 수가 있다.

사실 삿된 것을 물리치는 것은 주변에 매우 많다. 그것들은 때론 색깔로, 때론 의미로 벽사의 도구가 된다. 색깔과 관련된 것은 팥 이외에도 고추나 황토 같은 것이 있다. 또 큰 소리와 관련해서는 부럼이나 박 깨기 등이 있으며, 의미와 관련한 것으로는 소금이나 숯, 재와 같은 것들이 있다.

소금은 태양에 구워져서 만들어지는 것이므로 그 안에 태양의 기운이 내포된다는 의미에 흰 빛깔이 더해진 것이며, 숯과 재는 공히 불을 거친 것이므로 불과 관련되어 벽사의 의미를 가지게 된다.

이 외에 조금 의미가 다른 것으로는 복숭아가 있다. 복숭아는 한무제 때의 인물인 동방삭이 천상에서 가져온 하늘 물건이라고 한다. 그래서 복숭아는 귀신을 쫓기 때문에 오늘날까지 제사상에는 사용하지 않는 것을 원칙으로 한다. 또 동쪽으로 뻗은 복숭아나무 가지를 태양이 뜰 때 잘라서 대문에 붙이면 모든 삿된 것들이 범접하지 못한다고 한다.

과일로는 복숭아와 더불어 대추도 언급되곤 하는데, 이런 경우에는 빨간 대추를 의미하는 것으로 역시 색깔과 관련된다. 특히 대추는 나무와 씨가 모두 붉은 색이기 때문에 옛 사람들은 벽사에 영험이 크다고 생각하였다. 거기에 벼락과 같은 불기운과 강렬한 소리가 들어간다면 그 이상의 벽사 도구는 없는 셈이다.

동지의 유래와 설날

동지와 같이 양기가 적은 때에 팥죽을 쑤어 주변에 뿌리고, 이를 먹어서 사람의 내면도 단정히 한다는 것은 의미하는 바가 적지 않다. 어둠을 물리치고 스스로를 바르게 하려는 바른 기상이 그 속에 내포되어 있기 때문이다.

동지 팥죽에는 새알심을 넣어 먹는데, 이는 태양을 상징하는 동시에 알이라는 재생의 의미를 내포한다. 즉, 태양이 어둠을 물리치고 빠르게 회복되기를 기원하는 의미가 있는 것이다. 새알심을 나이만큼 먹어야 된다는 말도 같은 의미라고 하겠다.

특히 동지가 중요한 것은 이때부터 낮이 길어지기 시작하기 때문이다. 그래서 동지는 양의 시작이라는 의미를 가진다. 그래서 동지는 사당에서 시조에게 제사를 올리는 날이 된다. 또 동지에 태양이 시작한다는 의미가 있으므로 중국의 주나라 때는 이날을 설날로 삼았다. 주나라는 공자가 가장 존숭한 나라이다. 동지를 아세亞歲, 즉 작은 설날이라고 하는 것은 바로 여기에서 유래했다. 이러한 문화에서 동지 팥죽을 먹으면 한 살 더 먹는다는 말이 나왔다.

동지는 양력을 기준으로 하므로 음력으로 맞출 경우 연도에 따라서 상순·중순·하순에 각기 다르게 들게 된다. 상순에 들면 빨리 나이를 먹고 싶어 하는 아이들이 좋아한다고 해서 애동지라 하고, 하순에 들면 나이 드는 걸 꺼려하는 노인들이 좋아한다고 해서 노동지라고 한다. 중순에 드는 것은 그냥 이도저도 아니라는 의미에서 중동지라고 한다. 이를 통해서도 우리는 동지에 나이를 먹는다는 관념이 유전되고 있다는 것을 알 수가 있다.

설날이 어떻게 동지가 될 수 있느냐고 할지도 모르지만, 원래 1월과 정월正月은 다른 것이다. 요즘은 1월과 정월이 겹쳐 있기 때문에 양자를 같다고 보는 인식이 강하다. 그러나 정월이란 기준이 되는 달이라는 의미이다. 그러므로 왕조에 따라서 정월을 옮겨 잡을 수 있게 된다. 주나라 때는 바로 이러한 정월이 11월, 즉 동짓달이었던 것이다.

달력과 십이벽괘설

동지는 태양의 시작이라는 의미가 있다. 그래서 동지에 군주는 신하들에게 동문지보同文之寶라는 도장을 찍은 달력을 나누어준다. 이는 오늘날도 사찰에서 동지에 달력을 나누어주는 풍속으로 유전되고 있다. 과거에는 하선동력夏扇冬曆이라고 해서 윗사람이 하지에는 부채를, 동지에는 달력을 나누어주곤 하였다. 그런데 이와는 달리 하력동선夏曆冬扇이라는 말도 있다. 이는 부채를 주어야 할 때 달력을 주고, 달력을 주어야 할 때 부채를 주는 것으로 전도되었다는 의미이다. 즉, 수고만 있지 결과는 없는 헛된 노력을 나타낸다.

또 『주역』으로 보면 동지는 지뢰복괘地雷復卦(上卦☷, 下卦☳)에 해당한다. 지뢰복은 음기에 양기가 잔뜩 눌려 있는 모습이다. 그러나 이러한 양기는 사라지는 양기가 아니라 북돋아 오르는 양기이다. 그러므로 이를 잘 지키고 감싸서 살피는 것이 중요하다. 맹자의 말처럼 조장하지 말고 안에서 차오르도록 기다리는 미덕을 가질 때이다. 그렇게 되면 점차 양기가 올라와 음기를 밀어내게 된다. 그렇기 때문에 지뢰복괘는 기다리는 괘인 동시에 지천태괘地天泰卦(上卦☷, 下卦☰) 등과 함께 더불어 『주역』 64괘 중에서 가장 좋은 괘가 된다.

동지의 양기는 작다. 그래서 작은 양기를 보호하기 위해서 삿된 기운이 침노하지 못하도록 팥죽과 같은 벽사의 의례를 행하는 것이다. 동지를 기준으로 하는 열두 달의 괘를 십이벽괘十二辟卦라고 하는데, 이를 도시하면 다음과 같다.

地雷復	地澤臨	地天泰	雷天大壯	澤天夬	重天乾	天風姤	天山遯	天地否	風地觀	山地剝	重地坤
지뢰복	지택림	지천태	뇌천대장	택천쾌	중천건	천풍구	천산둔	천지비	풍지관	산지박	중지곤
11월	12월	1월	2월	3월	4월	5월	6월	7월	8월	9월	10월

동지에 사찰에서는 붓다께 기도하여 양기가 바르게 북돋아지기를 기원한다. 생일불공이 태어난 것을 기념하여 자신의 일신에 안 좋은 기운이 미치지 못하고 붓다의 깨끗한 기운이 임재하기를 바라는 것이라면, 동지불공은 새로운 양기가 소생하는 것을 맞아 그 기운이 웅건하게 잘 커갈 수 있도록 기원하는 것이다. 첫 단추를 바로 꿴다는 의미는 동지부터 있었던 것이다. 그런데 오늘날은 크리스마스와 연말연시를 거치면서 이러한 재계의 마음은 신속히 사라지고, 쾌락의 문화만이 조장되고 있으니 실로 가슴 아픈 일이다. ◉

095
동지에 절에서 달력을 나눠주는 이유는 무엇인가요?

<u>096</u>

정초에 절에 가서
기도를 하는 이유는
무엇인가요?

정초와 새로운 시작

작은 싹은 꺾기가 쉽지만, 큰 나무로 성장하면 도끼로도 어렵다는 말이 있다. 영웅은 난세를 평정하지만, 진정한 영웅은 난세가 이르지 않게 하여 영웅인지도 모르는 상황에서 끝나는 인물이다. 즉, 알려진 가치는 사실 알려지지 않은 가치에 비해 못할 수도 있다는 말이다.

정초는 새로운 한해의 시작이다. 새해에는 여러 바람이 있을 수 있겠지만, 좋은 일은 많이 깃들고 나쁜 일은 마주칠 일이 없는 것이 가장 좋은 게 아닐까! 붓다는 불교를 믿으면 "아직 생기지 않은 선은 생기고 이미 생긴 선은 증장되며, 이미 생긴 악은 줄어들고 아직 생기지 않은 악은 사라진다"고 하였다. 정초에 우리가 바라는 일은 바로 이것이리라.

정초기도를 하는 의미도 이와 같다. 정초는 아직 새로운 기운이 확립되지 않은 시점이다. 그러므로 북돋아줘야 할 필요가 있다. 나락을 심는 농부가 실한 낱알과 쭉정이를 물에 띄워 걸러내듯, 정초기도를 통해서 우리는 새로운 한 해를 굳건하게 만들어가는 것이다.

전하는 말에, '일 년의 액은 연초에 도액하고, 한 달의 액은 월초에 도액한다'

는 것이 있다. 즉, 정초 기간을 잘 이용해서 기도하면 일 년이 무탈하며 즐겁고, 월초에 기도하면 한 달이 평안하며 이롭다는 것이다. 기도란 빛을 비추는 것과 같아 어둠이 물러나는 것과 밝음이 깃드는 두 가지 효과가 있다. 나쁜 것은 물러나고 좋은 것은 찾아든다는 말이다.

대보름과 방생

정초에 복을 불러들이려는 노력은 설날부터 시작된다. 설에 하얀 떡국을 먹는 것은 빛을 상징하는 흰색으로 내외의 삿된 것들을 물리치려는 것이다. 즉, 팥죽이 태양과 불을 상징하는 붉은색으로 이러한 기능을 하는 것과 유사한 측면이다. 그래서 설의 떡국에는 검은색인 김이나 후추를 뿌려 먹지 않는다. 또 설 떡국을 끓일 때는 가래떡을 어슷하게 썰지 않고 동그랗게 바로 써는데 이는 돈, 즉 동전을 의미한다. 이러한 동그란 떡국을 먹을 경우 돈이 많이 들어온다고 믿었기 때문이다. 흰색의 벽사와 돈을 부르는 두 가지 기능이 설의 떡국에 있는 것이다.

이 외에도 정초에는 많은 세시풍속이 몰려 있다. 그런데 가만히 보면 그 풍속이 대보름에 집중되어 있고 대보름을 끝으로 대단원의 막을 내리게 된다. 대보름까지만 일 년의 액운을 물리치고 좋은 기운을 받는 것이 가능한 것이다. 그래서 대보름이 되면 지신밟기와 부럼 깨기, 달집 태우기와 쥐불놀이 등 소리와 불에 의한 모든 벽사를 마무리한다. 또한 보름에는 자기의 소원을 적은 연을 날리다가 끊어버리는데, 이를 액막이 연이라고 한다. 일 년에 벌어지는 일체의 선악이 정월 대보름을 끝으로 판가름나기 때문에 정월 보름을 특별히 높여서 '대보름'이라고 한다.

도액과 소원성취는 언제나 함께 가는 가치이다. 그래서 불교에서도 대보름까지 정초기도를 하는 동시에 대보름 안에 하루를 잡아 방생을 간다. 방생이란 죽어가는 군생을 살려주는 것을 의미하는데, 일반적으로 용이 될 수 있는 동물을

정초에 절에 가서 기도를 하는 이유는 무엇인가요?

풀어주는 것이 더 복이 된다고 생각한다.

용이 되는 동물은 거북과 수염 달린 물고기 등이다. 하지만 거북은 구하기가 어렵기 때문에 일반적으로 미꾸라지가 선택되고는 한다. 일부에서는 불교의 방생이 환경을 파괴한다고 하지만, 미꾸라지는 친환경적인 동물이기 때문에 아무리 많아도 환경을 파괴할 수 없으니 괜한 딴지라고 하겠다.

또 일부에서는 가난한 사람을 돕는 것이 더 옳다고 판단하여, 불우이웃을 돕는 인간 방생을 주장한다. 그러나 방생은 우월한 존재가 하열한 존재를 구해준다는 의미이다. 그러므로 인간의 존엄성을 고려한다면, 인간은 방생의 대상이 될 수 없다.

방생의 의미를 단정 지어 말하면, 약자를 살려주려는 그 사람의 선한 마음이라고 할 수 있다. 바로 이러한 마음이 정초에 발현되는 것이 특히 더 중요하다고 하겠다.

또 방생을 할 때에는 언제나 유서 깊은 사찰을 참배한다. 유서 깊은 사찰은 한 시대를 풍미한 큰스님과 관련이 있는 절인 동시에 지기가 좋은 명당에 터를 잡고 있다. 그러므로 사찰 참배는 불교적으로도 좋은 기운을 받음과 동시에 명당을 통해 한 해의 행운을 깃들게 한다. 즉, 정초기도와 방생을 통해서 대보름 이전에 나쁜 일은 모두 없애고 좋은 일을 불러들이는 걸 완성하는 것이다.

띠가 바뀌는 입춘

우리나라 사람들은 한 해에 다섯 살을 먹는다. 12월 22·23일에 드는 동지는 작은 설로 한 살을 먹는다는 뜻이 있다. 그런데 12월 25일은 로마의 동지이다. 그러므로 우리는 두 번의 동지를 지내게 된다. 여기에 양력설과 음력설을 지내게 되면 총 네 살을 먹는 셈이다. 그리고 마지막으로 2월 4·5일의 입춘이 되면, 또다시 한 살을 먹게 되어 도합 다섯 살을 먹게 된다.

입춘과 나이가 무슨 관련이 있느냐고 할 수도 있다. 그러나 우리가 흔히 나

이와 더불어 말하는 띠는 입춘을 기준으로 해서 바뀐다. 그것도 달력에 보면 입춘시라는 것이 있는데, 바로 이 입춘시를 기준으로 띠가 바뀌는 것이다.

입춘이 과거 대단한 의미를 가진 것은, 농경사회에서 봄이 차지하는 비중이 컸기 때문이다. 그래서 문에 '입춘대길立春大吉 건양다경建陽多慶'이라는 입춘첩을 써 붙여, 봄기운에 힘입어 경사가 진진하기를 기원하였던 것이다. 사찰에서는 이러한 양기가 바야흐로 떨치고 일어나는 날에 액운을 없애는 삼재기도를 봉행한다. 봄기운이 확립되는 입춘에 안 좋은 삼재를 맞은 사람을 대신할 액막이 물건을 태우면서 삼재가 소멸하기를 기원하는 것이다.

입춘과 동지

입춘을 기준으로 띠가 바뀐다는 것은 중국 고대왕조인 하나라의 역법에 근거한 것으로, 이를 지지한 것은 공자이다. 이와 달리 맹자는 동지를 기준으로 띠가 바뀐다는 설을 제창했다. 이는 물론 주나라를 기준으로 한 것이다. 이럴 경우는 동지시가 중요해진다.

이렇게 되면 문제가 많이 복잡해지게 된다. 우리는 양력을 기준으로 해서 시무식을 하고 새해를 시작한다. 그리고 음력 설에 새해를 알리는 차례를 올리고 세배를 한다. 그런데 띠는 입춘이나 동지에 바뀐다. 입춘과 동지 중에는 입춘이 더 보편적이다.

그러나 이렇게 복잡하기 때문에 그것도 입춘을 기준으로 할 경우 날짜를 기준으로 띠가 바뀌는 것도 아니고 입춘시를 기준으로 한다는 점, 거기에 요즘은 동경시를 사용하기 때문에 우리가 일반적으로 사용하는 시간에서 30분을 빼야 한다는 등의 문제들이 산적해 있다. 이런 점들을 생각하다 보면, 자신의 띠가 혼란스러운 경우가 생기게 된다.

이를 정확하게 판단한다는 것은 오늘날의 관점에서는 거의 불가능하다. 그래서 나는 신도들을 만나면 농담 삼아 겨울에는 애를 낳지 말라고 하고는 한다. ◉

백중과 영가천도

영가천도를
하는 이유는
무엇인가요?

죽음과 영생

생명을 가진 모든 존재는 언젠가는 죽는다. 존재하는 모든 것은 소멸의 공포를 가지고 있다. 그래서 나무는 죽음에 임하면 더 많은 씨앗과 열매를 맺는 것이다. 자신은 죽더라도 종은 남겨야 한다는 생존에 대한 열망이 작용한 결과다. 촛불은 꺼지기 직전에 한 번 밝아지고, 사람은 죽기 전에 의식이 돌아온다는 따위도 바로 이를 두고 하는 말이다.

죽음이란 어떠한 설명을 통해서도 알 수가 없다. 왜냐하면 그러한 설명들은 모두 믿음의 영역에만 존재하는 주관적인 것이지 객관적인 검증이 가능한 대상은 아니기 때문이다.

인간은 미지의 대상에 공포를 느낀다. 그것은 불확실성에 내재하는 두려움이다. 그래서 확인할 수 없는 어두움이나 불확실한 미래 등에 불안을 보이게 되는 것이다. 바로 이러한 모든 두려움의 근원이자 결과에 죽음이 있다.

죽음은 소멸이자 미지이다. 그래서 인간은 잠재적으로 죽음을 두려워한다. 이것을 존재론적 고苦라고 한다. 이러한 죽음에 대한 부정이 죽음을 상기시키는 가치들에 대한 터부를 낳고, 또 죽음에 대한 안전장치로서 종교를 파생한다. 그래서 '죽음이 모든 종교를 만들었다'는 말이 있는 것이다. 그리고 이는 바꾸어 말하면, 모든 종교에서 영생을 말한다는 것이 되기도 한다. 그것은 방식에 차이가 있지만, 죽음의 극복이라는 결과에서는 모두 한결같은 말을 할 뿐이다. 대동소이란 표현은 이런 데 가장 적합한 말일 것이다.

기독교의 천국과 지옥은 모두 영생의 세계이다. 불교의 열반은 실체의 소멸을 통해 변화라는 전체와 하나 되는 비실체를 의미하는 가치이다. 그러나 이를 이해하는 게 어렵다 보니 대승의 『대반열반경』에 오게 되면 열반사덕涅槃四德(常·樂·我·淨)이라는 실체적인 개념으로 재정립된다.

극락의 무량수불無量壽佛이나 『법화경』의 구원성불久遠成佛, 그리고 『화엄경』의 법신상주法身常住는 공히 영생을 의미한다. 기독교와 같은 단순한 구조의 영생을 말하는 것은 아니지만, 불교 역시 고등한 방식의 영생을 말하고 있는 것이다.

힌두교에서 말하는 범아일여梵我一如, 즉 브라흐만과 아트만의 일체 역시 우주의 전체와 하나 되는 영생일 뿐이다. 인도 종교문화에서 가장 재미있는 점 중 하나는 윤회도 영생을 말하는 안전장치 중 하나라는 점이다. 흔히 생각하기로는 윤회는 해탈의 반대 개념으로 이해되지만, 결국 윤회나 해탈이나 공히 영생을 내포한다는 점에서는 동일한 가치를 가진다. 즉, 영생의 문제에 대한 접근 방식 중 하나로 대두된 것이 윤회론인 것이다. 이는 윤회론의 발생과 이해에 있어서 새로운 관점을 환기시킨다.

중국으로 넘어오면 신선은 바둑으로 시간을 소일하는 영생자이다. 후일 기학氣學이 발전하면서 연허합도煉虛合道, 즉 전체와 하나 되는 경계를 얘기하지만 목적은 역시 영생일 뿐이다.

유교의 영생 방법은 매우 독특하다. 하나의 독립된 개체가 영속하거나 전체

와 합일하여 영생하는 것이 아니라, 자손을 통해서 집단으로 영생한다는 개념을
도출하고 있기 때문이다.

개나리를 꺾꽂이 해 놓으면 거기에서 다시 뿌리가 내려 독립된 나무가 된다.
이런 경우 두 나무는 같은 것인 동시에 다른 것이다. 관점에 따라서 이것은 복제
문제와도 연관될 수 있는 부분이다. 유교에서 말하는 부모로부터 생산되는 자식
의 개념도 그와 같다. 그래서 부모는 죽지만 자식으로서 영생하게 된다. 즉, 모든
부모와 조상의 영생은 자식에게 달린 것이다. 이 점을 이해한다면 유교에서 후
사가 없는 것이 가장 큰 불효가 되는 이유를 알 수 있게 된다. '3,000가지 죄 중에
불효가 으뜸이고, 불효 중에는 자식 없는 것이 첫째이다'라는 말은 바로 여기에
서 나온 것이다.

엄밀히 말하면 유교에는 사후세계가 없다. 그래서 모든 가치는 살아 있는 후
손에게 집중된다. 이것이 유교문화권에서 부모가 자식을 통해서 대리만족을 하
려는 이유이며, 또 자식에게 헌신할 수 있는 동인인 것이다.

부모는 나이가 들면 모든 재산과 권한을 자식에게 물려준다. 이는 죽음을 앞
둔 복제된 인간이 새로운 복제물에 자신을 투사하는 행위와 같은 것이다. 이런
점에서 본다면, 유교문화권에서는 진정한 의미의 부모 희생이라는 것은 없다. 다
만 헌집에서 새집으로 옮겨가려는 새로운 투자가치만이 있을 뿐이다.

후손을 위한 조상

명당이란 지형지세에 따라 기운이 뭉치는 자리를 의
미하는데, 여기에는 양택陽宅과 음택陰宅의 두 가지가 있다. 양택이란 사람이 살
면 좋은 곳으로, 공부가 잘되며 일이 성취되는 터를 의미한다. 사찰이나 왕궁이
대표적이다. 음택이란 시체를 묻는 장지이다. 흔히 '명당=음택'이라는 등식이 성
립되어 있는데, 이는 양택은 일반인들이 쉽게 선택할 수 있는 것이 아니기 때문
이다.

097-1
백중에 사찰에서
영가천도를 하는
모습

097
영가천도를 하는 이유는 무엇인가요?

음택에 조상을 모시는 것이 죽은 사람을 위한 것이라고 생각하면 오산이다. 유교에는 사후세계가 별도로 없다. 그래서 조상은 후손이 만들어준 사당이나 위패라는 공간에 살며, 때때로 후손이 차려주는 음식을 먹어야 한다. 즉, 제사문화라는 자체가, 유교에 사후 세계가 존재하지 않는다는 점을 전제로, 주기적으로 양분을 공급해주는 행위인 것이다. 이렇게 놓고 본다면, 좋은 묏자리를 쓰는 것이 죽은 사람을 위한 것이 아니라는 점이 분명해진다.

음택을 파 보면 하얀 뼈가 그대로 남아 있는 것을 볼 수 있다. 유교에서는 뼈를 통해서 기운이 후손에게 전달된다고 생각했다. 즉, 이러한 좋은 기운을 받아서 후손이 발복하기 위해 좋은 묏자리를 쓰는 것이다.

유교에는 '조상의 음덕陰德'이라는 말이 있다. 이는 조상이 돌봐준다는 의미인데, 보이지 않는 '억세게 좋은 행운' 정도로 이해하면 될 것이다.

조상이 돌봐준다는 의미는 두 가지이다. 첫째는 주기적으로 제사를 잘 받아 기분이 좋아진 영혼이 보호해준다는 것. 둘째는 좋은 묏자리에 누워 있는 조상이 좋은 기운을 받아들여 후손에게 전달해준다는 것이다. 즉, 행운은 끌어들이고 불운은 막아주는 역할을 조상이 하고 있다고 보면 되겠다. 또 이는 반대로 안 좋은 상황에 처해 있는 조상이 있을 시에는 악영향이 온다는 의미도 된다. 그래서 영혼과 관련해서는 천도를 하고, 묏자리에 관해서는 이장을 하는 것이다.

영가천도의 의미와 목적

묏자리는 유형적인 부분이기 때문에 유형적인 관점에서 변화를 주어야 한다. 그러나 영혼은 무형적인 부분이므로 종교적으로만 변화를 줄 수 있다. 그래서 불교적인 영가천도라는 개념이 만들어지게 된다.

죽은 영혼이 좋지 않은 환경에 처해 있을 경우 그 귀신은 일종의 악귀가 되어 후손들에게 악영향을 미치게 된다. 이러한 영혼들을 달래서 좋은 곳으로 가게 해주는 것이 바로 영가천도이다.

제5장
불교의례

유교문화에서 악귀가 되는 것은 후손이 없는 이유로 제삿밥을 못 얻어먹어 굶주리는 경우, 어린 나이에 요절해서 뜻을 못 펴본 경우, 비명횡사로 억울함이 남은 경우 등이다. 임신 중 유산되거나 낙태한 경우는 요절에 해당한다. 흔히 '펴보지도 못하고 죽었다'고 해서, 귀신이야기에 처녀귀신이나 총각귀신이 자주 등장하는 것은 이러한 관념을 잘 나타내준다.

영혼을 천도한다는 것은 달래주는 것과 좋은 환경으로 바꿔주는 것의 두 단계로 진행된다. 그리고 그 결과로 조상의 상황이 바뀌면, 후손을 가로막고 있던 부분을 풀리고 좋은 기운을 주어서 후손이 잘 되도록 도와준다고 한다. 즉, 영가천도의 목적은 조상을 잘 모시는 것에도 있지만, 핵심은 결국 자신과 후손이 잘 되자는 것에 있는 것이다.

영가천도는 많은 노력과 정성이 든다. 그러므로 부담이 적지 않다. 또 좋은 때를 맞춘다는 것도 쉽지 않은 일이다. 그래서 불교에서는 백중이라는 좋은 날을 맞아 합동으로 영가천도를 단행하고는 한다.

백중은 도교에서는 중원절中元節로 조상에게 제사를 올리는 날이다. 또 불교에서는 우란분절로 안거를 마친 승단이 높은 수행력을 확보하는 시기이다. 이러한 좋은 날을 맞아 영가천도를 단행함으로써, 조상의 은혜에 보답하고 후손도 행복한 삶이 될 수 있도록 하자는 것이다. 즉, 나와 남이 동시에 이로운 것이 바로 백중 영가천도라고 하겠다. ◉

절에서는 왜
묵언을
해야 하나요?

심신일원론과 심신이원론

중국문화는 독립된 영혼의 존재를 인정하지 않는다. 그저 육체와 결부된 기운이 있는데, 이 기운은 육체에 비해서 상대적으로 느리게 흩어질 수 있다. 이러한 기운이 바로 제사의 주체가 된다. 후손이 기억하는 한 기운은 유지된다. 기억을 하기 위해서는 조상을 보는 것이 전제되어야 한다.

지금은 불가능하지만, 조혼을 하던 시절에는 장자 계열은 고조부까지도 볼 수 있었다. 4대 이상의 제사는 합동제만을 올린다. 여기서부터는 다분히 상징적인 것이다.

만일 영혼이 육체 밖에 독립해 존재하며 영원히 살 수 있다면, 사후세계가 존재하지 않는 중국문화에서 제사는 언제나 각각으로 모셔야 한다. 그러나 유교의 제사는 천위遷位이다. 즉, 위폐가 옮겨지는 것이다. 그래서 4대를 기준으로 그 이상은 합사된다. 공자가 『논어』에서 "제신여신재祭神如神在", 즉 '신을 제사함에 신이 있는 것같이'라고 한 것도 이러한 기론氣論의 관점에서 이해될 수 있다.

중국문화에서 영혼은 육체와 독립해 존재하지 않는다. 마치 동그랗게 깎여 있는 분필에는 구르는 성질이 내포되듯이, 인간의 신체적 기능 안에 영혼이 존재하는 것이다. 이는 다분히 유물론적이라고 할 수 있다.

육체와 영혼이 하나라는 심신일원론의 관점에 입각해 있기 때문에, '건강한 육체에 건강한 정신이 깃든다'는 논리가 가능하다. 또한 육체의 장애는 영혼의 장애, 곧 정신의 장애가 된다. 그래서 유교문화에는 장애인을 폄하하고 꺼리는 측면이 존재하는 것이다.

육체와 정신이 하나라는 중국적인 관점은 수행문화에도 선정禪定 상태에 있어도 언제나 깨어 있어야 한다는 주장으로 발전한다. 성성적적惺惺寂寂인 것이다.

그러나 인도에서부터 유럽에 이르는 심신이원론의 문화에서는 관점이 완전히 다르다. 왜냐하면 육체의 상태와는 관계없는 정신의 자유라는 것이 가능하기 때문이다. 만일 스티븐 호킹이 유교문화권에서 태어났다면, 그 사람은 자신의 가치를 구현할 수 있는 기회조차 없었을 것이다.

초기경전이 전하는 붓다의 명상은 옆에서 벼락이 떨어져도 모르는, 육체와 유리된 정신경계였다. 이는 툭 건드리면 반응하는 중국 선종의 명상과는 분명 다른 것이다.

중국문화인 차수

심신일원론의 문화에서 몸의 자세는 곧 마음의 자세가 된다. 그래서 언제나 자세를 바로 해야 하는 문제가 대두되는 것이다. 고려불화의 불상 표현이 〈접인내영도接引來迎圖〉 등과 같이 자유로운 구도를 보이고 〈수월관음도水月觀音圖〉에서와 같이 자세에 구애되지 않았던 것에 비해, 조선조의 불상 표현은 언제나 좌우동형의 관점에서 경직되어 있다. 이러한 차이는 어른들의 경직된 사진과 요즘 젊은이들의 자유로운 자세의 사진 차이라고 이해하면 될 것이다.

098-1

〈수월관음도〉(고려시대)
조선시대의 불화는 좌우동형과
경직을 특징으로 하는데 비해
고려시대 불화는 무척 자유분방한
자세를 보여준다.

제5장
불교의례

바른 자세가 바른 정신을 대변한다는 것은 『맹자』나 『예기』 등에 다수 나타나는 가치이다. 이러한 유교문화가 조선조를 거치면서 불교로도 대폭 전이된다. 차수叉手도 그중 하나이다.

차수는 오른손으로 왼손을 덮어 하복부의 단전 쪽에 가볍게 대는 것이다. 전체적으로 공손하고 단정하게 보이기 위한 것인데, 이럴 경우 시선은 45도 정도 아래를 주시해야 한다. 이 손 자세는 가부좌해서 앉은 상태로 뒤집으면 그대로 선정인禪定印으로 변화된다. 이럴 경우 선정인은 왼손이 오른손 위로 올라가게 된다.

이러한 문화는 전체적으로 중국적인 것이다. 불교는 행동을 통제하는 것이 아니라 정신을 자유롭게 하는 것이다. 그러므로 이러한 경직된 자세는 자칫 정신을 속박할 수가 있기 때문에 오히려 부적절하다. 또 왼손이 오른손 위로 올라가는 선정인 역시 인도의 선정인과는 반대로 왼쪽을 우선으로 하는 중국문화를 반영한 것이다.

수행은 억압된 가치가 아닌 자유로우며 감각적인 변화이다. 그러나 오늘날의 우리 불교는 조선을 거치면서 유교적인 폐습에 젖어 진정한 자유의 가치를 상실하였다.

묵언과 중국문화

절에 수련대회라도 가게 되면 가장 많이 듣는 말이 차수와 묵언이다. 불교는 원래 인도의 토론문화를 기반으로 두고 있다. 그런데 우리 불교는 입을 막는 데 급급하다. 그러나 말이 없다고 생각이 없는 것은 아니다. 이러한 고압적인 자세는 결국 요즘같이 자유가 만연한 문화에서 불교의 설 자리를 더 좁게 만들고 만다.

묵언은 중국문화의 특수한 가치이다. 그 이유는 한자 때문이다. 한자는 상형문자에서 출발한, 현존하는 전 세계에서 가장 미개한 원시문자이다. 문자의 원시성으로 인하여 논리가 부족하다. 그러다 보니 문자만을 통해서는 뜻의 파악에 어려움이 있다. 예컨대 한문에서는 '말이을 이而'자 하나로 순접과 역접의 의미를 함께 표현한다. 즉, 문맥의 전후 상황에 따라 순접이 되기도 하고 역접이 되기도 하는 것이다. 이는 문자가 아직 완전한 체계성을 갖추지 못했다는 단적인 방증이다.

이러한 원시문자를 사용하다 보니 중국문화는 언어가 아닌 뜻을 신뢰한다. 공자가 "교언영색巧言令色 선의인鮮矣仁", 즉 '말 잘하고 잘 웃는 사람 중에 어진 사람은 드물다'라고 한 것이나, "말은 어눌하지만 행동은 민첩하게 하라."고 한 것은 모두 언어에 대한 불신을 의미한다. 사실 외국인들이 지적하는 '한국인들이 화난 것 같다'는 것은, 모두 이러한 유교문화에서 기인한다. 이러한 유교의 영향이 논리적이고 말 많은 불교를 바꿔 묵언문화를 낳게 된 것이다. 그러나 붓다는 본래 자유로운 논리와 언어를 추구하는 사람이었다. 왜냐하면 진리는 언어를 통해서 전달되는 가치이기 때문이다. 이는 인도의 언어에 대한 신뢰문화에 기반을 둔 것이다.

중국불교에서는 깨달음은 말할 수 없는 것이라고 한다. 이 말은 『노자』의 "도가도비상도道可道非常道 명가명비상명名可名非常名", 즉 '도를 도라 하는 것은 참다운 도가 아니요, 이름을 이름이라 하는 것은 참다운 이름이 아니다'라는 구절을 상기시킨다.

그러나 인도문화에서의 깨달음은 말할 수 있는 것이며, 단지 말할 수 없는 정신경계일 뿐이다. 그래서 인도불교를 계승한 티베트불교에서는 스승과 제자 사이에 끊임없는 논쟁이 전개된다. 그러나 우리 불교는 지시하는 사람과 지시받는 자만이 있을 뿐이다.

차수와 묵언은 붓다의 전통에서 본다면 상상할 수 없는 행동 양식이다. 그러나 이제 이것은 우리 불교를 대변하는 가치처럼 되어 있다. 이것이 오늘날 한국불교의 좌표를 말해주는 것은 아닐까! _◉

098-2
차수를 하고 사찰
주변을 걷고 있는
모습

<u>098</u>
절에서는 왜 묵언을 해야 하나요?

반야용선과 인로왕보살

인로왕보살은
어떤 역할을 하는
보살인가요?

반야용선의 의미

아마타불이 계시는 극락은 서쪽으로 10만억 국토 떨어진, 우리와 평행한 또 다른 세계이다. 이러한 세계에 가는 방법은 여러 가지가 있지만, 가장 일반적인 것은 동기상응同氣相應이다. 즉, 극락과 유사한 기질을 만들면 같은 기질끼리 서로 끌어당기기 때문에 상대적으로 작은 영혼이 거대한 극락으로 빨려 들어가게 되는 것이다. 마치 꿈속에서 어떤 세계를 생각하면 그 세계가 펼쳐지는 것과도 같다. 그러므로 극락에 가기 위해서는 아미타불과 극락에 대한 생각이 많아야만 한다.

사십구재나 천도재는 죽은 영혼을 극락으로 보내려는 것이다. 그러나 동시에 살아 있는 유족들도 위무하는 종교의식이기도 하다. 즉, 죽은 영혼과 산 사람을 동시에 배려해야 한다는 말이다. 그렇기 때문에 유족들에게 죽은 영혼이 극락에 간다는 상징적 수단을 보여줄 필요가 있다. 그러한 도구가 바로 반야용선般若龍船이다.

반야란 일체에는 실체가 없다는 변화를 인지하는 지혜를 의미하며, 용선이란 용머리 장식의 배를 나타낸다. 배를 타고 간다는 설정은 재미있다. 과거에는 먼 거

099-1
통도사 극락전 후면 반야용선
벽화(경남 양산)
용선龍船 앞 선두에는
인로왕보살引路王菩薩이 서 있고
맨 뒤쪽에는 지장보살地藏菩薩이
육환장을 들고 서 있다.

리를 효율적으로 갈 수 있는 수단이 별로 없었다. 그러다 보니 배가 상정되는 것이다. 비행기도 한자로는 항공航空인데, 이 역시 '하늘을 나는 배'라는 뜻이다.

또 배에는 편하다는 의미가 있다. 과거에는 길이 좋지 않았기 때문에 육로로의 이동이 매우 힘들었다. 그래서 배를 탄다는 것은 편하게 목적지에 도달한다는 의미도 내포한다. 이는 용수의 『십주비바사론十住毘婆沙論』에 육로의 여행을 난행도難行道에, 해로의 여행을 이행도易行道에 비유하는 것을 통해서 단적인 확인이 가능하다.

난행도란 자력으로 수행하는 것을 의미하며, 이행도란 아미타불의 서원에 편승해서 극락세계에 손쉽게 갈 수 있는 것을 비유한 것이다. 그러므로 배를 타고 가는 이행도는 극락정토에 가는 방법에서 중요한 의미를 가진다고 하겠다.

난행도와 이행도의 문제는 이후 중국 정토종의 담란曇鸞을 거쳐 정토의 관점으로 수용되고, 다시 도작道綽의 『안락집安樂集』에서 성도(문)聖道(門)과 정토(문)淨土(門)으로 재구성된다. 그러므로 배는 극락정토를 추구하는 정토종에서 중요한 상징 가치라고 하겠다.

용선에서의 용이란 용머리라는 의미이다. 배 중에 황제의 배를 필두로 하는 최상급 배에는 앞에 용머리 장식을 했다. 이는 용이 장식과 위엄을 나타내기 때문이기도 하지만 동시에 물을 다스린다는 점에서 항해의 안전을 위한 수단으로 설시된 것이다. 즉, 용선은 최상의 배를 통한 손쉬운 극락 도착이라는 의미를 내포한다고 하겠다.

반야용선에서 반야란 일반적으로는 지혜로 번역되지만 우리가 생각하는 지혜와는 다르다. 그것은 모든 것은 변화하기 때문에 실체가 없다는 변화에 대한 통렬한 인식이다. 이를 통해서 변화의 실상을 관조하게 되면 중생이라는 결박은 스스로 풀리게 된다.

불교에서는 실명을 했기 때문에 눈이 안 보이는 것이 아니라, 눈을 감고 있기 때문에 눈이 안 보인다고 판단한다. 그러므로 눈을 떠서 실상을 바로 보기만

제5장
불교의례

099-2
대흥사 천불전 용머리(전남 해남)

하면 문제가 해결되는 것이다. 반야는 이러한 실상을 보게 하는 지혜이다.

불교에서의 천도는 기독교의 심판에서처럼 신의 판단에 의한 결과가 아니다. 불교의식을 통해서 죽은 사람 자신이 진리를 스스로 자각할 수 있도록 인도하는 것일 뿐이다. 이렇게 될 경우 자신의 집착과 결박이 풀리면서 극락에 갈 전제조건이 마련된다. 여기에 아미타불의 서원력을 추가하면 극락에 가게 된다. 이러한 이중구조를 반야와 용선이라는 두 가지로 나타낸 것이 바로 반야용선이다.

또 이를 유족들이 볼 수 있도록 형상으로 만들어서 걸어 놓는다. 마치 불상이 붓다는 아니지만 불상을 통해서 붓다를 생각할 수 있듯이, 반야용선이라고 만

099
인로왕보살은 어떤 역할을 하는 보살인가요?

들어 놓은 배를 타고 가는 것은 아니지만 그러한 상징을 통해 죽은 이의 영혼이 극락왕생을 한다는 생각을 하게 되는 것이다. 즉, 반야용선은 극락에 가는 방법에 대한 종합적인 상징체계라고 하겠다.

방상씨와 인로왕보살

예전에는 상여가 나갈 때에는 맨 앞에 도깨비 형상에 도끼와 창을 든 인물을 내세웠다. 이를 방상씨方相氏라 한다. 방상씨는 상여의 앞에서 악귀나 삿된 기운을 쫓으며 길을 여는 역할을 한다. 즉, 무서운 형상으로 망자가 가는 길이나 묏자리와 관련된 부정을 털어내는 존재인 것이다.

그 다음에 요령을 든 사람이 종소리를 내면서 상여를 인도한다. 요령은 손으로 흔들어 치는 손잡이가 달린 종이다. 종소리로 망자를 인도하는 것은 밀교에 입각한 불교문화의 변형이다.

종소리나 방울소리가 나면 사람들이 그곳에 주목하게 된다. 밀교에서는 이를 차용해서 보살들이 중생을 인도할 때 금강령金剛鈴이라는 종을 사용하는 것으로 되어 있다. 장례와 관련해서 이 부분이 수용되어 장지나 저승에 가는 사람을 요령으로 인도한다는 관념이 만들어졌다. 그래서 상여 앞에도 요령이 등장하고, 사찰의 사십구재나 천도재 등에서도 맨 마지막에 요령으로 영혼을 인도하는 의식이 생기게 된다.

또 이러한 불교문화는 도교에도 영향을 주어 도사들도 요령으로 죽은 사람을 인도한다. 이는 '도사 앞에서 요령 흔든다'는 속담을 파생하기도 했으며, 또 1980년대를 풍미한 강시 영화의 모티브가 되기도 했다. 방상씨를 통해서 삿된 부정이 털어지고 요령에 의해서 망자가 인도되어 가는 구조 속에서 혼백을 모신 영여靈輿와 관을 넣은 상여가 뒤따르게 된다.

099-3
요령

제5장
불교의례

그러나 이러한 인도에는 한계가 있다. 왜냐하면 이들은 모두 장지까지밖에 못가기 때문이다. 이는 중국의 전통문화에 사후세계 관념이 없어서 그 이후라는 개념이 설정되어 있지 않기 때문이다. 그러나 불교는 영혼을 극락이나 천상으로 보내야 하기 때문에 보다 심도 있는 가이드가 요청된다. 그래서 망자를 보다 안전하고 편안하게 극락이나 천상으로 인도해 줄 존재로 인로왕보살引路王菩薩이 나타나게 된다.

인로왕보살은 인도불교적인 보살은 아니다. 인도에서는 49일과 같은 특정 시기가 지나면, 어떻게든 윤회된다고 생각하기 때문에 인로왕보살과 같은 가이드가 필수적이지 않다. 그러나 중국문화는 불교를 수용했어도 문화의 배경이 다르기 때문에 윤회론을 완전히 수용하지는 않는다. 그러다 보니 윤회를 통해서 간다는 개념보다는 직접 인도되어 간다는 측면이 보다 높은 설득력을 얻게 된다. 그래서 인로왕보살이 만들어진다. 즉, 인로왕보살은 지극히 중국적인 바탕에서 탄생한 중국불교적 가치인 것이다.

인로왕보살이 누구인지는 정확하지 않다. 대부분 의식儀式과 관련되어 파생되는 가치들은 그 유래를 찾기 어려운 경우가 많다. 다만 모사되는 형상은 번幡을 든 모습으로 나타난다.

번을 드는 것은 망자가 길을 잘 찾아 따라오라는 의미로, 이는 오늘날 가이드들이 앞에서 여행사 깃발을 든 것과 유사하다. 인로왕에 왕王 자가 붙어 있으므로 어떤 불교 왕이 변화된 것이라는 주장도 있지만 이 설은 타당하지 않다. '인로'가 길 안내자라는 것이므로 '인로왕'은 최고의 길 안내자, 즉 '베스트 가이드'라는 의미로 해석되는 것이 옳을 것이다. _◉

칠석불공 때는
왜 실타래를
올리나요?

중국의 4대 전설

중국의 4대 전설은 만리장성 건설과 관련된 맹강녀孟姜女 이야기, 양산백梁山伯과 축영대祝英台(臺) 이야기, 사람을 사랑한 백사白蛇 이야기, 그리고 견우와 직녀 이야기다.

맹강녀 이야기는 만리장성을 쌓으러 갔다가 죽어서 만리장성 속에 묻힌 남편을 찾아간 맹강녀가 통곡하자, 만리장성이 무너지면서 남편의 시신이 노출되어 장례를 지내게 되었다는 일종의 열녀이야기다.

양산백과 축영대 이야기는 양산백이 남장한 축영대와 함께 공부하다가 후일 축영대가 여성임을 알아 청혼했으나 뜻을 이루지 못하고 죽은 뒤, 다른 사람에게 시집가는 축영대를 무덤으로 데리고 들어간다는 좀 기괴한 사랑 이야기다. 1994년 서극 감독이 만든 〈양축梁祝(양산백과 축영대)〉이라는 영화가 우리나라에도 개봉된 적이 있다.

백사전은 우리나라의 구미호 전설과 비슷한데, 다만 구미호 대신에 백사가 등장한다는 정도가 다르다. 이 역시 1993년 서극 감독이 〈청사靑蛇〉라는 영화로 만든 것이 국내에 개봉되었다.

끝으로 견우와 직녀 설화는 칠석과 관련된 것으로, 내용은 소 치는 목동과 신분이 높은 베 짜는 여인 간의 이루어질 듯 이루어지지 않는 사랑이야기다.

이 외에 유명한 것으로는 포송령蒲松齡의 『요재지이聊齋志異』에 수록된 섭소천聶小倩 이야기가 있다. 이 이야기는 1987년 서극이 〈천녀유혼〉이라는 영화로 만들어, 개봉 당시 큰 인기를 끌면서 장국영과 왕조현을 일약 인기스타로 만들었다. 이후로도 1997년 애니메이션으로도 제작되었고, 2011년에 리메이크되어 인기를 이어가고 있다.

그러고 보면 중국의 유명 전설들은 대체로 이루지 못한 사랑을 초월적인 관점에서 해소하려는 것이라고 하겠다. 중국인들이 어떤 관점의 이야기를 선호하는지를 이해할 수 있어 재미있다.

견우와 직녀 그리고 칠석

중국의 4대 전설 중 다른 것들과 달리 견우와 직녀 설화는 중국을 넘어 우리 문화에도 막대한 영향을 미쳤다. 고구려 고분벽화에도 견우와 직녀가 등장한다. 이는 칠석 무렵에 견우성과 직녀성이 조우하는 것을 통해 보다 폭넓은 보편성을 확보했기 때문으로 이해된다. 또 다른 이야기들과는 달리 견우와 직녀 설화는 종결되지 않고 매년 되풀이되는 현재형이라는 점 역시도 한 몫한다고 하겠다.

칠석과 관련해서는 오작교와 칠석물이라고 하는 비가 있다. 오작교의 까마귀와 까치는 각각 태양의 상징과 길상으로 인식되는 존재이다. 그러므로 풍년과 벽사를 상징하는 의미로 볼 수가 있다. 또 견우와 직녀의 눈물이라고 하는 칠석비 역시 수확철을 맞은 풍년과 연결되는 가치이다.

이렇게 놓고 보면, 견우와 직녀 설화는 다른 설화들이 가지지 못한, 천체와 관련된 사실성과 농경문화에서 가장 중시되는 풍년이라는 두 코드를 담고 있는 것이다. 이는 견우와 직녀를 기리는 칠석이 명절로서 대접받게 되는 이유라고 하겠다.

칠석과 북두칠성

칠석이 7월 7일이라는 점 때문에 칠석은 북두칠성과 연관되어 이해되곤 한다. 북두칠성은 중국문화권에서는 죽음을 관장하는 사명신司命神이고, 각각의 일곱 별들은 인간을 나누어 관할하는 역할을 하기도 한다.

북두칠성에 대한 신앙은 북극성과 더불어 아주 오랜 연원을 가진다. 이는 북두칠성을 통해서 북극성을 파악하고 이를 통해서 방위를 알 수 있기 때문이다. 이는 별을 보고 길을 찾아야 하는 유목문화에서는 매우 중요하다. 그래서 북극성을 중심으로 북두칠성을 네 방위에 배치하는 별자리가 만들어지게 되는데, 이것이 바로 오늘날의 윷판이다. 윷판은 청동기시대의 암각화에서도 발견되는 가장 오랜 천문도 중 하나이다.

북두칠성이 사명신이기 때문에 우리의 장례에서는 칠성판 위에 시신을 일곱 번 묶는 의식을 행하고는 한다. 또 살아서는 장수를 기원하기 위해 칠석날에 북두칠성을 모신 삼성각에 실타래를 올려놓고 장수를 기원하곤 했다.

생명을 주는 신은 남극노인성南極老人星이다. 그러나 우리가 존재한다는 것은 이미 생명을 받은 상태이므로 남극노인성에게 잘 보일 필요는 없다. 그래서 죽음의 신인 북두칠성에게 잘 보여 죽음을 연장하기를 기원하는 것이다.

실타래는 국수와 더불어 연장年長(장수)과 해로偕老, 그리고 순탄하게 잘 풀린다는 의미를 가진다. 결혼식에서 국수를 먹는 것도 본래는 이를 상징하는 것이다. 그런데 요즘은 낱낱이 절단된 갈비탕을 먹는데 이것은 완전히 전도된 가치이다. 그래서 그런지 갈비탕이 대세가 된 이후 우리나라의 이혼율은 전 세계 1위가 되어 현재 1/3이 이혼하는 지경에까지 이르고 있다.

제5장
불교의례

오늘날 우리나라 사찰에서 칠석불공은 거의 사라졌다. 이는 두 가지 이유 때문이다. 첫째는 칠석이 불교명절이 아니므로 불교적인 지지기반이 약하다는 점 때문이고, 둘째는 우란분재가 본래의 의미와는 무관하게 49일이 되면서 칠석이 그 안에 포함되어 변별력이 약화되었기 때문이다.

칠석이 고유 명절이 된 것은 그 연원이 매우 오래되었다. 그런데 우란분재가 49일로 증광된 것은 불과 10여 년도 안 된다. 우란분재는 천도재 계열에 속하는 것이기 때문에 49일을 행하는 것은 타당성이 전혀 없다. 그런데 이로 인하여 우리의 전통문화 중 하나가 사라진다는 것은 매우 가슴 아픈 일이다.

100-1
봉선사 북두각(경기도 양주)
산령각과 독성각 현판이
함께 있어 이채롭다.

칠석불공 때는 왜 실타래를 올리나요?

100-2
월정사 칠성탱화(강원 평창)

제5장
불교의례

삼신할머니와 월하노인

칠성과 관련해서 함께 이해되어야 할 우리의 전통문화로 삼신三神이라는 것도 있다. 흔히 삼신할머니로 알려져 있는 존재인데, 일곱 살까지의 어린아이를 보호하는 신으로 묘사된다.

죽음의 7과 보호의 3, 그리고 그 보호가 7까지 간다는 것은 전체적으로 3과 7이라는, 10으로 완성되는 강한 상징성을 내포한다.

또 남녀의 결혼과 관련해서는 월하노인月下老人이라는 신격이 있다. 이는 큐피트와 같은 중매의 신이다.

결혼이란 맺을 결結자와 저물 혼婚(昏과 通)자를 쓰는 것을 통해서도 알 수 있지만, 본래는 해질녘에 하는 것이다. 음과 양이 교차하는 해질녘에 해야 음양의 부부가 해로한다는 의미이다.

또 남녀관계에는 밤과 연관된 은밀한 측면이 있다. 그래서 우리의 중매신이 월하노인인 것이다. 이를 종합해 보면, 월하노인의 중매로 남극노인성으로부터 생명을 받아 사람이 탄생하면, 일곱 살까지는 삼신할머니의 보호를 받고 그 이후로는 북두칠성의 주관 아래에 있다가 칠성에 의해 죽음을 맞이하게 되는 구조라고 하겠다. ◉

자현 스님
학술진흥재단 등재지
논문목록

1. 「붓다 탄생의 예언에 관한 고찰-漢譯佛傳을 중심으로-」, 『佛敎學研究』 제12호(2005-12).
2. 「中國哲學的 思惟에서의 '理通氣局'에 관한 考察」, 『東洋哲學研究』 제50집(2007-5).
3. 「佛國寺 進入 石造階段의 空間分割의 意味」, 『建築歷史研究』 제53호(2007-8).
4. 「Kailas山의 須彌山說에 관한 종합적 고찰」, 『佛敎學研究』 제17호(2007-8).
5. 「破法輪僧의 원인에 관한 고찰-佛傳과 律藏의 관점차이와 화해를 중심으로-」, 『東洋哲學研究』 제52집(2007-11).
6. 「佛國寺 大雄殿 영역의 二重構造에 관한 고찰-華嚴과 法華를 중심으로-」, 『宗敎研究』 제49집(2007-12).
7. 「'4男 8子'의 順序에 관한 고찰」, 『佛敎學研究』 제18호(2007-12).
8. 「提婆達多의 5法 고찰 I -5법 중 '衣'와 '住'의 항목을 중심으로-」, 『韓國佛敎學』 제50집(2008-2).
9. 「禪宗과 繪畵의 南北宗論에 관한 同·異 고찰-繪畵史의 南北宗論에 대한 명확성을 중심으로-」, 『東洋哲學研究』 제53집(2008-2).
10. 「董其昌 南北宗論의 내원과 의의-중국문화적 배경과 禪宗의 南北分宗을 중심으로-」, 『韓國禪學』 제19호(2008-2).
11. 「佛國寺 '3道 16階段'의 이중구조 고찰-極樂殿 영역과 大雄殿 영역을 중심으로-」, 『新羅文化』 제31집(2008-2).
12. 「破僧伽에 대한 불교교단사적 관점에서의 고찰-'進步와 保守'의 충돌양상을 중심으로-」, 『宗敎研究』 제50집(2008-3).
13. 「佛敎宇宙論과 寺院構造의 관계성 고찰」, 『建築歷史研究』 제56호(2008-2).
14. 「阿難의 나이에 관한 고찰」, 『佛敎學研究』 제19호(2008-4).
15. 「佛國寺 靑雲橋·白雲橋의 順序 고찰」, 『建築歷史研究』 제57호(2008-4).
16. 「提婆達多에 대한 逆罪의 타당성 고찰」, 『東洋哲學研究』 제54집(2008-5).
17. 「『觀無量壽經』 「序分」의 來源과 의의 고찰」, 『大同哲學』 제44집(2008-9).
18. 「〈善德王知幾三事〉 중 第3事 고찰」, 『史學研究』 제91호(2008-9).
19. 「破僧事의 阿闍世에 대한 僧團認識 고찰」, 『東洋哲學研究』 제56집(2008-11).
20. 「提婆達多의 5法 고찰 II -5법 중 '食'의 항목을 중심으로-」, 『韓國佛敎學』 제52집(2008-11).
21. 「提婆達多의 비범성 고찰」, 『佛敎學研究』 제21호(2008-12).
22. 「제바달다의 붓다 弑害시도에 관한 두 가지 관점-律藏을 중심으로-」, 『宗敎研究』 제53집(2008-12).
23. 「玉蟲廚子의 原本尊像에 관한 내적인 타당성 검토-옥충주자 내의 相互反響을 중심으로-」, 『大同哲學』 제45집(2008-12).
24. 「提婆達多 破僧伽의 지지세력 고찰 I -핵심동조자 4人을 중심으로-」, 『韓國禪學』 제21호(2008-12).
25. 「拚術爭婚 구조의 타당성 고찰」, 『東洋哲學研究』 제57집(2009-2).
26. 「善德王의 轉輪聖王적인 측면 고찰」, 『史學研究』 제93호(2009-3).
27. 「『樓炭經』계통과 『大毘婆沙論』계통의 須彌山 宇宙論 차이 고찰-'忉利天의 구조'와 '地獄의 문제'를 중심으로-」, 『哲學論叢』 제56집(2009-4).
28. 「提婆達多 破僧伽의 지지세력 고찰 II -비핵심동조자를 중심으로-」, 『韓國禪學』 제22호(2009-4).
29. 「法隆寺 '玉蟲廚子'의 이중적인 상징성 고찰」, 『溫知論叢』 제22집 (2009-5).
30. 「불교 숫자의 상징성 고찰-'4'와 '7'을 중심으로-」, 『宗敎研究』 제55집(2009-6).
31. 「아난의 출가문제 고찰」, 『佛敎學研究』 제23호(2009-8).
32. 「頻婆娑羅와 阿闍世에 관한 승단인식의 딜레마 고찰」, 『大同哲學』 제48집(2009-9).
33. 「提婆達多 5法의 성립배경 고찰-5법의 내포의미와 관점차이를 중심으로-」, 『哲學研究』 제112집(2009-11).
34. 「玉蟲廚子 須彌座部의 繪畵에 관한 고찰-所依經典 문제를 중심으로-」, 『宗敎研究』 제57집(2009-12).
35. 「高麗 〈觀經序分變相圖〉의 내용과 의미 고찰 I -「觀經序分」의 내용분석과 역사적

배경을 중심으로-」, 『溫知論叢』 제24집(2010-1).

36. 「佛國寺의 毘盧殿과 觀音殿 영역에 관한 타당성 고찰-伽藍配置의 상호관계성을 중심으로-」, 『佛教學硏究』 제25호(2010-4).
37. 「伽藍配置의 來源과 중국적 전개양상 고찰」, 『建築歷史硏究』 제69호(2010-4).
38. 「한강의 시원 정립에 관한 불교적인 영향 고찰」, 『韓國禪學』 제25호(2010-4).
39. 「한국〈毘藍降生相圖〉에서의 右手와 左手의 타당성 고찰」, 『溫知論叢』 제25집(2010-5).
40. 「梵鐘 타종횟수의 타당성 고찰-佛國寺의 須彌梵鐘閣을 통한 이해를 중심으로-」, 『韓國佛教』 제57호(2010-8).
41. 「破僧事의 구가리에 관한 고찰」, 『韓國禪學』 제26호(2010-8).
42. 「釋迦塔과 多寶塔의 명칭적인 타당성 검토」, 『建築歷史硏究』 제71호(2010-8).
43. 「月精寺의 寺名에 관한 동양학적인 검토」, 『新羅文化』 제36집(2010-8).
44. 「한국 전통가사 양식의 의미와 상징 분석-紅袈裟를 중심으로-」, 『韓國佛教學』 제58호(2010-11).
45. 「釋迦塔의 경전적인 건립시점 고찰」, 『建築歷史硏究』 제73호(2010-12).
46. 「靈山會上圖에 관한 상징과 의미 분석」, 『佛教學硏究』 제27호(2010-12).
47. 「髻珠에 관한 사상적 관점에서의 재조명」, 『宗教硏究』 제61집(2010-12).
48. 「提婆達多와 붓다의 나이차이 고찰」, 『韓國禪學』 제27호(2010-12).
49. 「破僧事 구가리의 최후에 관한 문제점 고찰」, 『佛教學報』 제57집(2011-2).
50. 「동양사상에서의 물에 대한 관점과 한강의 시원에 관한 전통인식 고찰Ⅱ」, 『哲學硏究』 제117집(2011-2).
51. 「『三國遺事』五臺山 관련기록의 내용분석과 의미Ⅰ」, 『史學硏究』 제101호(2011-3).
52. 「佛教袈裟의 기원과 내포의미 고찰-律藏과 인도문화의 특수성을 중심으로-」, 『佛教學報』 제58집(2011-4).
53. 「한강의 시원으로서 于筒水와 金剛淵의 타당성 고찰」, 『溫知論叢』 제28집(2011-5).
54. 「高麗〈觀經序分變相圖〉의 내용과 내포의미 고찰Ⅱ-〈觀經序分變相圖〉의 내용표현과 해법제시를 중심으로-」, 『宗教硏究』 제63집(2011-6).
55. 「『五臺山事跡記』「第1祖師傳記」의 수정인식 고찰-閔漬의 五臺山佛教 인식-」, 『國學硏究』 제18집(2011-6).
56. 「律藏에 있어서 袈裟의 변천과 의미」, 『韓國佛教學』 제60호(2011-08).
57. 「多寶塔의 경전적인 건립시점 고찰」, 『韓國禪學』 제29호(2011-8).
58. 「동양사상에서의 물에 대한 관점과 한강의 시원에 관한 전통인식 고찰Ⅰ-도가와 유교사상을 중심으로-」, 『哲學論叢』 제66집(2011-10).
59. 「한국 傳統袈裟 日月光의 양식과 특징 분석」, 『韓國佛教學』 제61호(2011-12).
60. 「『五臺山西臺水精菴重創記』에 관한 내용분석과 의미-信仰體系의 변화와 于筒水를 중심으로-」, 『韓國禪學』 제30호(2011-12).
61. 「불교 宇宙論 日月光의 상징 분석」, 『國學硏究』 제19집(2011-12).
62. 「율장의 의미와 승려법의 당위성 고찰」, 『佛教學報』 제61집(2012-4).
63. 「한국 전통가사의 장식과 日月五嶽圖의 관계성 고찰」, 『佛教學硏究』 제31호(2012-4).
64. 「한국 전통가사 天王紋貼의 발생과 내포의미」, 『溫知論叢』 제30집(2012-4).
65. 「〈刺繡九條袈裟貼屛風〉을 통한 〈(傳)普照國師 袈裟〉의 내포의미와 타당성 고찰-須彌山 표현과 일월日月묘사를 중심으로-」, 『國學硏究』 제20집(2012-6).
66. 「五臺山 文殊華嚴 신앙의 특수성 고찰」, 『韓國佛教學』 제63호(2012-8).

67. 「毘沙門天의 塔持物과 몽구스지물의 성립배경과 의미분석」, 『溫知論叢』 제33집(2012-10).
68. 「慈藏 戒律思想의 한국불교적인 특징」, 『韓國佛教學』 제65호(2013-2).
69. 「한국불교의 계율적인 특징과 현대사회」, 『佛教學硏究』 제35호(2013-6).
70. 「붓다의 화합정신 강조와 그 현대적 의의-율 제정의 의미와 정신을 중심으로-」, 『大覺思想』 제19호(2013-6).
71. 「한국불교 戒律觀의 근본문제 고찰」, 『宗教硏究』 제67집(2013-9).
72. 「탄허스님의 미래인식과 현대사회의 다양성」, 『韓國佛教學』 제66호(2013-8).
73. 「慈藏의 五臺山 개창과 中臺 寂滅寶宮」, 『韓國佛教學』 제66호(2013-8).
74. 「한국 전통가사 日月光紋의 來源 고찰-日本 知恩院所藏 刺繡9條袈裟貼屛風의 문제를 중심으로-」, 『震旦學報』 제118호(2013-12).
75. 「佛教塔의 기원과 탑돌이 문화의 성립」, 『韓國禪學』 제36호(2014-3).

사진목록

©김성철	049-1, 049-3, 049-6, 050-2, 050-5, 051-1, 052-1, 053-3, 054-1, 054-2, 054-3, 054-6, 056-1, 058-2, 069-2, 073-1, 074-1, 074-2, 078-1, 078-2, 082-2, 082-3, 084-2, 085-2, 091-2, 091-3
©하지권	049-7, 049-8, 050-1, 051-4, 053-2, 053-4, 055-1, 055-2, 058-3, 059-1, 059-2, 060-1, 061-1, 062-1, 063-1, 064-1, 065-1, 068-2, 068-4, 070-2, 071-1, 072-2, 075-1, 077-1, 079-2, 082-1, 082-4, 083-1, 083-2, 084-1, 085-1, 085-3, 085-4, 086-1, 086-2, 088-1, 089-1, 089-2, 090-1, 090-2, 090-3, 091-1, 092-1, 092-2, 093-1, 093-2, 093-3, 097-1, 098-1, 098-2, 099-2, 099-3
©자현 스님	049-2, 051-3, 054-4, 054-5, 057-1, 057-2, 057-3, 068-3, 083-3, 084-3, 100-1
©국립중앙박물관	056-2, 056-3, 056-4, 058-1, 058-4, 066-1, 067-1, 067-2, 068-1, 069-1, 072-1, 081-1
©권중서	080-1, 081-1, 081-3
©불교신문사	066-2, 066-3
©성보문화재연구원	070-1
©구광국	076-1
©조계종행사기획단	093-4
©유근자	094-1
©월정사성보박물관	100-2

100개의 문답으로 풀어낸
사찰의 상징세계 下

2012년 6월 8일 초판 1쇄
2023년 7월 12일 초판 6쇄

글 자현 스님
발행인 박상근(至弘) • 편집인 류지호 • 상무이사 김상기 • 편집이사 양동민
편집 김재호, 양민호, 김소영, 최호승, 하다해 • 디자인 백지원
제작 김명환 • 마케팅 김대현, 이선호 • 관리 윤정안
콘텐츠국 유권준, 정승채
펴낸 곳 불광출판사 (03169) 서울시 종로구 사직로10길 17 인왕빌딩 301호
　　　대표전화 02) 420-3200 편집부 02) 420-3300 팩시밀리 02) 420-3400
　　　출판등록 제300-2009-130호(1979. 10. 10.)
ISBN 978-89-7479-052-3 04220
ISBN 978-89-7479-050-9 04220 (세트)
값 25,000원
독자의 의견을 기다립니다. www.bulkwang.co.kr
잘못된 책은 바꾸어드립니다.
불광출판사는 (주)불광미디어의 단행본 브랜드입니다.